한중 공공외교 다이제스트

한중 공공외교 다이제스트

성균중국연구소 기획 | 이희옥 · 류더빈 편저

다산출판사

이 책은 한중 수교 25주년을 기념하여 한국국제교류재단과 성균중국연구소가 공동으로 제작하였습니다.

머리말

 "한 알의 불씨가 광야를 태울 수 있다."는 말처럼 공공외교가 학문과 정책 전반에 빠르게 확산되고 있다. 한중 양국 정부도 자국의 담론과 이야기를 해외에 전달하고자 하면서 공공외교를 중시하기 시작했고 다양한 조직과 기구가 설립되었다. 심지어 한국에서는 이를 위한 공공외교법이 정식으로 통과되기도 했다. 특히 인상적인 것은 한중 양국의 대학이 다양한 공공외교 관련 연구기관을 설립하면서 공공외교 연구와 교육에 새로운 바람을 불러일으키고 있다는 점이다. 그 대표적인 사례는 성균관대학 성균중국연구소와 지린(吉林)대학 공공외교학원이 동시에 한중공공외교연구센터를 설치하고 공동연구 및 공동학술회의를 조직하여, 이를 이론적으로 확산해 온 것이라고 할 수 있다.

 두 기관은 2013년 정식으로 자매결연을 체결하고 오랫동안 공공외교를 매개로 학문적 대화를 나눠 왔으며, 이 가운데 깊은 학문적 신뢰를 형성하기도 했다. 어려운 여건 속에서도 서울과 창춘으로 오가며 다섯 차례나 한중공공외교연구포럼을 지속적으로 개최하면서 한중 양국의 전문가와 학자들이 고민하고 있는 공공외교의 연구의제를 적극적으로 발굴하는 한편, 공공외교 연구의 이론적 수준을 한 단계 높였다. 이런 점에서 한중 공공외교 연구의 중요성을 인식하고 적극적으로 참여해 준 양국의 학자와 전문가들을 우리는 이 분야의 선구자로 부르고 싶다. 후일 한중 공공외교가 더욱 발전하게 되면 초석을 닦은 이들을 기억해 줄 것으로 믿는다.

사실 공공외교는 크게 복잡하고 화려한 개념은 아니다. 어느 국가가 다른 국가의 국민들의 마음(hearts and mind)을 얻는 것이다. 이를 한중관계에 적용하면 양국이 상대방의 국민들에게 '끌림이 있는' 국가로 만드는 과정으로 볼 수 있다. 그리고 정부와 민간, 국민 개개인이 모든 주체가 되어 다른 국가와 국민들과 소통하는 것으로 넓게 해석할 수도 있다. '국민이 외교관'인 오늘날의 시대는 더욱더 그러하다. 특히 양국 국민들에게 호소할 수 있는 콘텐츠나 양국의 '매력' 없이 국가정책을 그대로 포장해 전달하는 것은 선전에 지나지 않기 때문이다. 이런 점에서 공공외교의 이론적 기치를 정확히 걸고 그 내용을 채워 나갈 때 한중 공공외교의 기반도 넓어지고 깊어질 것이다. 뿐만 아니라 한중 공공외교의 방향도 일방적인 것이 아니라 쌍방향적이어야 하고, 홍보를 위해 과장된 것이 아니라 진정함과 소박함을 담아야 하며, 무엇보다 체감할 수 있고 학문 후속세대들이 한중 공공외교의 새로운 주체가 되는 등 지속가능해야 한다.

이 책은 한중 양국의 지식인과 학자들이 머리를 맞대고 한중 공공외교 연구의 지평을 확대하며 새로운 연구의 의제를 찾아가고자 한 학문적 여정의 일환이다. 그동안 우리는 공동의 노력을 통해 공공외교의 프레임워크, 지식공공외교, 대학공공외교, 정책공공외교, 인문공공외교, 싱크탱크 공공외교 등 새로운 유형의 한중 공공외교의 가능성을 탐색하고 이를 이론적 영역으로 발전시켜 왔다. 특히 한중 수교 25주년을 맞이하여, 한중 공공외교 영역에서도 새로운 도약을 준비하기 위해 그동안의 성과를 묶었다. 이 과정에서 한국에서 공공외교를 선도하고 있는 한국국제교류재단이 적극적으로 지지해 주었다.

공공외교의 시대, 한중 양국이 공공외교 연구에 협력하는 것은 선전과 홍보를 넘어 서로의 마음을 내주고 마음을 받아들이는 한편, 국가를 넘어 교류하고 지역의 공동체를 위해 함께 살아갈 수 있는 지혜를 교환하는 것이다. "국제관계도 인간관계의 연장이다."라는 말이 있다. 성균관대학 성균중국연구소와 지린대학 공공외교학원은 오랫동안 이러한 것을 실천해 왔다는 자부심을 가지고 있고, 무엇보다 지식과 지혜의 전당인 대학에서 그 뿌리를 내릴 수 있다는 점에 보람을 느끼고 있다.

이 책에 참여한 한국과 중국의 저명한 학자와 전문가들, 무엇보다 청년학자들에게 감사의 말씀을 전하고 싶다. 다만 한국어와 중국어로 동시에 발간하는 과정에서 나온 번역의 오류 등은 모두 편집자의 책임이다. 어려운 환경 속에서도 다산출판사가 이러한 취지에 공감하고 적극 출판에 참여해 준 것에 깊이 감사드린다. 독자 여러분의 아낌없는 질정을 바란다.

2017년 12월 말

성균관대학 성균중국연구소 소장 이희옥
지린(吉林)대학 공공외교학원 원장 류더빈

차 례

머리말   005

PROLOG   한중 공공외교의 새로운 지평

01 한중일 공공외교의 새로운 지평   015
    _ 이희옥(성균관대)

02 공공외교와 한중 동반자 관계   023
    _ 류더빈(지린대)

03 한국형 공공외교와 한중 공공외교   033
    _ 김태환(국립외교원)

PART 1   공공외교의 프레임워크

04 공공외교와 국가 형태의 진화   049
    _ 순싱제(지린대)

05 한국 공공외교의 전략 유형   059
    _ 백우열(연세대)

06 공공외교와 여론조사   077
    _ 옌전(지린대)

PART 2   공공외교와 국가이미지 형성

       07 한국의 공공외교사업과 국가이미지 형성   091
            _ 양 철(성균관대)

       08 한국의 국가이미지 형성 전략   101
            _ 리자청(랴오닝대)

       09 중국의 눈에 비친 한국의 공공외교   119
            _ 왕 리(지린대)

       10 중국적 가치의 확산 방안   129
            _ 함명식(지린대)

PART 3   한중 공공외교와 인문교류

       11 한중 인문유대의 심화발전   147
            _ 이희옥(성균관대)

       12 한국인의 대중국 인식   157
            _ 한인택(제주평화연구원)

       13 공공외교와 한중 인적 교류   169
            _ 뉴린제(산동대)

       14 공공외교와 한중 인문교류   183
            _ 비잉다(산동대)

PART 4 한중 공공외교와 싱크탱크

15 지식외교와 싱크탱크의 역할   205
     _ 김태환(국립외교원)

16 학술싱크탱크와 한중 공공외교   217
     _ 양갑용(성균관대)

17 중국 특색의 싱크탱크와 공공외교   231
     _ 왕츄빈(화챠오대)

PART 5 한중 공공외교와 대학의 역할

18 대학공공외교의 모색   245
     _ 이희옥(성균관대)

19 정체성 정치의 시대, 대학의 역할   255
     _ 김태환(국립외교원)

20 한중 대학공공외교의 행위주체   265
     _ 양 철(성균관대)

21 대학공공외교와 지역 컨센서스   277
     _ 왕원치(지린대)

부록

22 공공외교법 및 시행령   289

23 공공외교법 제정의 배경과 의의   301
     _ 한인택(제주평화연구원)

PROLOG

한중 공공외교의 새로운 지평

chapter 01 이희옥(성균관대)
  한중일 공공외교의 새로운 지평

chapter 02 류더빈(지린대)
  공공외교와 한중 동반자 관계

chapter 03 김태환(국립외교원)
  한국형 공공외교와 한중 공공외교

01
한중일 공공외교의
새로운 지평

이희옥 성균관대 정치외교학과/성균중국연구소

한중일 공공외교와 관련해 개인적으로 두 가지 경험이 있다. 캠퍼스아시아 프로그램의 일환으로 2013년 가을학기에 일본의 나고야대학에서 중국 정치를 가르친 경험이다. 일본의 차세대 엘리트 청년들에게 구동존이求同存異의 정신 속에서 현대 중국을 '있는 그대로' 이해하고 미래세대인 청년의 자유로운 상상력 속에서 한중일 시대를 함께 열어야 한다는 점을 강조했다. 기성세대들과는 달리 일본 학생들은 한국 교수가 전하는 중국 정치에 대한 접근법에 쉽게 공감했다.

또 다른 하나는 2014년 성균관대학 성균중국연구소와 지린吉林대학 공공외교학원이 공동으로 한중 공공외교연구센터를 설립하고 공동연구를 진행하기 시작한 것이다. 한중 양국 사이에는 다양한 양자 간 공공외교 포럼이 있다. 그러나 이를 이론적으로 지원하고 대학공공외교의 지평을 확장한 사례는 매우 드물었다. 특히 두 대학의 공공외교 연구 플랫폼은 양국의 공공외교 연구를 심화하는 데 그치는 것이 아니라 동아시아 공공외교와 한중일 공공외교로 지평을 넓히기 위한 것이다.

공자는 "세 사람이 길을 가면 그중에 한 사람의 스승이 있다三人行必有我師."고 했다. 한중일 삼국은 어떤 일을 할 때, 좋은 것은 본받고, 나쁜 것은 경계

警戒하는 스승이 있게 마련이다. 이런 점에서 한중일이 함께 동아시아 문제를 해결하면서 동아시아 공동체의 가능성을 찾아가는 것은 일종의 당위가 되었다.

생활권으로서의 한중일

한중일 삼국은 동아시아 협력의 핵심지대이다. 3국의 대외무역액은 7조 달러로 전 세계 20% 이상을 차지하고 있고, 인적 교류의 규모도 2008년 1,400만 명에서 2015년 2,400만 명으로 급증했다. 2015년 한중일 관광장관 회의에서는 2020년까지 인적 교류의 규모를 3,000만 명으로 늘리는 목표를 제시하기도 했다. 이러한 인적 교류도 과거 단순한 여행에서 벗어나 비즈니스, 유학 등 정주형定住型이 많아졌으며 질적으로도 심화되었다.

현실주의는 '현실'에서 출발한다. 이런 점에서 동아시아 평화를 논의할 때, 이상적인 방법에도 불구하고 한중일 협력 없이는 그 한계가 명확하다. 물론 한중일은 근대 수용과 근대 극복에 대한 경험의 차이가 있었고 경제발전 모델과 체제의 이념도 다르다. 그러나 서양의 시각으로 쉽게 이해되지 않는 한자와 유교 등의 문화적 자산을 공유하고 있고 상호 이해를 쉽게 할 수 있는 장점이 있다. 따라서 한중일의 지리적 범주는 단순한 3국에 그치는 것이 아니라 새로운 공간적 상상력public spatial imagery을 표상하고 있다.

이처럼 3국의 협력은 새로운 동아시아의 가치와 문명을 복원하는 원동력이 될 것이다. 사실 서양에서 사용하는 문명은 친구와 적, 안과 밖, 나와 타인을 구분하는 의미로 'civilization'이 사용되지만, 동양에서는 마치 햇볕이 골고루 주변을 비추고 사심이 없고 막힘이 없는 일종의 광명상태를 의미한다는 점에서 차별보다는 평등이 강조된다.

한중일은 인적 교류가 심화되면서 동일한 생활권lebensraum을 형성하고 있다. 이미 한중일의 디아스포라diaspora는 지역사회에 튼튼한 뿌리를 내리면서 현지의 문화를 자국의 문화와 융합하는 촉진자facilitator의 역할을 하고 있다.

무엇보다 중국의 소비패턴이 완전히 달라지고 해외여행객의 규모가 폭발적으로 늘면서 이러한 생활권은 더욱 가까워질 것이다. 실제로 서울과 도쿄 그리고 베이징의 청년문화는 국경을 넘어 소비되고 있다. 정보혁명의 도움으로 한국의 인기 드라마가 중국과 일본의 시청자들과 실시간으로 공유되고 있고 중국과 일본의 문화가 한국에 유입되는 데에도 그리 오랜 시간이 걸리지 않는다. 이러한 새로운 동일 생활권 시대는 우리들에게 국경 바깥의 시각을 요구하고 있다.

제도에 선행하는 인적 교류

2015년 제6차 한중일 정상회의에서는 상호 인문교류를 적극적으로 추진하자는 결의가 있었다. 한중일은 장기적으로 다양한 국제문제를 함께 논의하는 책임공동체, 지속가능한 발전을 추구하고 성장의 과실을 공유하는 이익공동체, 그리고 사람들이 교류하면서 문화의 소통을 증대시키는 인문공동체를 추구할 것이다. 특히 인적 교류는 인문공동체의 뿌리에 해당한다. 이미 한중 양국은 인문교류공동위원회 등을 구성해 인문유대人文紐帶 사업을 본격적으로 진행해 왔고 1972년 수교한 이후 전략적 호혜관계를 맺고 있는 중일 양국도 인문교류의 역사가 길다. 인문人文의 개념에 대해서는 각국별로 다소 해석의 차이가 있지만, 기본적으로 언어·문학·역사·철학 등 인문학을 지칭하는 협의의 개념이 아니라, 인간과 인간 사이에서 이루어지는 모든 교류활동을 포함하는 포괄적 개념이라고 할 수 있다.

사실 유럽의 경험에 비추어 보면 오늘날 하나의 유럽을 만들 수 있었던 것은 공항, 항만 그리고 정보시스템도 중요하지만 더욱 중요한 것은 정신 인프라였다. 한중일은 민족주의로 구성된 집단기억collective memory을 가지고 있는데 독일, 프랑스, 폴란드 3국의 역사적 경험과도 유사하다. 그러나 이러한 역사 갈등에도 불구하고 프랑스의 드골 총리와 독일의 아데나워 수상은 엘리제 조약을 체결해 역사적 화해reconciliation를 했다. 여기에는 역사를 성찰하면서 미래를 개척한다는 공동인식이 있었고 더욱 중요한 것은 엘리제 조약에 이르기까지 수백 개의 도시교류와 수많은 인적 교류가 제도화된 우호관계의 기초가 되었다.

사실 경제활동의 중심이 되는 물류物流의 기본도 결국은 인류人流이다. 유럽통합의 아버지인 장-모네Jean Monnet는 "우리는 국가 간의 제휴가 아니라 사람들의 연합을 이루고자 한다We are not forming coalitions between states, but union among people."고 밝힌 바 있다. 즉 제도에 선행하는 것이 개인의 자발적 결사이고 비제도적 네트워크를 통해 제도의 기반을 구축할 수 있는 것이다. 한중일 협력의 새로운 틀을 논의하는 이유도 이러한 풍부한 인적 교류를 담을 수 있는 그릇이 필요하기 때문이다.

한중일 교류의 철학

유럽의식은 '유럽 생각하기'를 요청하고 있고 계획의 공동체community by design 이전에 운명공동체를 생각했다. 중국도 주변국을 운명공동체로 간주하고 친·성·혜·용親·誠·惠·容을 제시했고, 일본과 한국도 정도의 차이는 있으나 지리적 친연성親緣性을 기반으로 주변과의 협력을 줄곧 강조해 왔다. 특히 이웃국가에 공통적으로 적용할 수 있는 친親은 상호 신뢰가 전제되어야 하고 문화적 유사성과 상동성相同性이 강화되어야 하는데 그것이 바로 인문교류이고 한중일 운명공동체를 만들어 나가는 기반이 될 것이다.

이를 위해서는 협생協生의 감각을 익혀 나가는 것이 필요하다. 협생은 정태적 의미의 공생共生을 넘어 한중일의 공동성을 확인하고 이를 넘어설 수 있는 동태적인 개념이다. 이를 위해서는 구동존이求同存異를 넘어 구동화이求同化異의 적극성이 필요하다. 이를 위해 인적 교류도 쌍방향이고 국민체감형으로 이루어져야 한다. 엄밀한 의미에서 문화는 우열優劣이 있는 것이 아니라 차이가 있을 뿐이다. 따라서 한중일의 교류과정에서 자국의 문화를 일방적으로 소개하고 전파하는 것이 아니라 한중일의 공통문화의 용광로melting pot 속에서 새로운 가치를 만들어야 하며 무엇보다 한중일의 국민들이 손에 잡힐 수 있어야 지속가능하다.

따라서 혼성적 정체성hybrid identity을 존중하는 것이 필요하다. 이것은 일종의 화이부동和而不同의 정신이다. 역설적으로 한중일의 독창성은 통일성이 결여될 때 만들어질 수 있다. 이것은 한중일 모두 주권主權을 중시했던 역사적 현상을 '있는 그대로what it is' 수용하는 현실적 경로이기도 하다. 따라서 일거에 모든 것을 이루겠다는 생각보다 점진적이고 증량적incremental인 장기기획이 필요하다. 뿐만 아니라 한중일 삼국은 국내정치에 따라 대외관계가 영향을 받는 현상을 극복하는 한편 정권변화에 따른 매몰비용sunk cost을 줄여 나가야 할 것이다.

동양사상이 서양사상과 구별되는 것은 서양이 '개체론'적 사고를 하고 있다면 동양은 '관계론'적 사고를 한다는 점이다. 한중일 삼국이 서로의 창과 거울인 이유도 여기에 있다. 우리가 인성人性을 고양시킨다는 것도 자신을 먼저 키우는 것이 아니라 자신이 아닌 것을 키우고 이를 통해 자기를 키우는 것을 의미한다. 예컨대 한국인의 입장에서 보면 한국과 일본, 한국과 중국 그리고 중국과 일본을 함께 생각할 필요가 있다. 동양에서는 '다른 사람의 아름다움을 이루어 주는 것成人之美'을 인仁이라고 했다. 이것은 자신이 바로 서기 위해서는 먼저 남을 세워야 한다는 것을 의미하는 것이며 이러한 관계가 확대되면 사회적으로 확장될 것이다.

과도하고 배타적인 민족주의의 과잉을 넘어설 필요가 있다. 민족주의는 원래 자국의 정체성을 강조하는 긍정적인 기능이 있었다. 그러나 민족주의가 국경 안에 갇히게 되고 이를 정치화하는 과정에는 많은 문제가 나타났다. 이런 점에서 한중일 지식인들의 지적 자율성이 좀 더 확보될 필요가 있고 자유로운 연구 환경이 더욱 확대될 필요가 있다. 이렇게 해야만이 한중일 삼국의 부정적 유산을 극복할 수 있고 국가의 경계선에 따라 구획되고 설정된 주권국가 체제의 틀을 약화시킬 수 있으며 상위정치high politics에 따라 민간교류가 흔들리는 현상을 어느 정도 바로잡을 수 있다.

전통적인 의미의 공공외교는 어떤 국가나 국민이 외국 사람의 마음hearts and mind을 얻는 과정이다. 그러나 최근의 추세는 주체가 다양화되고 공공외교의 형태도 크게 변했다. 무엇보다 공공외교가 외교정책의 중요한 요소로 등장하면서 자국문화의 전파와 선전에 주력하게 되었고 경쟁이 본격화되고 있다. 사실 한중일 공공외교의 중요성을 강조하는 것은 선의의 경쟁을 통해 협력의 틀을 만들어 내기 위한 것이다. 따라서 유의해야 할 것은 경쟁보다는 협력을 지향하고 양국 모두에 도움이 되는 공영주의win-winism를 추구하는 한편 나아가 양국 협력이 지역 전체에도 도움이 되는 트리플 윈triple win을 추구하는 능동적이고 전향적인 사고가 필요하다.

한중일 인적 교류 심화를 위한 제언

우선 한중일 정상회담은 어떠한 조건과 환경에서도 정례적으로 열어야 할 필요가 있다. 과거 몇 년간 역내 역사문제로 인해 한중일 정상회담이 열리지 못했다. 한중일 정상회의는 민간의 인적 교류에 미치는 외교적 신호가 크고 무엇보다 기존의 한중일 협력의 현황을 점검하며 새로운 프로그램을 기획할 수 있다는 점에서 중요한 의미를 지닌다. 유럽도 독일과 프랑스의 정례회담의 제도화가 큰 역할을 했다. 따라서 한중일 사무국의 조직과 활동을 확대하고 실질적으로 심화시킬 수 있는 방안도 찾아야 할 것이다.

또한 중앙정부 간, 지방자치단체 간, 민간 간의 교류확대를 기반으로 국경을 초월한 인프라 정비, 자원과 에너지 개발 협력, 산업·관광·환경·문화·교육 등과 같은 지속가능한 협력분야에서 하부-지역 통합레짐sub-region integration regime을 강화할 필요가 있다.

한중일 3국은 의미 있는 각국의 문화를 소개하고 교류하기 위해 매년 돌아가면서 특정 국가를 '문화의 해'로 정하고 해당 국가의 문화소개 행사를 다른 두 국가에서 개최하는 선도 프로그램pilot program을 추진해 볼 필요가 있다. 이를 국가 차원에서 추진하는 것이 부담이 된다면 또 다른 공공외교의 주요한 주체인 지방과 도시의 차원에서 공동으로 추진해 볼 수 있을 것이다.

  차세대 청소년교류를 더욱 확대하고 심화시킬 필요가 있다. 독일-프랑스-폴란드와 달리 한중일의 협력이 지체되고 있는 것은 역사교육이 큰 영향을 미치고 있다. 역사교육은 공동체의 주체로 자라나는 청소년들이 자신이 속한 국가와 그 경계를 넘어서는 삶에 영향을 주고 올바른 생각과 이성적 행동을 이끌어 낼 수 있는 지식, 판단, 능력, 의지를 형성하는 도구이다. 이런 점에서 역사교과서는 마음의 통합integration of mind의 중요한 요소이다. 한중일 캠퍼스 아시아 시범사업의 경험에 비춰보면 한중일 삼국의 대학생들이 동아시아 공동의 문제를 함께 논의할 수 있는 이러한 프로그램은 매우 유익하다. 이것은 1980년대 유럽의 에라스무스Erasmus project를 벤치마킹한 것이다. 이러한 사업의 성과를 확인하면서 중기적으로는 '한중일 공동 대학'의 설립도 검토해 볼 수 있다.

에필로그

  유럽의 공항에는 입국수속의 창구가 유럽인European과 비유럽인Non-European으로 나눠져 있다. 중국의 공항에는 중국인과 외국인으로 구분되어 있고 한국과 일본의 공항도 마찬가지이다. 한국인이면서 아시아인으로 살고, 중국인이면서 아시아인으로 살며, 일본인으로서 아시아인으로 살아가는 아시아티쿠스Asiaticus를 꿈꾼다. 혼자 꾸는 꿈은 그냥 단순한 꿈에 지나지 않지만 여러 사람이 함께 꾸면 그것은 현실이 될 것이라고 믿는다.

  사실 국제관계는 인간관계의 연장이라는 측면이 있다. 이러한 인간관계의 핵심은 신뢰이고 그 신뢰의 사회과학적 의미는 내가 생각한 대로 상대가 행동해 줄 때 형성된다. 이러한 신뢰를 위해 무엇을 할 것인가에 대한 능동적 비전, 그리고 무엇을 하지 말 것인가 하는 절제를 함께 생각해야 한다. 여기에서 무엇보다 중요한 것은 한중은 물론이고 한중일에 대한 감성능력 emotional literacy을 키우기 위해 노력해야 한다는 것이다. 왜냐하면 우리가 살았고 현재도 살고 있고 앞으로도 살아가야 할 사람들의 상황과 감정을 이해할 때, 비로소 한중일의 협력이 가능하기 때문이다.

국가이미지도 일종의 경쟁을 넘어서야 한다. 한국도 중국, 일본과 마찬가지로 국가이미지위원회, 국가브랜드위원회 등을 설립해 운영해 왔고 역대 정부 모두 국가브랜드 개발을 중요한 국정목표로 제시했다. 국가이미지는 국가브랜드와 밀접한 관련을 가지고 있다. 즉 국가이미지 실체의 개선, 이미지 제고, 관리시스템 체계화가 3대 축이었고, 구체적으로는 실체 개선을 위해 국제사회 기여 확대, 다문화 포용 및 외국인 배려, 첨단기술과 제품 홍보, 사회 각 부문 참여 및 역량강화, 문화자산 가치 확산 등에 주안을 두었다. 그러나 중요한 것은 개별 국가의 국가이미지 강화가 선의의 협동뿐 아니라 동아시아의 국가이미지를 동시에 개선할 수 있는 계기로 만들어야 할 것이다.

02 공공외교와 한중 동반자 관계

류더빈(劉德斌) 지린(吉林)대 공공외교학원

한중관계의 특별한 의미

최근 국제관계는 역사적인 변화를 겪고 있다. 경제 글로벌화가 전 세계를 촘촘하게 이어주면서 국가와 국가 사이에 밀접한 의존관계가 형성되었지만, 최근의 국제 정세를 보면 이러한 상황이 결코 지정학적 정치 모순 및 충돌을 해결하지 못하고 있을 뿐 아니라 근본적으로 국가 간 관계의 성격을 바꾸지 못하였음을 보여주고 있다. 반대로 대국 사이의 충돌이 다시 나타나면서 한때 경제 글로벌화와 블록화로 엄폐되고 약화되었던 지정학적 정치가 다시 고개를 들고 있다. 냉전의 종결과 대국관계의 조정, 그리고 경제적 글로벌화가 깊어지는 가운데 평화와 발전의 낙관적인 정서가 도리어 점차 사라지고 있고, 세계는 다시 새로운 교차로 위에 서 있는 분위기이다. 냉전 이후의 경제적 글로벌화가 세계평화의 기초를 만들 수 있는가? 아니면 새로운 대국 게임과 지정학적 정치가 다시 등장할 것인가? 물론 사람들이 희망하는 것은 전자이겠지만, 그것을 실현하여 지정학적 정치관계의 악화를 막는 것은 여전히 단기간에 해결할 수 있는 문제가 아니다. 동아시아 지역 정세에는 특히 우려스러운 면이 있다.

이러한 역사적 변화 속에서 한중관계는 이전과 비할 수 없는 중요한 의미를 가진다고 할 수 있다. 우선 중국은 30여 년의 개혁개방을 겪으면서 종합국력이 신속히 증가하였고, 국제적 영향력 역시 날로 확대되어 신흥 대국으로 간주되고 있으며, 심지어 미국과 우열을 겨룰 것으로 예상되고 있다. 동시에 한국 역시 뚜렷한 경제적·사회적 발전을 이루어 그 국제적 영향력이 계속 제고되어 있으며, 새롭게 부상하는 '중견국'의 전형으로 평가받고 있다. 한중 양국은 모두 세계무대에서 중요한 역할을 맡고 있으며, 한중관계의 발전은 동아시아 정세에 매우 중요한 역할을 하고 있다.

두 번째로 한중 수교 이후 경제 및 정치적 관계가 빠르게 발전하면서 동북아시아 공동체 형성에 필요한 물질적인 기초가 마련되었고, 또한 북한의 개방과 국제사회로의 편입에도 매우 유리한 외부 환경이 조성되었다. 궁극적으로 한반도의 남북 대치상황을 종식시키고 중국과 한국, 북한의 경제 협력을 실현한다면 새로운 앞날을 열어갈 수 있는 배경이 마련된 것이다. 한중관계는 이미 수교 초기의 일반적인 외교관계가 아니며, 경제적으로 상호 의존도가 매우 높고 정치적으로도 신뢰 수준이 높은 전략적 동반자 관계이다.

셋째, 중국은 현재 서구 열강과는 다른 강대국의 길을 모색하고 있으며, 미어샤이머John Mearsheimer가 증명하였던 '강대국 정치의 비극'에 빠지지 않으려 애쓰고 있다. 이러한 과정에서 중국이 추구하는 변화는 그 규모로 인해 구조적인 변화로 이어질 확률이 높고, 따라서 중국 정부가 '도광양회韜光養晦를 견지'하든 아니면 '적극적으로 유소작위有所作爲'를 펼치든 상관없이, 언제나 다양한 추측과 비난을 불러올 확률이 높다. 중국은 자신과 같은 대국이 부상하는 것 자체가 주변국에 기회를 제공해 주는 것과 동시에 걱정과 우려를 자아낸다는 것을 알고 있으며, 이로 인해 다양한 방면에서 적극적으로 소통과 대화를 추구하여 다른 국가와의 상호 이해를 모색하고 있다. 이것이 중국 정부가 공공외교에 적극적으로 나서는 기본적인 이유이다.

한국은 중국이 주변국가와 교류하고 대화하는 데 언제나 중요한 위치를 차지하고 있다. 한국은 미국의 동맹국일 뿐 아니라 중국과도 공유하는 이익이 갈수록 많아지고 넓어지며 깊어지고 있다. 한국은 중국과 미국, 그리고 기타 대국 사이에서 매우 중요한 균형 및 조정 역할을 담당할 수 있다. 한국의 전략가들도 한중관계가 갖는 이러한 중요한 의미를 충분히 인식하고 있다. '강대국 정치의 비극'이 동아시아 지역에서 빚어지지 않는 것이 중국의 전략적 목표일 뿐 아니라 한국의 근본 이익에도 부합한다. 결국 한중관계는 지금까지 단순한 쌍방의 관계인 경우가 없었다고 할 수 있다. 심층에서 동북아시아의 전략적 배치와 직접적으로 연결될 뿐 아니라 동북아시아 평화와 발전에도 중요한 의미를 갖고 있다.

한중 공공외교에 대한 생각과 건의

비록 한중관계가 많은 우여곡절을 겪으면서 한층 성숙해졌지만, 한중관계에는 여전히 많은 불안 요소도 남아 있다. 미국의 동아시아 전략이 한중관계 발전에 상당한 변수가 되는 것 외에도 한중 양국 국민 사이의 신뢰와 공감 수준도 어느 정도 양국 관계 발전에 영향을 줄 수 있다. 이러한 상황에서 공공외교가 양국 관계의 발전에 잠재적 불안 요소가 될 수 있는 부분을 일소할 수 있는 수단이 되고 있다. 공공외교의 목표는 '한 국가가 다른 국가 국민의 마음을 얻는 것'이라 할 수 있겠지만, 중국처럼 대국에게 있어서는, 그리고 중국처럼 내우외환 속에서 100여 년을 방황해야 했던 옛 문명국가에게 있어서는 공공외교의 중요 목적 중 하나가 자국 시민들에게 외부 세계를 관찰하고 이해하며 인식할 수 있는 창구를 열어주는 것이 되기도 한다. 이를 통해 개혁개방 이후 많은 변화를 겪었던 중국 사회가 세계문명과 소통하고 대화하며 비교하고 참조할 수 있게 되는 것이다. 따라서 '공공외교와 인문교류를 착실히 추진'하겠다는 중국의 전략적인 조치는 30여 년 동안 중국이 지속해 왔던 개혁개방 정책의 중요 구성 부분으로 이해할 수 있다. 한중 양국은 이웃 국가로서 공통의 문화 전통을 가지고 있을 뿐 아니라 비슷한 방향을 추구하고 있다. 근대 제국주의 열강의 침략을 겪었고, 100여 년의 빈곤과 낙후에서 벗어났으며, 이제는 세계문명 강국의 반열에 올라서고 있다. 중국은 한국의 기적적인 현대화 과정에 놀라고 있으며, 한국 역시 중국의 고대 문화에 탄복하고 있다. 한중 공공외교가 양국 국민의 상호 이해와 인식에 더 유리한 사회적 기초를 제공해 줄 수 있으며, 아울러 양국 사이의 전략적 동반자 관계가 발전하고 내실화하는 데 확고한 기초가 되어줄 수 있다.

현재 세계가 주목하고 있는 것 중 하나는 한중 양국이 모두 공공외교를 협력과 공생의 사업으로 바라보면서 공공외교 방면에서 긴밀한 협력을 이어간다는 사실이다. 2013년부터 한중 양국은 한국과 중국을 오가며 한중 공공외교 포럼을 정기적으로 개최하였다(2016년 제외). 어쩌면 세계적으로 한중 양국만이 공공외교 방면에서 협력을 이어가는 것일 수 있다. 이 포럼은 본래 한중일 3개국 간의 포럼이었지만, 역사 인식 문제에서 아베 정부가 퇴행적 태도를 보이면서 3개국 간 포럼은 무산되고 말았다. 2014년 개최된 제2회 한중 공공외교 포럼에서는 한중 양국 대표단이 공동으로 "제2차 한중 공공외교 포럼 보고"를 발표하였는데, 여기에는 양국 대표가 공통으로 가지고 있는 인식이 담겨 있으며, 한중 공공외교 협력을 촉진하는 데 유리한 사안을 지속적으로 발굴 및 실시한다는 합의가 담겨 있다.

양국이 합의한 아홉 개의 공통 인식을 보면 두 개 내용이 학계와 밀접하게 관련되어 있다. 제3항과 제6항이 그것인데, 우선 제3항을 보면 다음과 같은 내용을 담고 있다. "한중의 역사와 문화는 서로 통하는 면이 있다. 양국 문화는 서로 비슷한 부분이 있을 뿐 아니라 각자의 특색도 가지고 있다. 이는 동아시아의 다양한 문화와 찬란한 세계문명을 구성하는 중요한 부분이다. 쌍방이 서로 존중하고 서로 참조한다면 한중 우호 협력에 의미 있는 정신적 동력이자 문화적 버팀목이 될 수 있다." 제6항은 다음과 같다. "한중이 학술교류를 한층 더 강화하여, 다양한 영역에서 이뤄지고 있는 양국 간 협력에 지적인 토대를 마련한다." 사실 현대 세계에서는 학술 교류와 협력 자체가 어떤 의미에서는 깊은 층위에서의 공공외교를 구성한다고 볼 수 있다. 아래는 공공외교의 차원에서 이뤄지는 한중 간 학술 교류와 협력에 대해 필자가 가지고 있는 몇 가지 견해이다.

첫째, 중국학 연구와 한국학 연구가 양국에서 이뤄지고 있는 상황을 고려할 때, 양국 학계가 한국의 중국학과 중국의 한국학 간의 교류와 협력을 넓히는 데 노력할 필요가 있으며, 이를 통해 양국 국민의 이해와 인식이 더 깊은 학술연구의 기초 위에 자리하도록 만들 필요가 있다. 이러한 교류와 협력은 학술회의의 공동 개최나 교수 및 학생의 상호 방문을 통해 이뤄질 수도 있지만, 관련 분야의 후진 양성과 학제 건설을 통해서도 새로운 고등교육의 '현학顯學'을 만들 수 있다. 필자가 이해하는 바로는 한국에서 중국어 학습 열기가 지속적으로 상승하고 있고, 중국 문화 역시 상당한 영향력을 가지고 있으며, 중국 경제의 발전을 한국 사회는 새로운 경제성장의 기회로 보고 있다. 그러나 중국학 연구는 한국 학술계에서 결코 주도적인 위치가 아니며 미국 연구가 여전히 핵심 중의 핵심을 차지한다.

사실 중국에도 비슷한 양상이 존재하고 있다. 개혁개방 이후 중국 학계의 지역문제연구는 주로 미국과 서구 국가에 집중되어 있었고, 주변 국가나 비非서구 국가에 대한 연구에는 투자가 부족했던 것이 사실이다. 한중 양국은 상대적으로 왕래가 빈번하고 서로에 대한 이해도가 높은 편이지만, 실제로는 많은 오해와 오독, 그리고 일정한 거리가 존재하고 있다. 그중 일부 오해와 오독, 거리는 한중관계가 깊어지는 가운데 약화되고 있는 것이 아니라 오히려 한중관계의 발전을 방해하는 장애물이 되어가고 있다. 이러한 현상이 계속 지속되어서는 안 될 것이다. 한중 학계가 이 방면에서 노력을 경주할 필요가 있다.

둘째, '한풍漢風'과 '한류韓流'의 학술적 탐색을 추진하여 한중 양국 국민이 한층 더 서로 이해하고 공감할 수 있도록 새로운 사회적 기초를 마련해야 한다. 최근 중국과 한국에는 '한류'와 '한풍'이라고 하는 한중 사이의 독특한 문화적 교류 현상이 나타나고 있다. 이를 통해 양국 국민의 예술적 심미관과 가치관이 더욱 밀접하게 이어지고 있으며, 양국 사이의 공공외교를 전개하는 데 빠뜨릴 수 없는 귀중한 자원이 되어가고 있다. 특히 '한류'는 중국 대중문화에 더 많은 영향을 끼치고 있다. 영상과 음악, 패션, 음식 등 '한류'는 중국에서 높은 시청률과 그에 따른 부대효과를 유발하고 있다. 2014년 방영된 "별에서 온 그대"는 "대장금" 이후 또 한 번의 한국 드라마 열풍을 만들어 내었다. "대장금"은 역사적인 소재를 다루었고 "별에서 온 그대"는 판타지적인 로맨스에 속하지만, 이러한 차이가 중국 관중들이 두 편의 드라마에 대해 호감을 갖는 데에는 별다른 영향을 주지 않았다.

　동시에 '한풍' 역시 한국에서 영향력을 발휘하고 있다. 중국어 학습열이 높아지고 있는 가운데 "영웅英雄"이나 "엽문葉問"과 같은 중국 영화도 큰 인기를 끌고 있다. 현대 중국의 변화에 대한 다양한 관심에서부터 『삼국연의』의 '도원결의'에 이르기까지 그 관심이 이어지고 있다. 중국어가 한국에서 계속 보급되면서 한국인들 중에는 중국 지역, 특히 동북東北이나 산동山東 지방 특유의 사투리를 구사할 줄 알고, 이로 인해 중국인들은 이전보다 더 정겨워하고 있다. 한국 드라마가 특히 중국 관중에게 줄곧 사랑을 받을 수 있었던 것은 중국 관중이 그 드라마 속에서 중국의 전통적인 미덕을 발견할 수 있었기 때문이다. 그 외에도 세밀한 감정 묘사와 아름다운 경치, 뛰어난 미모의 배우 등으로 인해 중국 관중들이 미적 쾌감을 얻을 수 있었던 탓도 있다. 어떠한 경우이든 한국 드라마로 인해 중국 관중은 한국에 대해 친근감을 갖게 되었고, 한국으로 쉽게 여행을 떠나고 있으며, 한국 역사와 문화에 대한 호기심을 갖고 있다. 물론 드라마 속 한국에 대한 이미지는 한국 여행을 통해 직관하게 되는 것과 분명 다른 것이겠지만, 이는 결코 중국 대중이 한국에 대해 알고 싶어 하는 열정을 상쇄시키지 않으며, 또한 한국 대중문화에 대한 지속적인 사랑을 저해하지 않는다. '한풍'과 '한류'의 영향이 갈수록 깊어지고 있는 상황은 이미 단순한 문화현상이 아니며 양국 국민이 서로 교류하고 공감할 수 있는 교량으로 발전하고 있다. 상대국 국민이 추구하는 가치 속에서 형제애와 같은 우의를 발견하고 있는 것이다.

　'한류'와 '한풍'이 서로 스쳐가는 상황에서 함께 어울려 빛을 낼 수 있는 방법은 없을까? 긍정적으로 대답할 수 있을 듯하다. 중국에서 방영된 후난湖南 위성 TV의 "아빠, 어디가"는 체육계와 연예계의 유명 남성 인사들이 자신의 아이들을 데리고 중국의 서로 다른 지역에서 함께 생활하는 체험 프로그램이다. 이 예능프로그램이 많은 인기를 끌면서 사람들은 본래 이 프로그램이 한국의 MBC에서 처음 만들어졌다는 것을 알게 되었다. 중국 방송국은 한국 방송국으로부터 프로그램의 판권을 구입하였고, 이로 인해 중국 대중은 한국의 "아빠, 어디가"를 시청하게 되었던 것이다.

어째서 동일한 소재의 프로그램이 한국과 중국에서 동시에 사랑받을 수 있었던 것인가? 이를 산업 차원에서의 기제로 이해할 수는 있어도 단순히 상업적인 흥미 추구로 이해해서는 안 된다. 오히려 비슷한 문화적 배경이 있기에 양국 국민이 하나로 묶여졌다고 봐야 한다. 한국이든 중국이든 유교문화에 장기적으로 물들면서 부친과 자녀 사이의 관계는 매우 미묘해졌다. 긴 역사 동안, 심지어는 오늘날까지도 전통적이고 판에 박힌 남성들이 중국과 한국 사회에 많으며, 아버지는 여전히 자녀에 대해 엄숙한 이미지와 거부할 수 없는 지위를 고수하고 있다. 따라서 이러한 새로운 세대의 중국과 한국 남성이 주체가 되어 부친과 자녀 사이에 따뜻한 정을 나누는 장면이 프로그램에 담겼기 때문에 중국과 한국의 관중이 동시에 관심을 가질 수 있었던 것이다.

'한류'와 '한풍'의 지속적인 발전은 현대 세계에서 결코 개별적인 현상이라고 할 수 없다. 세계로 눈을 돌려보면, 세계화의 추세 속에서 나타나고 있는 것은 본토 혹은 지방 문화의 부흥이다. 소프트파워의 형성과 공공외교의 개척은 세계 많은 국가와 정부, 민간단체가 모두 힘써 노력하고 있는 목표이다. 이러한 과정에서 많은 국가들은 미국의 방식을 모방하여 왔고, 미국의 소프트파워와 공공외교의 구축 속에서 참조할 수 있는 부분을 찾게 되길 희망하였다. 그러나 사람들은 점차 미국의 경험이 다른 국가에 직접 적용될 수 없다는 것을 알게 되었고, 각국은 자신의 특수한 국가 상황에 맞춰 국가이미지의 자원을 발굴해야 했다. 세계와 만날 수 있는 통로를 개척하면서, 소프트파워 구축과 공공외교 전개에서 '탈미국화unamericanization'의 과정이 일어난 것이다. '한풍'과 '한류' 역시 이러한 과정의 일부라고 할 수 있다. 이러한 과정에서 '한풍'과 '한류'의 전파는 서로 참조할 수 있는 경험이다. 역사적·문화적 기초를 발굴하는 것에서 현대 매체의 수단을 운용하는 데까지, 그리고 문화형식과 문화운반체의 상호 융통에서 상업 자본과 정부 지원 사이의 균형과 협조를 이루는 것까지 모두 그러하다. '한풍'과 '한류'가 함께 어울려 빛을 낼 수 있다면 중국과 한국 문화는 세계 조류 속에서 영향력을 행사할 수 있을 것이고, 중국과 한국의 공공외교 발전에도 새로운 진전을 이룰 수 있을 것이다.

물론 한국 학자들 중에는 '한류' 문화가 지나치게 상업화되고 시류 지향적이라고 염려하는 이들이 있다. 그것이 한국 전통 가치관을 떠나 세속적으로 흐르게 되는 순간 통속 문화나 심지어는 쓰레기 문화쯤으로 여기는 것이다. 동시에 중국에도 '한풍'이 산업화나 시장화의 동력이 결여되어 있기 때문에 '사업'이라는 한계를 벗어나기 어렵고, 결국 '한류' 문화와 같은 친화력이나 영향력은 만들지 못하게 된다고 비판하는 이들이 있다. 이러한 상황 속에서 만약 한국과 중국 학계가 깊은 관심을 가지고서 '한류'와 '한풍'의 비교 연구를 진행할 수 있다면, 그래서 양국 국민 간의 문화 소통과 가치 공감의 귀한 자원을 발굴할 수 있다면, 양국 관계의 여론 기초가 굳건해질 수 있을 것이고, 양국 국민의 문화생활은 더욱 밀접해질 수 있을 것이다.

셋째, 양국 유학생의 협동 조사 연구를 추진하여 양국 유학생이 캠퍼스를 벗어나 현지의 구체적인 삶에 참여하고 사회 깊은 층위까지 경험할 수 있도록 기회를 마련해야 한다. 현지 사람들의 희로애락과 사회 변화를 이해하고, 양국 국민 사이의 유사성과 차이성, 오해 등을 발견하며, 양국 국민 사이의 신뢰를 증진하고 의문을 해소할 수 있는 연구보고를 공동으로 작성하여 양국 청년 세대가 서로 이해하고 공감하는 데 중요한 생활 기초를 마련할 필요가 있다. 최근 양국은 상대 국가에서 유학하는 인원이 지속적으로 상승하여 상대 국가가 곧 가장 큰 규모의 유학 국가가 되었다. 이러한 학생들이 향후 양국 관계에서 가장 중요한 사회 기초를 이루게 될 것이며, 한중관계의 발전과 진보에 매우 중요한 역할을 담당하게 될 것이다. 따라서 우리는 그들이 더욱 상대 국가를 잘 이해할 수 있는 기회와 조건을 마련해 줄 필요가 있으며, 그런 차원에서 가장 중요한 것은 그들이 캠퍼스를 벗어나 현지 사회 속에 섞여서 서로 이해하고 공감할 수 있는 기회를 마련해 주는 것이다. 필자는 일찍이 영미권에서 유학한 경험을 가지고 있는데, 교실에서 받은 학술 훈련이 필자의 학업에 중요한 역할을 한 것은 사실이지만, 잊기 어려웠던 경험은 대부분 그 시절 현지 사람들과 쌓았던 교류와 우의였고, 그들의 희로애락에 대한 필자의 깨달음이었다. 대학 캠퍼스는 절대로 한 나라와 한 사회를 대표할 수 없다. 캠퍼스를 벗어날 수 있을 때, 유학생은 더욱 귀한 학습의 기회를 얻게 된다. 만약 양국 대학이 동반자 관계를 형성할 수 있다면, 그래서 전문적으로 양국 학생들에게 사회조사에 참여할 수 있는 학술과 재정적 기회를 제공할 수 있다면, 양국 국민 간 상호 이해의 증진에 새로운 장을 마련할 수 있다. 필자가 소속되어 있는 지린대학, 특히 공공외교학원은 이러한 방면에서 실험을 하고 있으며, 한국의 많은 대학과 함께 손을 맞잡게 되길 기대하고 있다.

한중 공공외교의 정수와 그 시범적 의미

현재 동아시아 지역은 다양한 모순으로 점철되어 있어 그 미래를 예견하기가 대단히 어렵다. 이러한 가운데 한국과 중국의 공공외교가 전개되면서 양국 관계의 건강한 발전에 중요한 동력이 되고 있을 뿐 아니라 전체 동아시아 지역의 평화와 안전에도 시범적인 의미를 갖게 되었다.

공공외교에 대한 학계의 정의는 많은 쟁점을 내포하고 있는데, 공공외교를 주도하는 것이 정부인지 아니면 민간기구인지에 대해 많은 논란이 일어나고 있다. 그러나 한중 양국 학계는 이 문제를 붙잡고 늘어진 적이 없으며, 많은 학자들은 의식적으로 '신뢰의 증진과 의문의 해소'를 목적으로 하는 학술교류를 강조하고 있다. 한중 양국 정부는 사회 각계가 공공외교 사업에 참여할 수 있도록 적극 격려하고 있으며, 적극적인 인도 역할을 자임하여 양국 공공외교 협력에 매우 유리한 조건을 형성하고 있다. 필자는 공공외교의 정수가 상대 국가에 대해 자신의 우월성을 내보여 그 속에서 탄복과 찬미를 얻어내는 것이 아니라 자신의 장점을 내보임과 동시에 자신의 부족한 부분도 내보여 상대 국가 국민들의 존중과 신뢰를 획득하고 나아가 양국 인민의 상호 이해와 공감, 그리고 양국 관계 발전에 더욱 견실한 상호 인식적 기초를 만드는 것이라 생각한다. 중국은 여전히 발전 중인 대국으로서, 중국의 부상은 국내 역사와 현실 문제를 해결함으로써 이뤄지고 있다. 개혁개방 이후, 중국인은 계속해서 이 끊임없이 변화하는 세계를 이해하고 인식하려 노력해 왔으며, 동시에 중국이 이룩한 진보와 당면 문제를 세계가 충분히 이해할 수 있게 되길 기대하고 있다. 중국이 만든 상품은 질도 좋고 저렴하여 전 세계에서 판매되고 있지만, 중국이 갖는 이미지는 지역과 국가에 따라 여전히 모순적이거나 모호하며, 평면적이기까지 하다.

한중 공공외교 협력을 전개하는 장기적인 목표는 양국과 양국 국민이 운명공동체라는 의식을 형성하여 양국 및 지역에 존재하는 모순과 충돌을 제거하는 데 필요한 기초를 형성하는 것이다. 만약 한중관계가 이 정도 수준까지 나아갈 수 있다면 동아시아 지역의 기타 국가와 인민에게도 긍정적인 영향을 끼칠 수 있다. 동북아시아 지역은 냉전시대의 첨예한 대립으로 다시 돌아가서는 안 되며, 냉전 이전의 격렬한 전쟁의 재난으로 돌아가서도 안 된다. 동아시아 각국 인민, 특히 중국과 한반도에 재난으로 가정이 파괴되고 도탄에 빠지는 역사가 다시는 일어나서는 안 된다. 지정학적 정치 충돌의 불길이 경제적 유대의 속박을 부수고 다시 타오르려 하는 지금, 어쩌면 공공외교가 편견과 오해, 협소함을 일소하는 청수淸水일 수 있다. 교차로에 선 사람들이 이 청수를 통해 명확한 선택을 내릴 수 있을 것이다. 우리가 다른 국가에 대해 분에 넘치는 바람을 감히 가질 수는 없다고 할지라도, 한 걸음부터, 곧 한중 공공외교의 협력에서부터 그 시작을 열어갈 수는 있을 것이다.

03 한국형 공공외교와 한중 공공외교

김태환 국립외교원

21세기 기술발전과 국제질서의 변화, 그리고 '신공공외교'

과학기술의 발전은 인류의 역사적 발전을 추동해 왔다. 근대에 들어서는 18세기 후반 이래 일련의 산업혁명이 그러했고, 21세기의 디지털 혁명은 또 다른 산업혁명의 출발로 일컬어지면서 인류의 경제는 물론 문화와 사회에 지대한 영향을 미치고 있다.[1] 20세기 후반과 21세기의 과학기술 발전, 특히 정보통신기술ICT : Information and Communication Technology의 혁신은 국제질서에도 새로운 변화를 초래하고 있다. 정보통신기술의 대중화와 상용화는 '신미디어new media'를 통해서 국가나 국제기구와 같은 전통적인 국제사회의 행위자에 대하여 상대적으로 개인이나 NGO, 기업과 같은 비국가 행위자의 힘을 강화empowering시켜 주고 있다. 비국가 행위자들은 정보의 공유와 확산을 통해서 국경을 초월하는 네트워크를 구축하고 각국의 대내외정책은 물론 글로벌 이슈에 대해서도 영향력을 행사하고 있다. 이들은 과거와 같은 단순한 '여론'의 형성을 통해서가 아니라 신미디어를 매체로 국제사회의 행위자로서 '소통과 참여, 그리고 행동'을 통한 영향력을 행사하고 있는 것이다.

이와 같은 '인민의 힘people power'의 부상은 무엇보다도 17세기 이래 형성된 '웨스트팔리아Westphalia 국제질서'에 변화를 초래하고 있다. 웨스트팔리아 질서는 주권sovereignty에 기반하여 민족국가nation-state가 국제관계의 주 행위자가 되는 국제질서이다. 그러나 동 국제질서하에서는 전통적인 국력, 즉 하드파워hard power가 국가 간 관계를 규정하는 근간이 됨으로써 국제정치의 현실주의자들이 말하는 바와 같이 군사력과 경제력이 강한 국가를 중심으로 하는 '위계적 질서hierarchical order'가 형성되었다. 이와 같은 국제질서하에서 외교는 국가 대 국가, 정부 대 정부의 공식적인 상호 작용을 매개하는 역할과 기능을 수행하는 것이었다. 그러나 정보통신기술의 혁신과 더불어 새롭게 대두하고 있는 '탈웨스트팔리아post-Westphalia 국제질서'는 하드파워에 기반한 위계질서와 더불어 분권화된 '네트워크 질서network order'가 새롭게 대두되어 공존한다는 데에 가장 큰 특징이 있다. 위계적 질서가 명령과 자원의 분배 및 재분배를 질서 유지의 원칙으로 한다면, 네트워크 질서는 신뢰trust와 상호성reciprocity, 공유 이익, 가치 및 규범, 그리고 행위자 간의 지속적인 상호 작용이 행위자 간의 관계 형성과 공동체의 질서를 유지하는 근간이 된다는 점에서 뚜렷한 차이가 있다.[2]

이와 같은 국제질서 변화의 또 다른 특징은 '힘power'의 개념의 변화이다. 힘이란 '상대방으로 하여금 자신의 의지대로 행동하게 하는 능력'을 지칭하지만, 구舊질서하에서 힘의 근간이 되었던 하드파워가 이미 21세기 초반의 일련의 사건들[3]을 통해서 그 한계를 뚜렷이 드러냄에 따라 소프트파워soft power[4]가 하드파워에 보완적인 힘의 개념으로서 새롭게 등장하게 되었다. '물리적인 강제력이나 물질적인 보상 없이 상대방의 마음을 끌어당기는 매력'을 의미하는 소프트파워는 국제사회에서 하드파워와는 뚜렷이 구별되는 새로운 힘의 개념이자 자산이 아닐 수 없다. 그러나 새롭게 형성되고 있는 네트워크 국제질서하에서는 특정 국가의 문화나 역사, 전통, 가치 등의 자산으로부터 유래하는 소프트파워와 구분되는 또 다른 힘의 개념이 대두하고 있다.

네트워크 국제질서하에서는 무엇보다도 네트워크 행위의 주체가 네트워크 구성원들과 '관계를 형성하고 유지하는 힘relational power', 그리고 관계 형성을 통해서 구축된 '네트워크 자체가 힘network power'이 되며, 특히 관계 형성과 네트워크 구축에는 '소셜파워social power'가 소프트파워와는 구분되는 또 다른 중요한 힘으로 작용한다. 소셜파워는 "물리적 강제나 물질적 보상을 사용하지 않고 국제사회의 기준이나 규범, 가치를 설정하는 능력"을 의미하며, 특히 소셜파워에서 핵심적인 것은 이와 같이 제시된 기준, 규범, 가치가 상대방에 의해서 "정통성이 있고 바람직한 것legitimate and desirable으로 인식되어야 한다."는 점이다.[5] 소셜파워는 상대방의 동의와 승인consent and acquiescence, 그리고 이에 따른 자발적 복종voluntary compliance을 의미한다는 점에서 상대방의 복종의 의사 여부와는 무관한 일방향적 힘인 하드파워와는 뚜렷이 구별된다.

따라서 소셜파워의 개념은 "지배자의 힘과 지배에 대한 피치자의 최소한의 자발적 복종 의지와 정통성에 대한 믿음"을 근거로 하는 막스 베버Max Weber의 '정통성 있는 권위legitimate authority',[6] "타인의 희망이나 선호에 영향력을 행사하여 이를 형성하고 결정짓는 힘"을 의미하는 스티븐 루크스Steven Lukes의 '3차원적 힘third dimensional power',[7] 또한 "문화나 이데올로기를 통한 동의에 의한 지배"를 의미하는 그람시Antonio Gramsci의 '헤게모니hegemony',[8] "생활의 궁극적 의미를 찾고 타인과 규범과 가치를 공유하고자 하는 인간의 필요로부터 기인"하는 마이클 만Michael Mann의 '이데올로기적 힘ideological power'[9]의 개념과 일맥상통한다. 소프트파워가 특정 주체의 매력 자산attributes, resources에 근거하여 상대방을 설득하고 영향력을 행사하는 데 반해서, 소셜파워는 소통을 통한 상대방과의 상호 작용과 동의의 과정을 거쳐서 상대방이 제시된 기준이나 규범, 가치가 정통성이 있다고 인정한다는 점에서, 즉 기준이나 규범, 가치를 설정하는 데에 '상호 주관적intersubjective' 형성과정을 거친다는 점에서 소프트파워와는 차이가 있다.

분권화된 네트워크 국제질서, 그리고 새롭게 대두되는 힘의 개념은 새로운 외교의 지평을 열고 있다. 상대방 국민과 더불어 다양한 분야의 네트워크를 포함한 비정부 행위자가 외교의 주체가 될 뿐만 아니라, 외교의 단순한 대상object을 넘어서서 관계를 형성하고 구축하는 파트너로 부상하고 있다. 외교의 수단으로서 하드파워의 의미는 반감되며, 이제 소프트파워와 더불어 소셜파워, 관계 구축 파워, 네트워크파워와 같은 비전통적 힘이 중요한 의미를 갖고 부각되고 있다. 또한 대중화되고 상용화된 다양한 신미디어는 새로운 외교의 중요한 매체medium, carrier가 되고 있다. 이제 일방적인 정보나 메시지의 전달이 아니라 쌍방향적이고 대칭적인 소통communication을 통해서 이들 새로운 외교의 주체이자 대상들과 관계를 형성하고 네트워크를 구축하는 것이 새로운 외교의 핵심 과제로 대두하고 있다. 이것이 21세기 '신공공외교new public diplomacy'의 요체이다.

한국형 중견국 공공외교

그렇다면 새롭게 변화하고 있는 국제질서하에서 한국의 공공외교는 어떠해야 할 것인가? 한국이 필요로 하고 추구해야 하는 특정한 '공공외교 모델'이 필요한 것인가? 군사력과 경제력은 물론 영토 및 자원과 인구를 포괄하는 전통적인 국력의 차원에서 한국은 중견국middle power이다. 중견국은 하드파워의 차원에서뿐만 아니라 국제사회에서 수행하는 역할과 기능이라는 측면에서도 강대국great power은 물론 약소국들과도 뚜렷이 구분된다. 군사력과 경제력에 기반한 국가 간 관계, 특히 국가 간 경쟁관계는 막대한 비용이 수반되는 고비용 구조인 데 반해서 소프트파워와 소셜파워를 주요 자산으로 하는 공공외교는 상대적으로 저비용 구조의 국가 간 관계를 가능케 해준다. 따라서 한국과 같이 상당한, 그러나 상대적으로 제한적인 하드파워 능력과 더불어 국제사회에서 적극적 역할을 수행하고자 하는 의지가 있는 중견국들에게 공공외교는 중요한 기회의 영역이 아닐 수 없다. 바로 이러한 관점에서 한국형 중견국 공공외교 모델의 특징을 다음의 네 가지 요소로 파악할 수 있다.

경작 모델형(耕作, plowing model)

한국 공공외교는 1990년대 이래 대중문화를 자산으로 하는 한류가 선두에서 끌어가고 있는 이른바 '경작 모델'로 특징화될 수 있다. 이는 즉 경작기가 일궈 놓은 밭에 농부가 씨를 뿌리듯, 한류가 한국에 대한 아시아인, 그리고 세계인의 흥미와 관심을 유발하고 이렇게 유발된 관심을 다른 형태의 후속 소프트파워나 소셜파워 자산으로 심화시키고 지속시켜 나간다는 것을 의미한다.

공공외교의 한 분야로서 한국의 문화외교는 2000년대 후반 이래 한류, 특히 싸이Psy의 '강남스타일'의 세계적 히트를 포함하는 K-pop 열풍으로 그 전성기를 구가하고 있다고 해도 과언이 아니다. 한류의 성공에는 여러 가지 요인이 있지만, 무엇보다도 한국 엔터테인먼트 산업의 상업적 이익에 근거한 제작 및 마케팅 능력이 근본적인 추동력이며, 이에 더하여 한국 정부 차원의 지원과 외교적 활용이 부가적인 요인으로 작용하고 있다고 볼 수 있다. 따라서 한류는 민간 미디어 및 엔터테인먼트 산업과 한국 정부의 노력이 결합되어 일궈낸 민관합작Public-Private Partnership 공공외교의 좋은 성공 사례이다.

그러나 대중문화 산업의 상업적 이익에 기반하고 있는 이와 같은 한류의 지속성에 대해서는 진지한 고민이 수반되어야 한다. 과거 아시아를 풍미했던 일본의 J-pop이나 J-드라마의 열풍이 소진된 예에서 볼 수 있듯이 대중문화 상품의 인기의 지속성에는 뚜렷한 한계가 있기 때문이다. 따라서 국가적인 차원에서는 한류가 절정기에 있을 때 이를 보완하거나 후속할 수 있는 새로운 공공외교 자산을 발굴하고 개발해야 할 필요가 있다. 한국 사회에서 자주 등장하는 '기술 한류', '행정 한류', '한식 한류'와 같은 상징적 표현들은 바로 이와 같은 경작 모델의 단면을 보여주는 것이다. 한국 공공외교의 발전을 위해서 이와 같은 후속 소프트파워 자산 개발의 중요성은 아무리 강조해도 지나침이 없으나, 국제사회에서 공공재의 창출이라는 관점에서는 일방적으로 상대방을 끌어당기는 단순한 매력보다는 상대방과의 합의를 도출하는 소셜파워의 잠재성이 큰 지식외교 자산의 개발에도 힘을 기울여야 할 것이다.

지식공유형

주지하듯 한국은 20세기 전반에 일본의 식민지배와 분단, 전쟁을 겪고 난 후 20세기 후반기에 지구상의 최빈국 중 하나로부터 오늘날 경제규모 면에서 세계 10위권의 국가로 발돋움하는 동시에 정치적 민주화를 이룩한 역사적 경험을 갖고 있으며, 이는 정치경제적 발전을 위한 역사적 경험, 지식 및 비전 공유라는 한국 지식외교knowledge diplomacy의 근간이 되고 있다. 주요 개발도상국들이 한국의 경제발전 경험에 관심을 가지고 있고, 이러한 수요에 대해 한국의 경험을 지식의 형태로 확산함으로써 국제사회에서 중견국으로서 가교의 역할을 수행한다는 것이다.

한국은 '기여외교'라는 기치하에 개발원조ODA, 평화유지군PKO 등의 활동에 박차를 가해 왔고, 특히 지난 10여 년간 한국의 지식외교는 경제발전을 이룩하는 과정에서 축적된 정책적 경험과 가치, 제도를 소프트파워 자산으로 사용하는 '경제발전경험공유 사업KSP: Knowledge Sharing Program'에 초점을 맞추어 왔다. KSP는 개발도상국에 대한 개발 컨설팅, 이들 국가들의 고위인사들, 실무자 및 학생들을 초청하여 시행하는 기술 및 교육 연수, 그리고 이들 국가들에 대한 자원봉사자 파견이라는 세 가지 범주의 형태로 이루어지고 있다.[10] 2013년 1월 OECD는 개발이사회 연례회의에서 '지식공유연대Knowledge Sharing Alliance'를 공식 출범시킴으로써 지식공유를 기존 개발협력의 주요 유형인 자금지원과 기술협력에 이은 '제3의 개발협력 형태'로 공식화한 바 있으며, 이는 한국형 개발협력의 대표 브랜드인 KSP가 국제적 리딩 모델로 자리매김하게 된 것을 의미한다. 한국 정부는 지식공유연대를 통해 한국의 독특한 경제발전과정에서 축적된 지식과 경험을 국제사회와 나누고 개발도상국이 자립 성장할 수 있는 정책적 해답을 스스로 찾고 이를 실천할 수 있도록 적극 지원할 계획을 갖고 있다.

그러나 한국은 경제발전 경험을 핵심으로 하는 지식공유를 넘어서 다른 지식영역에서도 잠재성을 가진다. 교육을 포함하는 인적 자원개발HRD, 첨단 IT기술을 응용한 전자 정부e-Government 및 전자 치안시스템e-Security, 그리고 무엇보다도 정치적 민주화 등은 지식의 형태로 여러 국가들과 경험을 공유할 수 있는 분야가 아닐 수 없다. 특히 분단국으로서 경험하고 있는 갈등과 위기관리, 그리고 평화 추구는 한국이 잘 하고 있는 분야라서가 아니라 분단의 당사자로서 겪고 있는 경험을 국제사회와 공유한다는 점에서 의미가 있다. 자국이 잘하고 있는 분야에서만이 아니라 어려움을 겪고 있는 분야에서의 경험공유가 오히려 공공외교의 상대방에게 진정성을 가지고 다가설 수 있기 때문이다. 따라서 이들 분야에서 구체적인 지식공유 프로그램을 개발하여 개발도상국을 포함한 국제사회와 공유하는 것이 중견국으로서 한국이 당면하고 있는 지식외교의 중요한 과제 중 하나이다.

지식외교의 또 하나의 유형은 주요 국제 이슈들을 어젠다로 설정하여 다양한 국제회의, 세미나, 포럼 등 회의체를 소집하여 국제적인 지식연대와 합의를 구축해 나가는 것이다. 이러한 유형의 지식외교는 어젠다 설정을 통해서 공론의 장을 만들 수 있고 현안 이슈에 대한 자국의 입장을 지적 소통을 통해서 밝힐 수 있을 뿐만 아니라, 궁극적으로는 소셜파워를 통해서 국제적인 공공재를 창출할 수 있다는 점에 있다. 한국은 2010년 G20 정상회의, 2011년 세계개발원조총회, 2012년 핵 안보 정상회의와 같은 세계적 회의를 주관하는 등 전통외교 분야에서는 물론 공공외교의 차원에서도 민간부문의 다양한 주체들이 이와 같은 형태의 지식외교를 활발히 전개하고 있다.

국제적인 공공 플랫폼global public platform을 개발하여 국제적인 이슈들에 대해서 중견국으로서 중재적이고 화합적인 가치와 기준, 규범을 발신하고 합의를 도출하는 것은 중견국 지식외교의 요체가 될 수 있다. 특히 박근혜 정부가 제안한 바 있는 'DMZ 평화공원'이나, 남북한과 중국 및 러시아 등 주변국들의 다자협력을 위한 구체적인 논의와 합의의 장으로서 북한, 중국, 러시아 접경지역의 도시를 개최지로 하는 회의체를 제안하고 주도하는 것은 특정의 지리적 장소에서 파생할 수 있는 소셜파워를 공공외교의 차원에서 활용하는 방안이 될 수 있다.[11] 이와 같은 회의체가 일회성 행사로 그치는 것이 아니라 참여자나 기관들의 네트워크가 구축될 때 국제사회에 대한 지속적 반향

효과가 극대화될 수 있을 것이다.

가공형-경쟁우위형

공공외교를 구성하는 요소들 중 특히 공공외교에 실제로 사용되는 수단으로서의 자원resources은 특정 국가의 천혜의 자연 여건이나 인구, 영토, 역사, 문화 등 오랜 기간을 걸쳐서 형성된 물질적·비물질적 유산을 의미하는 반면, 자산assets은 이러한 자원을 가공하여 공공외교에 사용할 수 있는 비물질적 수단으로 창출된 소프트파워 또는 소셜파워 자산을 의미한다. 이렇듯 두 가지 요소를 개념적으로 구분하는 것은 물질적·비물질적 유산의 차원에서 비교우위를 갖고 있는 국가들과 그렇지 못한 국가들의 대외 행태에는 차이가 있으며, 특히 선천적 자원의 차원에서 상대적으로 열세에 있는 국가들이라 할지라도 상대적으로 희소한 자원의 '가공processing'의 과정을 거쳐서 경쟁력 있는 소프트파워 자산을 창출할 수 있기 때문이다. 선천적인 자산이 풍부하지 못한 국가가 경쟁력 있는 소프트파워 자산을 만들어 내는 것은 비교우위에 대비되는 '경쟁우위competitive advantage'의 개념으로 이해할 수 있다.[12]

국제정치의 두 패러다임, 즉 신현실주의와 신자유주의 및 공공외교의 자원과 자산이라는 두 가지 차원에서 다음 [그림 1]과 같이 공공외교의 모델을 유형화할 수 있다. 이러한 유형화는 최소한 강대국이 추구하는 공공외교와 한국과 같은 중견국이 추구해야 하는 공공외교의 차이를 적시해 주고 있다. [그림 1]에서 타입 Ⅰ과 Ⅱ는 강대국에 걸맞은 공공외교이다. 타입 Ⅰ은 미국이나 중국과 같이 선천적 자원이 풍부한 국가로서 국제관계에서 전통적인 힘의 논리에 민감하고 따라서 현실주의적인 행태를 보이는 국가들의 공공외교이다. 타입 Ⅱ는 선천적 자원은 풍부하지 않지만 후천적 자산의 측면에서 강점이 있는 국가로서 역시 현실주의적 노선을 추구하는 형태이다. 일본과 같은 국가가 이에 부합되는 측면이 있다고 볼 수 있다.

타입 Ⅲ과 Ⅳ는 국제사회에서 전통적 힘의 논리에 따라 행동하는 강대국보다는 협력과 타협을 중시하는 중견국이나 약소국에 부합되는 공공외교의

[그림 1] 네 가지 유형의 공공외교 모델

		국제정치의 패러다임	
		신현실주의	신자유주의
공공외교의 자원과 자산	비교우위	I	III
	경쟁우위	II	IV

출처: 필자 작성

유형으로서, 타입 III은 브라질이나 인도네시아와 같이 선천적 자원이 풍부한 국가들, 그리고 타입 IV는 한국과 같이 선천적 자원은 풍부하지 않지만 '가공'을 통해서 후천적 소프트파워 자산을 창출해야 하는 국가들의 공공외교 유형이다. 한국과 같은 국가가 자원을 가공하여 후천적 자산화함으로써 경쟁우위를 점하는 경쟁우위형 또는 가공형 공공외교를 추구해야 함은 자명하다. 역사적 경험을 가공하여 지식자산으로 만든 KSP 프로그램, 대중문화 자원을 상업적으로 가공한 한류 등은 이와 같은 가공형-경쟁우위형 공공외교 프로그램의 대표적인 예이다.

참여형

한국 공공외교의 또 다른 특징은 이른바 '참여형 공공외교participatory public diplomacy'로서, 이는 다시 두 가지 차원으로 나누어 볼 수 있다. 세계화의 진전에 따라 국내외의 구분이 희석되어 가고 있는 오늘날의 현실에서, 또한 비정부 행위자가 공공외교의 주체로서 대거 등장하는 21세기 공공외교의 특성상 공공외교의 국내적 기반이 되는 국민들의 지원과 참여의 중요성은 아무리 강조해도 지나침이 없다. 정보통신기술의 비약적 발전과 이들 기술의 급속한 대중화 및 상용화는 '시민들의 힘people power'을 비약적으로 증대시켰고 이에 따라 시민들이 국내적 이슈뿐만 아니라 '글로벌 가상공간global cyber space'에 대한 직접적인 접근을 통해서 국제적인 이슈에도 적극적으로 목소리를 내고 있다. 시민들은 국제적 이슈에 대한 가치나 규범, 기준의 발신자로서, 또한 국제적인 여론의 주도자로서 역할하고 있는 것이다.

또한 해외의 외국인들은 물론 국내에 거주하고 있는 외국인들이 공공외교의 수동적 대상이 아닌, 보다 적극적인 참여자가 되는 것은 공공외교의 효과성 측면에서 큰 차이가 있다. 2017년 현재 한국에 거주하는 외국인의 수가 200만 명을 넘어섬에 따라 한국은 이미 다문화사회로 접어들었다. 공공외교의 대상인 외국인 중, 특히 국내에 거주하고 있는 외국인은 다른 어느 외국인보다도 한국 사회의 현실을 체험하고 있으며, 따라서 이들을 대상으로 할 뿐만 아니라 이들을 주체로 하는 공공외교 프로그램이 요청된다. 아시아에서 '혐한류'의 진원지 중 일부가 국내에 거주하고 있는 외국 유학생이라는 사실은 이러한 점을 상징적으로 부각시켜 주는 것이다.

이러한 맥락에서 한국 외교부와 한국국제교류재단 같은 기관에서는 참여형 공공외교 프로그램을 개발하고 시행하는 데에 우선순위를 부여하고 있다. 내국인 참여프로그램의 대표적인 사례로서는 외교부와 한국국제교류재단이 공동 주관하는 '국민 모두가 공공외교관' 공모 사업과 '민간단체 사이버 커뮤니티', 외교부의 '청년 공공외교단' 및 '시니어 공공외교단' 사업, 한국국제교류재단이 주관하는 '민간단체 우수사업' 공모 등을 들 수 있으며, 외국인과 한국 거주 외국인을 대상으로 하는 참여형 프로그램으로는 외교부가 시행하는 'Quiz on Korea', 'I love Korea Because…', '한국어 말하기 대회', 그리고 국내 거주 외국유학생들을 대상으로 한국국제교류재단이 시행하는 'KF-EAI Korea Friendship' 사업 등이 있다.

한중 공공외교 협력의 방향 : '협력적 공공외교 모델'

한국과 중국은 오랜 역사를 거치면서 문화와 가치를 공유해 왔을 뿐만 아니라 1992년 정치적 이념의 차이를 넘어서 외교관계를 수립한 이래 2008년에는 양국 관계를 '전략적 협력 동반자 관계'로 격상시키면서 지속적으로 관계를 심화시켜 왔다. 이제는 이와 같은 축적된 관계를 바탕으로 전기한 바와 같은 변화하는 국제질서하에서 양국 공공외교의 협력을 위한 새로운 장을 열어야 할 시점에 있다. 양국 간 공공외교 분야의 실천적 협력을 위해서 다음과 같은 네 가지 요소로 구성된 '협력적 공공외교 모델four-pronged collaborative public diplomacy model'을 제안하고자 한다.

양국 공공외교 주체 및 대상 간 관계 형성(relation building)

새로운 국제질서하에서는 공공외교의 비非국가 행위자 주체와 대상이 단순한 정보의 메시지의 전달을 넘어서 지속적인 관계를 형성함으로써 궁극적으로는 '파트너'로서의 관계를 구축하는 것이 중요하다. 이러한 관계 형성의 핵심은 정보와 지식, 그리고 인적 교류와 교환이며 따라서 무엇보다도 한중 양국의 공공외교 수행기관들 간에 양자적 정보, 지식, 인적 교류의 채널을 형성하고 유지하는 것이 필요하다. 교류의 채널information and exchange pathways은 공공외교 수행기관이나 단체 간의 프로그램의 형태로 이루어질 수 있으며, 특히 교류의 지속성과 항상성을 위해서 인터넷을 활용한 사이버 채널을 설립하는 것이 바람직할 것이다.

예컨대, 한국의 국제교류재단과 중국의 공공외교협회와 같은 양국의 대표적 공공외교 기관들이 관계 형성의 주도적 역할을 수행할 수 있으며, 2013년부터 개최된 '한중 공공외교포럼'과 같은 정례적인 회합과 더불어 신미디어를 이용한 정보와 지식의 공유와 같은 '지속적인 관계'를 형성하는 것이 중요하다.

네트워크 구축(networking weaving)

양자 간 관계dyadic relationship가 다른 행위자들(공공외교의 주체 또는 대상)을 포함함으로써 다변적 관계로 증폭될 때 네트워크가 형성된다. 일단 양국의 다양한 공공외교 주체기관 간 네트워크가 형성되면 네트워크의 구성요인들 간 공공외교의 주체와 대상이라는 개념이 희석되고 네트워크 내외의 소통과 교류를 촉진하는 '핵심 행위자public diplomacy entrepreneur'의 역할이 부각되게 된다. 양국 공공외교의 주체와 대상의 네트워크에서 시작해서, 이와 같은 핵심 행위자를 네트워크의 중요 '구심점focal node'으로 전환하는 것이 네트워크 구축 단계의 핵심 과제가 될 것이다.

예컨대, 한중 공공외교포럼의 참여 기관과 인사들은 양국 공공외교 협력의 핵심 행위자 역할을 할 수 있으며, 이들의 촉진 행위를 통해서 양국 공공외교의 네트워크의 구심점이 확산되고 심화될 수 있을 것이다. 양국의 핵심 행위자와 구심점들의 주요 역할은 지적 소통, 정보공유의 채널이 될 뿐만 아니라, 공공외교 분야에서 이슈와 과제를 논의하고 양국 공동사업의 어젠다와 방향성을 설정하는 것이 되어야 할 것이다.

공동 프로그램(joint programs)의 시행

네트워크의 구축과 확산, 심화는 구체적인 프로그램을 통해서 이루어지며, 공공외교 분야에서 한중 양국 공동사업의 시행은 협력 공공외교 네트워크의 실천적 구심점focal points이 된다. 양국 공동사업은 〈표 1〉에서와 같이 네 가지 주제영역subject dimension과 세 가지 지역영역geographic dimension에서 시행할 수 있으며, 특히 지역영역에서는 한중 양국 간 사업으로부터 시작하여 아시아 및 글로벌 영역으로 공동사업의 범위를 점진적으로 확산하는 것이

〈표 1〉 한중 공동사업의 주제 및 지역 영역

주제영역	문화대화	전시회, 공연, 문화예술인들 간의 교류 등 문화를 내용으로 하는 교류사업
	지식대화	사회경제적 발전 경험 공유, 전문가 공동연구, 세미나, 강연 등 지식을 내용으로 하는 교류사업
	언론대화	언론인들 간의 교류사업
	청년대화	청년들 간의 교류사업
지역영역	한중 양국	각 주제영역에서 한중 양국 간 교류사업
	아시아	아시아 국가들을 대상으로 하는 한중 공동사업
	글로벌	각 주제영역에서 아시아의 가치, 문화, 제도, 정책을 내용으로 비아시아 지역 국가들을 대상으로 하는 한중 공동사업

출처: 필자 작성

바람직할 것이다. 아래 〈표 2〉는 공동사업의 구체적인 예시이다.

〈표 2〉 한중 공동사업의 예시

	문화대화	지식대화	언론대화	청년대화
한중 양국	한중 문화셔틀	전문가 공동연구	한중 언론인 다이얼로그	한중 청년교류
아시아	Asia Culture Fair	한중 경제발전 경험공유	Asia Media Forum	아시아 차세대 교류
글로벌	Asia Culture Fair	Asia Studies Fair	Global Media Forum	Asia Youth Academy Asia Internship

출처: 필자 작성

국제적 공공재(public goods)의 창출

한중 공공외교 협력의 첫 번째 지향점은 물론 양국 간의 열린 소통과 교류를 강화함으로써 양국 간 상호 이해와 우호 친선관계를 증진시키는 것이지만, 나아가서는 아시아 지역 차원에서 공공외교 협력을 강화함으로써 아시아 평화번영에 기여할 뿐만 아니라, 궁극적으로는 범세계적 차원에서 문명 간 이해를 높이는 데 기여함으로써 '국제적 공공재global public good' 창출을 목표로 설정해야 할 것이다. 공공외교의 목적을 국지적인 국가이익parochial national interest의 틀에 가둬 두는 것은 하드파워와 민족국가에 기반하는 구舊질서적 발상이며, 새롭게 부상하고 있는 신新질서하에서의 공공외교는 국제사회에서 갈등과 경쟁이 아닌, 협력과 화합을 실현하는 기제로서 역할을 해야 할 것이며, 이것이 궁극적으로는 국가이익을 강화하는 길이 될 것이다. 새로운 국제질서하에서는 힘의 개념뿐만 아니라 국가이익의 개념까지도 변화하고 있다. 바로 여기에 협력적 공공외교의 의미가 있는 것이다.

1 예컨대 Peter Marsh, *The New Industrial Revolution: Consumers, Globalization and the End of Mass Production*, New Haven, CT: Yale University Press, 2012; Adam Szirmai, Wim Naude, and Ludovico Alcorta(eds.), *Pathways to Industrialization in the Twenty-First Century: New Challenges and Emerging Paradigms*, New York: Routledge, 2013; Jeremy Rifkin, *The Third Industrial Revolution: How Lateral Power Is Transforming Energy, the Economy, and the World*, New York: Palgrave MacMillan, 2011 등을 참조.
2 위계적 질서와 네트워크 질서의 차이에 대해서는 J. Rogers Hollingsworth, Philippe C. Schmitter, and Wolfgang Streeck(eds.), *Governing Capitalist Economies: Performance and Control of Economic Sectors*, New York: Oxford University Press, 1994; Mark S. Granovetter, "Economic Action, Social Structure, and Embeddedness," *American Journal of Sociology*, Vol. 91, 1985.
3 이는 물론 2001년의 9·11 테러사건과 이를 이은 미국의 이라크 침공, 아프가니스탄 전쟁, 그리고 보다 최근 미국에서 비롯된 세계금융위기를 지칭한다.
4 Joseph S. Nye, Jr., *Soft Power: The Means to Success in World Politics*, New York: Public Affairs, 2004.
5 소셜파워에 대해서 자세한 개념은 Peter van Ham, *Social Power in International Politics*, New York: Routledge, 2010 참조.
6 Max Weber, *Economy and Society: An Outline of Interpretive Sociology*, Vol. I, ed. by Guenther Roth and Claus Witlich, Berkeley, CA: University of California Press, 1978.
7 Steven Lukes, *Power: A Radical View*, 2nd ed., NewYork: Palgrave Macmillan, 2005.
8 Antonio Gramsci, *Selections from the Prison Notebooks*, ed. by Quintin Hoare and Geoffrey Nowell Smith, New York: International Publishers, 1971.
9 Michael Mann, *The Sources of Social Power : Vol. 4, Globalizations, 1945-2011*, New York: Cambridge University Press, 2013.
10 개발도상국 인사의 초청 연수와 이들 국가들에 대한 자원봉사자 파견은 외교부 산하기관인 국제협력단(KOICA)의 주도하에, 또한 개발 컨설팅은 기획재정부 및 한국개발연구원(KDI)의 주도로 시행되고 있다. 한국의 KSP에 관한 세부 사항은 http://www.ksp.go.kr 참조.
11 특정 지리적 위치나 장소에서 유래하는 소셜파워는 '장소 브랜딩(place branding)'으로 개념화되고 있다. 이에 대해서는 Peter van Ham, *Social Power in International Politics*, Chapter 7 참조.
12 경쟁우위의 개념에 대해서는 Michael E. Porter, *The Competitive Advantage of Nations*, New York: Free Press, 1998 참조.

PART
1

공공외교의 프레임워크

chapter 04 순싱제(지린대)
    공공외교와 국가 형태의 진화

chapter 05 백우열(연세대)
    한국 공공외교의 전략 유형

chapter 06 옌 전(지린대)
    공공외교와 여론조사

04 공공외교와 국가 형태의 진화

순싱제(孫興杰) 지린(吉林)대 공공외교학원

무엇을 공공외교라 하는가?

역사를 회고해 보면 하나의 '사실'로서 공공외교는 아주 오래 전에 등장하였다. 공공외교의 개념이 등장하면서 공공외교의 역사 변천을 탐구할 수 있는 이념 체계와 이론적 기반도 만들어졌다. 마르크스가『정치경제학 비판 요강Grundrisse der Kritik der politischen Ökonomie』에서 언급한 바와 같이, "인체 해부학은 원숭이 해부학의 실마리를 내포한다. 하등동물로부터 표출된 고등동물의 징후는 고등동물 자체에서 인식된 후에야 비로소 이해할 수 있다."[1] 공공외교가 학술연구의 이슈가 되고 비교적 성숙한 이론의 틀이 형성된 후에야 공공외교의 역사적 면모가 제대로 드러날 수 있었다. 그리고 공공외교의 역사가 드러난 후에 비로소 공공외교의 과학화를 위한 깊이 있는 기반을 확립할 수 있었다.

1856년 영국에서 공공외교가 등장하며 대중매체가 외교영역에 개입하기 시작했다. 1853~56년 발생한 크림전쟁을 언론이 생중계할 수 있었기 때문에 당시 마르크스와 엥겔스가 뉴욕 헤럴드에 백여 편의 평론을 써서 현장감 있는 전쟁 기록을 남길 수 있었다. 그러나 1965년 터프츠대학 플래쳐스쿨의

에드먼드 걸리온Edmund Gullion이 에드워드 머로우 공공외교센터Edward R. Murrow Center for Public Diplomacy를 설립하면서 공공외교라는 표현이 본격적으로 사용되었다. 걸리온은 공공외교를 대중의 태도가 외교정책의 형성과 시행에 영향을 미치는 것으로 정의하였다. 공공외교는 전통외교 이외의 국제관계 영역을 포괄하고 있으며, 한 국가의 정부가 다른 국가 내부의 여론 조성, 자국과 타국의 이익집단 간 상호 활동, 외교업무 및 그 영향에 대한 보도, 직업외교관과 주재기자 사이의 연락 및 소통 등의 행위가 포함된다.[2]

이러한 정의는 공공외교의 몇 가지 핵심적인 특징, 즉 정부가 주체이고 대중의 태도가 객체이며 수단은 공개성을 갖춰야 한다는 등의 특징을 명확하게 말해준다. 냉전이라는 시대적 배경에서, 공공외교는 사람의 마음을 얻어야 하는 싸움이었기 때문에 전략적 의도는 물론 전략적 수단으로서의 가치를 가지게 되었다.

그렇다면 정부 주도가 공공외교의 전제조건일까? 꼭 그렇지만은 않다. 국제 커뮤니케이션international communication의 시각에서 보면, "공공외교는 국가를 홍보하는 행위이며, 규범화되고 전문적인 여론 관리"이다.[3] 정부의 주도성이 지나치게 강조되면 정부가 국가를 구성하는 일부분임을 간과하고 공공외교가 가진 주체성과 독립성이 '훼손'된다. 물론 정부가 중심이 되는 공공외교는 한 나라의 정부가 타국의 대중에게 외교활동을 전개하는 것이다. 하지만 공공외교는 공공여론의 도움이 필요하다. 정보다원화 시대에 정부가 자국의 여론도 컨트롤하기 어려운데, 어떻게 다른 나라의 여론을 컨트롤할 수 있겠는가? 다시 말해, 공공외교는 정부 외교정책의 수단 중 하나로, 자체적으로 가진 의미가 있다. 바로 공공영역 간 교류 확대이며, 정부 주도의 공공외교는 단지 그중 하나의 유형일 뿐이라는 것이다. 이론적으로 말하자면 외교는 다음과 같은 네 가지 가능성이 있다.

A국 정부 대 B국 정부
A국 정부 대 B국 사회

A국 사회 대 B국 정부

A국 사회 대 B국 사회

유형학적으로 보자면 이 네 가지 형태는 외교의 단순한 형식을 개괄하고 있다. 첫 번째 유형은 고전적인 정부외교 혹은 외교의 전통적인 형태를 의미한다. 두 번째 유형은 정부 주도의 공공외교, 세 번째 유형은 고전적 의미의 공공외교가 방향을 전환한 것으로, 공공외교의 '공공속성'이 두드러지게 나타난다. 다시 말해, 공공외교의 주체와 객체 사이의 전환을 의미한다. 부연하자면 정부가 외교주체라는 '법칙'을 깨는 것이다. 네 번째 유형은 중개자로서의 정부를 초월하여 사람과 사람 사이의 교류로 돌아가는 것이다.

공공외교를 정부외교를 보완하는 방법 중 하나로 인식하기보다는 공공외교 자체가 더욱 풍부하고 독립적인 의미가 있다고 인식하는 것이 보다 정확하다. 특히 사회 간 교류는 공공외교의 '순수'한 형식이다. 사실 공공외교와 국가 수립은 맥을 같이 한다고 할 수 있다. 하버마스Jurgen Habermas는 "공민은 자유롭게 교류할 수 있는 권리를 가지고 있고, 자주적인 객체 간 협의는 정치적인 의지를 구성한다. 법률을 제정하는 사람들은 협의를 통한 의견 형성과 의지 형성의 과정에서 입법권과 교류권의 형성이 함께 교차된 것"으로 인식했다.[4] 인간의 교류 요구는 언어의 생성과 밀접하게 연계되어 있고, 복잡한 코드를 가진 언어를 통해 다양한 정보를 전달할 수 있다. 생존에 필요한 부분이 만족된 이후에는 존중, 귀속감, 자아 가치의 실현 등의 수요가 교류를 통해 만족감을 얻을 수 있다. 외교는 교류의 한 형태일 뿐이지만 국가가 탄생한 이후 정부가 외교를 독점하고, 폭력을 행사할 수 있는 자격을 독점한 것이다. 다시 말해, 국가라는 조직은 국가 간 변경문제를 해결하지만 국경에서 교류할 수 있는 권리도 몰수하였다. 국가 형태의 변화, 특히 세계화 시대에 국가가 새로운 형태로 진화하는 단계에 진입하면서 주권의 권력 중심이 하부로 이동하고 국경에 대한 경계가 모호해지며 공공외교의 주체성이 확연하게 드러나게 되었다.

국가 형태의 변화와 공공외교

　현대 외교는 주권국가의 수립과 함께 나타났다. 주권국가는 권력의 집중을 실현하고 등급별 관리체계를 구축했다. 베버Max Weber는 국가를 일정한 영역에서 합법적으로 독점적인 폭력을 사용할 수 있는 조직이라고 인식했고, 이러한 베버의 국가에 대한 개념은 주류 국제관계이론을 확립하는 기반이 되었다. 국가의 폭력성과 강제성이 주권의 근본적인 특성에 포함된 것이지만 국가를 통치하는 과정에서 홉스가 정의한 '리바이어던'의 논리를 따르는 것은 불가능하다. 주권은 추상적인 개념으로, 균형적인 제도가 확립되어야 비로소 주권이 실행 가능성을 확보하게 된다.

　절대주권의 이념은 공민사회에 유리한 제약과 균형을 가져다주었다. 특히 18세기 계몽사회에서 국가계약설이 국가이론의 중요한 조류潮流로 부상하며 국가에 대한 인식과 국가의 행위방식의 대대적인 변화를 이끌었다. 우리는 절대주권의 이론적 논증이 '여론', '계약', '자연권리' 등에 기인하고 있으며 주권의 형성은 공민이 권리를 수여하는 과정이기 때문에 정부의 권리는 공공의 권리라는 사실을 알고 있다. 주권이 공공의지의 상징이자 대리인이 되면서 공공의 이익 수호가 기본적인 목표가 되었다. 로크J. Locke는 "모든 사회의 집행권과 연합권은 명확하게 구별되지만 이를 분류하고 각기 다른 사람이 장악하기는 결코 쉽지 않다. 이 두 권리를 행사하기 위해서는 사회의 역량이 필요하지만 국가의 역량을 종속관계가 없는 이들에게 분할한다는 것은 거의 불가능하다. 집행권과 연합권이 각기 다른 행동을 하는 이들의 손에 분할되어 있다는 것은 공공의 역량이 서로 다른 지배하에 있다는 의미인바, 혼란과 재앙을 초래할 것"이라는 견해를 밝혔다.[5] 공공권력이 실현해야 하는 목표로 볼 때, 공공정책과 공공외교는 하나의 과정에 있는 두 가지 측면으로 이해할 수 있다.

　주권국가의 생성은 기독교 대통합의 균열에서 이루어졌다. 기독교회와 신성로마제국이 쇠퇴하는 과정에서 생성된 것으로, 주권국가 체계와 함께 시장

체계가 점차 성숙해졌다. 시장거래의 과정에서 도시(특히 자치도시)가 매우 중요한 역할을 했다. "16세기는 중앙이탈리아연방의 모든 도시들이 마지막으로 번성한 시기이다. 이러한 도시들이 이탈리아라는 연방에 포함되어 있었지만 로마와 팔레르모가 정치적 수도를 놓고 벌인 경쟁과 같은 경쟁에 직면해 있었다. 유럽 전체에서도 16, 17세기는 대도시가 부상하는 시기였다."[6] 이러한 대도시가 주권국가의 일부로 종속되었으나 대도시는 여전히 지식, 자본, 권력의 집합체로, 변화와 유동성을 대표하였다. 도시에서는 공공영역이 가장 먼저 나타났고, 도시화가 진행됨에 따라 공공영역의 공간은 끊임없이 확대되었다. "도시화, 이민, 여행, 대중매체, 그리고 부녀자 해방은 사회적 발전과정에서 다른 강력한 수요와 결합하며 새로운 그룹과 개인뿐만 아니라 각기 다른 이념과 상호 작용을 공공의 공간에 들어오게 하였다. 다시 말해, 공공의 공간이 격렬하게 확장되고 있었던 것이다."[7]

공공영역은 공론의 장에서 '대화'할 수 있는 독립적인 공간을 창출하였다. 고대 그리스의 도시국가가 전형적인 사례이다. 사실 정치는 끊임없는 변론이다. 정치사학자 파이너Samuel E. Finer는 인류 역사에 나타난 정치체제를 궁전 정치체제monarchy, 포럼 정치체제democracy, 귀족 정치체제nobility, 교회 정치체제organised religion의 네 가지 유형으로 단순화했다. 이 중 포럼 정치체제가 중요한 역할을 했다는 사실은 설득력이 있다. 포럼 정치체제의 합법성은 통치자의 동의에 의거한다. 다양한 정보를 발표하고 의견을 구하며 컨센서스가 형성될 때 비로소 질서의 안정성을 확보할 수 있게 된다. "결국 연설을 통해 설득을 할 수 있는바, 포럼 정치체제의 특징 중 하나는 수사학修辭學과 함께 발전했다."는 점이다.[8] 수사학의 발전은 공공영역의 핵심적인 특징을 꿰뚫고 있다. 여론 형성이 정치역량의 중요한 부분이라는 점을 인식하고 공공영역은 정치적 행동역량을 갖춘 '공민'이라는 집단을 조직하고 이들의 참여를 유도하였다. 한편, 공업화와 도시화의 발전은 전통사회를 살아가던 사람들의 거주와 생활공간을 변화시켰다. 익숙한 '공동체'에서 낯선 이들과 함께 조직한 '사회'로 진입하면서 사회는 공공성을 갖게 되었다. 소위 공공이라는 것은

"가족과 친한 친구 사이 이외의 사회생활영역에 있다는 것을 의미하는 것일 뿐만 아니라, 익숙한 사람과 낯선 사람, 특히 상호 간 차이가 비교적 큰 사람들이 하나의 그룹에 포함되어 있다는 것"을 의미한다.[9] 공공영역, 개인영역, 국가, 더 나아가 시장은 현대 국가의 내부질서를 구성하는 요소이며, 이러한 요소 사이의 상호 작용이, 특히 통신기술의 발달로 더욱 활발하게 전개되면서 "누가 통치하는가"가 토론의 주요 의제가 되었다.

국가권력의 구조가 더욱 다원화되면서 정부가 대표하는 공권력 체계는 더이상 사회와 시장의 경계를 포괄할 수 없게 되었다. 그람시 Antonio Gramsci는 국가의 일반적인 개념에 '시민사회'와 '정치사회'가 포함된다는 견해를 밝혔다.[10] 정치사회는 주로 군대, 경찰, 법정, 정부 등 정치권력을 행사하는 기구를 의미하는 데 반해, 시민사회는 학교, 교회, 정당, 클럽 등 개인이 구성한 조직을 의미하며 문화와 이데올로기의 발전(사조)을 촉진한다고 주장하였다. 전통적 영토국가에서 권력이 확대될 수 있는 공간이 증가하면서 만성적인 후광後光이 점차 나타나기 시작했다. 이러한 후광의 출현은 공공외교를 위한 기반과 공간을 제공하였다. "공공외교는 세계화 시대에 국가주의의 부흥이라는 이상한 현상을 구현하고 있다. 국가가 자국의 이미지를 마케팅하기 시작했고, 자국의 우위를 효과적으로 내세우고 약점은 희석시키려고 한다."[11] 바로 이러한 '후광'의 출현 때문에 국가 간 경계가 모호하게 되었다. 정부 간 외교활동 이외에 주변지역에 더 큰 교집합이 형성되었고 공공영역, 시장, 심지어 개인의 역할이 더욱 중요해졌다. 예컨대 유학, 여행 등은 모두 사적인 행위로 보이지만 공공외교 활동으로 간주할 수 있다.

정보통신기술의 혁신은 권력을 운용하는 논리와 형태를 변화시켰다. 나이 Joseph S. Nye Jr.는 "이는 세계정치에서 더 이상 정부가 유일한 기회를 갖지 않는다는 사실을 의미한다. 개인과 민간기업, 즉 위키리스크부터 기업, NGO, 테러리스트, 자발적인 사회운동에 이르기까지 모든 행위주체가 세계정치에 직접적인 역할을 할 수 있다. 정보의 확산은 권력을 분산시키고, 비정부조직의 사회 네트워크가 전통적인 관료기구의 독점적인 지위를 약화시킬 것이다.

인터넷시대의 속도는 모든 정부가 한 의제를 통제할 시간이 감축된다는 사실을 의미한다. 정치 지도자가 발생한 사건에 대해 필요한 반응을 조성하기 전까지 누릴 수 있는 자유가 더욱 감소하며, 다른 국가의 정부뿐만 아니라 민간사회와도 소통해야 한다는 것을 의미하기도 한다."고 주장했다.[12]

공공외교와 맥을 같이 하는 국가 형태의 진화

공공외교가 전통외교를 대체하기는 쉽지 않다. 우닝毋寧은 공공외교와 전통외교가 보다 완벽한 외교체계를 구축해야 하는 동시에, 국가 형태로부터 나타난 역사적 변혁big bang에 순응해야 한다고 말한 바 있다. 전통적인 국가권력은 더 이상 폐쇄될 수 없다. 더욱 개방되고 있으며 범위 역시 확장되고 있다. "국가가 공공외교를 발전시키는 것은 여론이 영향력을 생성할 수 있으며 초국가주의를 피할 수 없다는 가정에서 비롯된다. 한 나라는 다른 나라에 직접 개입하여 사건의 향배에 영향을 미칠 수 있다. 자본, 제품과 인원의 자유로운 이동이 지속적으로 증가하고 있기 때문이다. 이는 각국 정부가 상호 합의한 결과이다."[13] 국가의 체제, 이익과 역할은 국가권력 구조의 변화에 따라 달라진다. 따라서 공공외교의 발진은 국가이익의 실현뿐만 아니라 국가의 위상을 재정립하는 데도 유리하다.

21세기에 들어선 이후, 다극화는 이미 하나의 사실로 받아들여지고 있으며 세계정치는 다원화된 권력을 중심으로 회귀하기 시작했다. 국가 형태는 스스로 재구축되거나 외부요인에 의해 새롭게 구축되기도 한다. 선진국과 신흥 발전국은 지속적으로 개혁을 추진한다. 특히 신흥 발전국은 중진국 함정에 매몰되지 않기 위해 시장경제체제를 육성하고 공민사회의 자발적 조직과 자발적 거버넌스 역량을 제고하기 위해 노력하고 있다. 사회의 끊임없는 성장은 국가권력의 공간을 확장시킬 뿐만 아니라 '절대주권'의 개념을 소멸시켰다. 이는 달무리와 같이, 후광이 클수록 공공외교의 공간 역시 커진다. 푸코Michel Foucault는 권력의 본질을 우리에게 일깨워줬다. 이는 서사학이 발전하면서 권력이 언어나 이야기로 유화柔化될 수 있다는 인식을 가질 수 있게 만든 계기가 되었다. 자신의 근육을 보여주는 것이 아니라 다양한 이야기를 풀어나가는 것이 약자가 강자로 변하는 방법 중 하나이다. 진정한 의미에서의 전쟁과 비교해 사람들은 서사적이며 날카로운 설정을 진행하길 원한다. 결국 어떻게 보든 모든 정치적 행위를 위해서는 자신의 서사가 필요하게 된 것이다.[14]

'후광국가'는 권력을 부드럽고 유연하게 변화시켰다. 더 이상 폭력이 아닌 말과 이야기로 국가를 통치하고 국제체제에 참여하는 변화가 나타난 것이다. 이야기를 나눌 수 있다는 것은 역사적으로 어떤 시기이든 항상 중요했다. 국가 형태의 변화와 공공외교의 발전은 맥을 같이하지만 양면성을 가지고 있다고 할 수 있다. 내정과 외교의 경계가 오늘날과 같이 모호한 시기는 없었다. 이는 공공외교 시대에 직면한 국가의 가장 큰 기회이자 도전이다. 같은 이야기를 하기 좋은 시절로 전환하는 것은 역사상의 그 어떤 시기보다 아주 중요한 변화이다. 국가의 변혁과 공공외교의 발전은 한몸이지만 양면성을 가지고 상호 간에 형상화시키고 있다. 그러나 내정과 외교의 경계가 모호한 시기라는 사실은, 바꿔 말하면 아마도 국가가 공공외교 시대에 직면한 최대의 위기일 수도 있다. 시대의 흐름에 부응하는 국가만이 비로소 새로운 모습으로 진화하여 공공외교 시대를 선도하는 국가로 발전할 수 있기 때문이다.

1 『馬克思恩格斯選集』(第2卷), 北京: 人民出版社, 1972年, p.108.
2 http://fletcher.tufts.edu/Murrow/Diplomacy.
3 胡百精, "公共外交的語境內含與形态", 『國際公關』, 2009年 第2期.
4 哈貝馬斯 著, 童世駿 譯, 『在事實與規範之間: 關于法律和民主法治国的商談理論』, 北京: 生活·讀書·新知三聯書店, 2003年, p.193.
5 洛克 著, 叶啓芳·瞿國濃 譯, 『政府論』(下篇), 北京: 商務印書館, 1964年, p.93.
6 理查德·拉克曼 著, 酈菁·維舟·徐丹 譯, 『不由自主的資産階級―近代早起歐洲的精英斗爭與經濟轉形』, 上海: 復旦大學出版社, 2013年, p.82.
7 乔尔·米格代尔 著, 李陽等 譯, 『社會中的国家―國家與社會如何相互改變與相互構成』, 江蘇人民出版社, 2013年版, pp.172-173.
8 芬納 著, 馬百亮·王震 譯, 『統治史: 古代的王權和帝國』, 上海: 華東師範大學出版社, 2010年, p.37.
9 理查德·桑内特 著, 李繼宏 譯, 『公共人的衰落』, 上海: 上海譯文出版社, 2014年, p.21.
10 安東尼奥·葛蘭西 著, 李鵬程 編, 『葛蘭西文選』, 人民出版社, 2008年版, p.207.
11 克里斯托弗·希爾 著, 唐小松·陳寒溪 譯, 『變化中的對外政策政治』, 上海: 上海世紀出版集團, 2007年, p.319.
12 約瑟夫·奈 著, 邵杜罔 譯, 『美国世紀終結了嗎?』, 北京聯合出版公社, 2016年版, pp.125-126.
13 克里斯托弗·希爾 著, 唐小松·陳寒溪 譯, 『變化中的對外政策政治』, 上海: 上海世紀出版集團, 2007年, p.318.
14 勞倫斯·弗里德曼 著, 王堅·馬娟娟 譯, 『戰略: 一部歷史』, 社會科學文獻出版社, 2016年版, p.571.

05 한국 공공외교의 전략 유형*

백우열 연세대 정치외교학과

한국 공공외교 전략 및 정책 연구의 필요성

공공외교는 단기적으로 이슈별 국가이익을 추구하고 동시에 국가 이미지 및 브랜드 강화와 국제적 공공재 창출을 통하여 장기적 국가이익을 극대화할 수 있는 한국에게 필수적인 외교 전략이다. 왜냐하면 안보와 경제 양 차원에서 최강대국인 미국과 급부상한 중국 사이에서 복합적인 국제 역학관계에 대응해야 하는 한국과 같은 중견국에게 공공외교는 이들 강대국뿐만 아니라 지역 내외의 중견국과 약소국들의 광범위한 이해와 지지를 확보하여 국제사회에서의 국가이익 실현에 기여하는 중요한 수단이기 때문이다.

대체적으로 한국은 선진국보다 비교적 늦게 공공외교를 시작하였으나 2010년을 '공공외교의 원년'으로 선포하고 기존의 정무외교 및 경제외교와 함께 공공외교를 대한민국 외교의 3대 축으로 설정하여 공공외교 역량강화를 시도해 왔다. 경제성장과 민주화를 동시에 달성한 드문 국가발전 모델로서 개도국 성장 모델, 개발경험 전수, 선·후진국 간의 교량 역할이 가능하며 침

---

* 본 글은 "한국 공공외교 전략 및 정책 연구: 기초적 유형의 개념화," 『국가전략』 2017년 제23권 3호를 토대로 수정 및 보완한 내용임.

략의 역사가 없는 평화 국가의 이미지와 한류를 포함한 문화적인 우수성이 한국 공공외교의 자산이다.[1]

현실 국제정치에서의 필요성의 부각과 더불어 한국의 학계와 정책계에서도 공공외교, 구체적으로 한국의 공공외교 전략과 실행에 대한 기초적인 이론적·실증적·정책적 분석이 시작되고 있다.[2] 그러나 기존의 논의는 한국 공공외교 체계와 실행 전략에 대한 정책적 제안에 그 초점이 맞춰져 있다. 이러한 연구 성과와 정책 제안들은 그 자체로 시론적 의의를 지니지만 뛰어난 이론적 연구와 더불어 나이Joseph Nye의 소프트파워 개념을 중심으로 서구 공공외교를 소개하며 정책적 제안에 집중하였다. 그러나 기존 국제정치 이론과 실증 연구를 연계한 체계적인 분석은 다소 미흡했다. 그리고 주관 부서인 외교부와 핵심 산하 기관인 국제교류재단도 공공외교에 대한 학문적 정책적 자료들을 제시했지만 여전히 정치학계의 기초적인 연구가 절실하다.[3]

이러한 문제의식을 기반으로 본 연구는 공공외교를 장기적 문화공공외교와 단기적 정책공공외교의 두 가지 기초적인 유형으로 구분하고 이에 대한 개념화와 더불어 기초적인 사례 분석을 통하여 한국의 공공외교 전략들의 효과성effectiveness에 대한 실증적인 검증을 기초적으로 시도한다. 첫 번째 유형의 공공외교의 사례는 외교부가 실시한 2014년 179개 재외공관 공공외교의 프로젝트를, 두 번째 유형의 공공외교의 사례는 일본 역사인식문제—위안부 문제—에 대한 국제적 비판 여론 조성 프로젝트를 위한 공공외교이다. 이 연구가 주목한 위의 사례들은 아래에서 설명하듯이 매우 광범위한 공공외교의 유형과 전략들을 포괄적으로 분석하지 못한다. 그러나 국제정치에서 공공외교 전략연구의 시도로서 단순히 사례들을 설명하는 데 그치지 않고 기초적인 유형의 개념화를 통하여 객관적·비판적 분석을 실시하고 또 하나의 체계적인 공공외교 분석틀을 제시하는 것이 이 연구의 목표이다. 이의 실증적 검증을 위하여 외교부 공식문서, 백서, 출판물, 각종 언론보도(국문, 영문, 중문)와 같은 문헌자료와 외교관, 학계 및 정책계 전문가 인터뷰 자료를 수집하여 사용하였다.

공공외교 유형의 개념화: 문화공공외교와 정책공공외교

　　공공외교 이론의 구체화 작업은 여러 방향으로 이루어졌다. 그러나 국제정치의 기본적인 목적인 힘power을 통한 국가이익의 추구, 이를 위한 구체적인 목적과 달성 기간time horizon이라는 측면에서의 개념화와 그 성공 정도를 가늠하는 효과성effectiveness을 중심으로 하는 연구는 기존 문헌에서 부족하다. 이 작업은 또한 정치군사적 강압과 위협이나 경제적 유인과 보상, 즉 소위 정무외교와 경제외교로 지칭되는 하드파워 위주의 전통적 외교와 소프트파워 위주의 공공외교의 상호 작용에 대한 연구의 출발점이 될 수 있다. 이러한 맥락에서 이 논문은 위에서 언급한 광의의 공공외교에서 범위를 좁혀서 국가, 특히 중앙정부가 주도하는 형태의 공공외교를 분석대상으로 설정한다. 본 연구는 이론적 단순화를 통해 '문화공공외교'와 '정책공공외교'의 기초적인 유형의 개념화를 시도한다.[4]

　　첫째 유형은 장기적 문화공공외교이다. 정책 커뮤니티에서는 공공외교의 목적을 다소 모호하게 "대상국 국민의 마음을 얻는 것to win the hearts and minds of people"이라고 표현한다. 물론 이 자체가 공공외교의 최종적 목표는 아니며 보다 상위의 외교적 목표를 달성하기 위한 수단이다. 이 목표는 국가이익의 실현으로 전통적 외교의 그것과 동일하다. 그러나 공공외교를 통해서 달성하고자 하는 상위의 목적은 국가별로 그리고 국가의 정책별로 다를 수 있다. 예를 들어 공공외교 정책의 핵심 목적이 강대국의 지위 유지 및 강화인 미국의 경우 2001년 9·11 테러 이후 공공외교의 주된 목적이 국가안보가 된 반면,[5] 또 하나의 강대국인 중국의 경우 중국의 급격한 부상에 대한 세계 각국의 우려와 경계심의 완화에 초점을 맞추고 있다.[6]

　　한국의 경우도 중견국으로서 역내 국가 간의 갈등 해소, 경제적 협력 강화, 그리고 한반도 평화와 통일을 궁극적인 목적으로 설정한다. 물론 이 유형은 공공외교의 핵심 동력인 소프트파워 확산을 주요 기제로 삼으며 구성주의에서 말하는 국제적, 국내적 상호 주관적 사회화 과정을 전제하므로 그 효용성은 장기적인 기간을 요구하는 특성을 지닌다. 이러한 포괄적이고 점진적이며 보다 간접적인 형태로 공공외교 대상국 정책 결정에 참여하는 엘리트와 일반 시민들을 대상으로 자국에 대한 이미지와 브랜드 향상을 궁극적으로 하드파워적인 정치, 경제적 외교 효과와 결합하는 것이 '장기적 문화공공외교'이다.

둘째 유형은 단기적 정책공공외교로서 장기적인 국가 이미지 및 브랜드 향상을 통한 영향력 확대보다 구체적이고 특정한 소프트파워 이슈별 목표를 설정하고 이의 달성을 위해 실행하는 유형이다. 즉, 국가의 시급한 핵심 외교 정책과 이슈에 대한 대상국 및 국제사회 내의 우호적인 여론을 조성하고 이에 대한 대상국 내의 지지세력을 형성하는 단기적 정책적 측면이 강한 공공외교이다. 이러한 맥락에서 문화공공외교 유형과는 달리 정무외교의 성격도 지닌다고 할 수 있으나 정무외교가 하드파워적 수단을 사용하는 데 비해 정책공공외교는 소프트파워적 접근을 한다는 데 차이가 있다. 여기서 간과해서는 안 되는 특징은 현실 외교정책의 수립과 실행에서 정무외교와 경제외교 그리고 공공외교는 병행 또는 혼합되는 경우가 적지 않다는 것이다. 특히 정책공공외교의 경우 공공외교가 정무외교의 한 수단으로 사용되는 경우를 다수 발견할 수 있다. 이것은 첫 번째 유형인 문화공공외교와는 특히 구분되는 특성이다.

지난 몇 년간 동아시아의 역사문제와 관련하여 격렬하게 진행된 한국과 일본의 미국과 국제사회 대상의 공공외교 영역의 경쟁이 적절한 예라고 할 수 있다. 양국에게 전통적 하드파워 외교를 뒷받침하는 국제적 명분과 이미지의 소프트파워는 양국의 실질적 후견국 역할을 하고 있는 미국의 승인 endorsement이 중요한 전제이다. 한국의 경우 이러한 일본의 과거사 무시 또는 지우기를 위한 정책공공외교로 인하여 동아시아에서의 역사적·도덕적 우월성과 명분이라는 소프트파워의 감소를 인지했으며 이를 억제할 공공외교적 전략 수행을 미국 정부와 국제사회의 정책결정자, 언론, 학계, 싱크탱크, 국제기구 등에 적극적으로 실시하는 대응을 하였다.

그리고 이보다는 시간적 급박함과 직접성이 덜하지만 비슷한 유형으로 통일 이전의 서독과 현재 한국의 '통일공공외교'가 이 유형의 정책공공외교의 사례로 적절하다. 중부 유럽의 독일과 한반도의 통일은 주변의 핵심 이해당사국인 프랑스, 독일, 영국, 미국, 소련/러시아, 중국, 일본 등에 각각 다른 역학적 이해득실을 유발하며 이에 대응한 이 국가들의 손익계산서balance sheet의 긍정적 구체화와 설득이 서독과 한국의 통일공공외교의 전략적 목표라고 하겠다. 다시 말해 구체적인 전략적 이슈와 대상을 정하여 포괄적이고 일반적인 '국가이미지'의 개선을 통한 간접효과가 아니라 정책적 목표를 주로 정책 결정에 직간접적으로 참여하는 엘리트들과 이에 영향을 미칠 수 있는 정책커뮤니티와 언론 등을 대상으로 직접적인 구성주의적 상호 작용을 통한 사회화를 통하여 달성하려는 유형의 공공외교다.

한국의 문화공공외교 사례 분석: 외교부 재외공관 공공외교 프로젝트

국제정치에서 한국의 소프트파워에 대한 평가는 엇갈린다. 공공외교 전문가뿐만 아니라 일반 국민들도 흔히 거론하는 타국의 한국 문화에 대한 인식은 소위 '한강의 기적a Miracle of Han River'으로 상징되는 경제성장과 민주화의 정치경제적 가치 그리고 비교적 최근 발전한 한국의 대중문화 '한류Korean Wave'를 중심으로 한 문화상품을 중심으로 형성되어 왔다.[7] 구체적으로 이는 국가 이미지 또는 브랜드와 직결된다. 이러한 종류의 소프트파워는 공공외교 대상국의 국민들과 국제사회에서 한국의 국가, 사회, 국민들에 대해 지니는 인식, 생각, 인상의 집합체로서 정치, 외교, 경제, 사회, 역사, 문화, 예술, 스포츠 등의 다양한 요소들에 대한 정보를 통하여 종합적으로 구성된다. 이 국가이미지가 긍정적으로 형성된다면 대상국 국민의 자국 정책들에 대한 적극적인 이해, 동의, 지지를 이끌어 내는 결과로서의 공공외교의 효과성effectiveness을 증진시킬 수 있다.

이와 같은 국가 브랜드-이미지 향상을 위한 중앙정부 주도의 공공외교는 다양한 방법으로 실행될 수 있으며 각 국가의 특성에 따라 유연하게 적용된다. 이러한 원칙하에서 외교부의 전체적인 전략에 따라 179개 재외공관에서는 한국에 관한 세미나, 전시, 공연 등을 통해 대상국 국민, NGO, 대학, 언론 등에 한국의 소프트파워적 매력을 소개하고 전파했다. 또한 정부 주도의 공공외교지만 적극적인 민간 참여로 민관 협동의 공공외교로 발전시키려는 전략도 적극 추진했다. 공공외교 정책에 대한 자국민의 이해와 지지가 필수적이므로 이러한 문화공공외교 전략은 자국민과 단체·기관도 공공외교의 행위자로 활용하는 적극적인 형태를 취한다. 대외적으로는 외교부 내 문화외교국이 공공외교라는 이름으로 다양한 홍보 활동들을 수행하지만 실질적으로 핵심은 외교의 최전선에서 각국 국민들에게 직접 다가가는 재외공관의 공공외교 활동이다.

이러한 맥락에서 2014년에 외교부 179개 재외공관(대사관 113, 총영사관 43, 대표부 5, 분관 12, 출장소 5, 타이페이대표부)에서 공식적으로 행해진 공공외교 역량강화 사업의 사례를 전수 조사하여 압축적으로 분석한다. 현재 재외공관에서 실시하고 있는 재외공관 공공외교 역량강화 사업은 다음과 같은 총 10가지 유형—매력한국알리기, 퀴즈 온 코리아, 코리아 코너, 외국교과서 내 한국 발전상 확대, 친한 외국인 기반 구축, K-pop World Festival, 지구촌 한국의 맛 콘테스트, 공공외교 친선사절, 스포츠공공외교 협력, 기타 네트워크 구축—이다.

이러한 재외공관의 공공외교 사업은 기존에 문화외교를 비롯한 여러 형태로 수행해 오던 것을 공공외교가 본격화된 2012년 문화외교국 공공외교 정책의 출범과 더불어 사업 검토와 내실화를 추진하였으며 2014년에 들어 체계화를 본격적으로 시도한 것으로 파악된다.[8] 이 재외공관 공공외교 사업은 위에서 제시한 첫 번째 공공외교 유형인 문화공공외교의 정확한 사례라고 할 수 있다. 특히 이 사업들은 크게 한국의 '국가 이미지 정보 제고 및 증진'과 '대상국 내 친한 네트워크 구축'이라는 두 가지 목적 중 하나 또는 모두를 추구하는 것으로 분석된다. 각 사업별로 기존 한국의 공공외교 대상국 내의 인식, 이해도, 호감도 등을 고려해서 외교부 본부에서 제시한 지역화된 아이디어와 사업들 중 효과적인 것을 선택, 수행하였다. 위의 공공외교 사업 중 상당수 프로젝트는 지난 수년간 실행된 것의 연장선상이며 수십~수만 명의 참여자 수를 기록하였고 현지 언론의 적극적인 보도를 근거로 한국의 국가 인지도 및 이미지/브랜드 향상 효과를 기초적으로 발생시켰다는 측면에서 기초적인 효과성은 기대되지만 그 장기적인 효과성에 대한 평가는 어렵다.[9]

그러나 현재 이 유형의 공공외교 정책이 형성되고 있는 단계임을 고려하더라도 이 프로젝트들의 제도화, 예산분배, 선택과 집중의 측면에서 적절성과 효율성은 매우 미흡하다. '국가이미지 정보 제고 및 증진'을 위한 공공외교 사업들 중 가장 큰 유효성을 보여준 것은 가장 예산이 적은 편인 K-pop World Festival, 스포츠공공외교 협력(태권도 사업)이라고 할 수 있다. 전체 해당 사업 예산의 약 2%로 61개국의 69개 공관에서 대상국의 수많은 청소년, 청년들이 참가, 관람하였으며 이들의 자발적 한류 문화 확산은 한국의 공공외교 방송 채널을 통해서 100여 개 국가에 방영하며 한국 국가 문화 선진국 이미지 향상에 핵심 역할을 했다. 또한 '태권도 사업'을 중심으로 한 스포츠공공외교 협력 사업은 각 재외공관의 해당 지역사회와 밀접하게 결합되어 현대화된 한국 전통문화의 국가이미지를 제고했다.

그러나 교과서 내 한국 발전상 기술 확대의 경우와 코리아 코너의 경우 사업 초기임을 감안하더라도 몇 개의 예외(전자의 경우 네덜란드)를 제외하고 그 파급력은 제한적이다. 또한 전체 예산의 약 50%가 배정된 퀴즈 온 코리아의 경우는 창의적인 아이디어임에도 단발성 행사 성격과 홍보 효과가 크지 않고 예산의 40% 가까이를 사용한 매력한국알리기의 경우 다른 사업들과 여러 면에서 중복되는 문제점으로 선택과 집중이란 측면에서 효과성이 떨어진다. 이는 두 번째 유형인 '대상국 내 친한 네트워크 구축'에 해당하는 '친한 외국인 기반 구축'과 '공공외교 친선사절', 그리고 '기타 네트워크 구축'과 같은 사업에도 해당한다. 그 중요성에도 불구하고 예산상의 제약과 전시성 행사 위주의 사업이라는 특성이 더해져서 그 효과성은 미미했다. 특히 공공외교 친선사절의 경우 위촉된 외교 친선사절의 활동은 매우 제한적이어서 문화공공외교의 목적을 달성하지 못했다.

각각의 사업과 사례에 대한 구체적인 효과성에 대한 기초적인 평가와 더불어 주목할 한국 재외공관 공공외교의 가장 중요한 특징은 이 사업들이 선진국보다 개발도상국에서 더 큰 효과를 거두고 있다는 점이다. 그러나 주요 사업들은 아시아(29.1%), 미주(27.3%), 유럽(30.8%)에 주로 집중되었으며 중동(7.2%)과 아프리카(5.6%)에는 소수가 실행되었다. 이는 공공외교의 대상국이 그 국가의 이익 추구에 큰 영향을 미치는 국가들을 위주로 지정되는 일반적인 특성을 보여준다고 하겠다. 미국, 서유럽국가, 일본, 중국 등의 강대국 또는 중견국 국가에 역량이 집중되었고 이에 더해 한국에게 그 정치경제적 중요도가 강화되고 있는 동남아시아의 ASEAN 국가들에 대한 집중도도 주목할 만하다. 그러나 그 내용을 살펴보면 미국, 일본, 서유럽국가들 등에서 행해지고 있는 사업의 파급력 척도인 해당 국가 및 지역의 언론보도 수준과 여론에의 영향은 낮은 수준이다.

오히려 개발도상국이 밀집한 아시아, 중동, 아프리카에서의 홍보 및 네트워크 구성 효과성은 매우 가시적이지만 상대적으로 적은 자원이 투입되고 있다. 효과성이 큰 대상국에 적은 자원이 투입되고 그렇지 않은 대상국에 많은 자원이 투입되는 상황이라고 하겠다. 이것은 소프트파워를 중심으로 한 공공외교도 하드파워의 전통적 외교의 영역에 궁극적으로 수렴되는 원리를 보여주며 한국의 중견국 국가 규모로 인하여 미국, 중국 등의 강대국과는 문화공공외교 대상 선정과 자원 투입이 다르게 나타날 수 있음을 보여준다. 이러한 문제의식보다 더 근본적인 문제는 대다수의 사업 대상이 수십~수백 명 정도로 제한되어 있어 공공외교 대상국에 광범위한 국가브랜드 제고 효과를 기대하기 어려웠다는 점이다. 그렇다면 문화공공외교 유형의 효과성에 대한 의문이 제기된다.

한국의 정책공공외교 사례 분석: 일본 역사인식문제 갈등을 둘러싼 공공외교

국제정치에서 한국의 소프트파워는 역사문제와 밀접한 연관이 있다. 특히 동아시아에서 서구 제국주의에 이은 일본의 제국주의적 침략과 식민지화에 대한 역사적·도덕적·정치적 평가는 이 지역 내 국가인 한국, 북한, 중국, 대만, 그리고 동남아시아 ASEAN 10개국의 복합적인 소프트파워의 형성과 발전의 핵심 기제 중 하나이다. 위의 구성주의 이론틀과 더불어 나이Nye의 정의에서 보듯이 소프트파워는 원하는 결과를 얻기 위해 강제나 보상이 아닌 매력을 통해 타인에게 미치는 영향력이며 이는 문화, 정치적 가치, 그리고 도덕적이며 정당한 외교정책으로 구성된다. 이 세 가지 요소 중 일본의 역사인식과 반성의 문제는 정치적 가치와 연관된 도덕적 외교정책과 직결된다. 이 문제는 한 국가의 문화공공외교를 통한 이미지 또는 브랜드와도 연결되지만 오히려 이를 둘러싼 동아시아 각국의 이슈별 외교행위의 측면에서 정책공공외교의 유형으로 분석하는 것이 적절하다. 그리고 이 역사적·도덕적 소프트파워는 문화공공외교 유형보다 훨씬 더 공공외교 대상국과의 직접적 역학관계뿐만 아니라 자국 국민들의 인식과 이에 따른 국내정치의 역학관계에도 지대한 영향을 끼친다.

이 역사인식문제와 관련된 일본과 한국 및 주변국들의 외교적 충돌과 타협은 지난 수십 년간 지속되었다. 그러나 2000년대 중반 이후, 특히 아베 정권을 비롯한 일본 자민당 집권하의 정부는 전 세계, 특히 미국과 서유럽국가들, 그리고 국제기구들을 대상으로 명확한 인정, 사과와 충분한 보상 필요성을 부정하면서 광범위한 과거사 수정 및 지우기를 시도하며 이 소프트파워와 관련된 분쟁, 그리고 공공외교적 경쟁을 유발시켰다. 중국의 급격한 부상the rise of China에 대응하는 일본의 재부상the reemergence of Japan 국제전략에서 이러한 역사적 도덕성의 회복 및 강화의 소프트파워는 일본의 정치군사적 및 경제적 하드파워 강화 정책 추진의 중요한 합리화 기제 또는 명분이 된다. 왜냐하면 2차 대전 패배 이후 샌프란시스코 강화조약에서 규정된 제국주의 침략국, 패전국으로서 제한된 역사적 도덕성의 소프트파워는 일본의 하드파워, 특히 정치군사력의 동아시아 및 세계적 수준의 재건과 강화에 대한 동북아시아와 동남아시아 지역 내 이해당사국들의 경계와 거부를 근본적으로 정당화하기 때문이다.

　중국의 정치군사적 부상과 마찬가지로 역사적·도덕적 정당성이 결여된 일본의 정치군사적 재부상은 지역 내 중견국과 약소국들에게 위협으로 간주된다. 이러한 맥락에서 이와 같은 일본의 정책공공외교의 목적은 국가의 도덕적·정치적 가치 부문의 신속한 국가이미지 개선이었다. 한국은 이와 같은 일본의 공공외교로 인한 동아시아에서의 역사문제 및 정치적 가치문제와 관련된 적절한 해결과 보상이 해결되지 않은 상황에서 역사적·도덕적 우월성과 명분이라는 소프트파워의 감소를 억제할 대응 성격의 '정책공공외교'를 실행하였다. 이러한 역사적 소프트파워의 확보를 둘러싼 한국과 일본의 공공외교 행위는 거의 '제로섬 게임zero-sum game'의 성격으로까지 발전하여 하드파워의 정치군사적·경제적 외교 협력에 부정적인 영향을 미치는 수준으로 격화되었다. 이 일본 역사인식문제에 대한 한국의 공공외교 정책은 이슈별·시기별로 성공과 실패를 겪었으며 이에 정책공공외교의 '효과성'을 분석하는 좋은 사례다. 다양한 구체적 사례 중에서 일본 역사인식 관련 이슈를 공공외교의 목표로 한국이 대응한 '일본군 위안부문제 국제사회 공론화'를 분석한다.[10]

　1991년 한국인 위안부 피해자 3명이 일본 정부를 제소하면서 시작된 일본군 위안부문제는 1993년 일본 정부의 위안부 동원 강제성 등을 인정한 '고노담화'와 1994년 위안부에 대한 일본 정부의 사죄를 표명한 '무라야마담화'를 2012년 아베 신조 총리의 2기 내각이 부정하기 시작하며 격화되었다. 2012년 스가 관방장관의 '고노담화 수정' 발언과 2013년 아베 총리의 "위안부 강제성 증거 없다."는 발언으로 한국 정부의 강력한 비판이 야기되면서 전면적인 한국과 일본의 외교문제로 비화되었다. 이후 일본군 위안부문제에 대한 일본 정부의 단기적 정책공공외교의 목표는 위안부와 관련된 역사적 사실들이 대부분 과장되었거나 잘못된 이해를 바탕으로 한 것이라는 주장의 합리화였다. 이의 핵심 논리는 제2차 세계대전 당시 한반도를 비롯한 동아시아 각국에서 행해진 위안부 차출과 이들의 관리는 당시 일본 정부와 군대의 책임이 아니며 이들을 관리하는 사영업자들에 의해 이루어진 일종의 이윤추구 사업 행위였다는 것이다.[11] 또한 '성노예sex slave'라는 명칭은 잘못된 것이며 이는 전쟁이라는 특수한 상황 속에서 발생한 상업적인 '매춘' 행위에 가깝다는 역사인식 변환을 추진해 왔다.

이에 대응하여 한국 정부는 일본에 대한 정무외교적 대응과 더불어 주로 대통령의 정상외교와 외교부 고위 관료들의 정책공공외교 행위를 통하여 일본군 위안부문제를 단순한 일본과 한국, 그리고 일본 침략의 피해국들의 문제에서 국제여성인권의 보편적 문제로 성격을 전환하여 미국과 국제사회에서 공론화하여 사안에 영향을 미칠 수 있는 강대국 및 이해당사국들의 정책 엘리트들과 언론을 대상으로 정책공공외교를 실행하였다. 이는 일본의 과거 역사문제 인식과 관련 양국 간 문제에서 동아시아 지역과 전 세계의 이슈이자 인류 보편적 도덕성의 문제로 확대되어 그 역사적·도덕적 소프트파워 측면에서 일본의 피해가 극대화되는 것으로서 일본 정부가 가장 회피하려고 하는 외교적 갈등과 대결 방향이라고 할 수 있다.

이러한 한국정부의 정책공공외교는 가시적인 결과를 도출했다고 평가할 수 있으며 그 유효성을 입증했다. 2014년 8월의 유엔인권최고대표의 관련 문제에 대한 포괄적·영구적 해결책 강구 권고, 2014년 8월 유엔인종차별철폐위원회의 최종의견서에서 일본 정부의 조치 촉구, 2014년 9월 미국 하원의원 성명서의 의회 공식기록 등재, 그리고 다수의 공공외교 대상국들의 주요 언론사들의 일본 역사인식 관련 기사 및 칼럼 게재 등으로 국제사회에서의 위안부문제가 공론화되면서 한국이 일본과의 공공외교적 경쟁에서 정책적 유효성을 보였다. 이외에도 관련된, 특히 한국과 일본의 소프트파워 증진과 경쟁의 대상국인 미국에서의 중요한 한국 중앙정부의 정책공공외교 활동의 효과성을 보여주는 실증적 증거는 다음과 같다.

(1) 유엔인권최고대표의 '포괄적·영구적 해결책 강구' 권고(2014년 8월), 시민적·정치적 권리규약위원회(2014년 7월), 유엔인종차별철폐위원회의 최종의견서(2014년 8월)
(2) 미국 버락 오바마 대통령의 '위안부문제는 끔찍하고 극악무도한 인권 침해' 언급(2014년 4월), 팀 머만스 네덜란드 외교장관, '일본군 위안부제도는 강제매춘 그 자체' 언급(2014년 10월)
(3) 미국 메릴랜드주 상원(2015년 3월) 및 시카고 시의회(2015년 6월) 위안부문제 해결 촉구 결의 채택, 미국 하원의원 25인 연명서한(2015년 4월), 마이크 혼다(Mike Honda) 등 미국 하원의원 5인의 입장표명 연설(2015년 4월), 미국 의회에서 최초로 샌프란시스코 시의회, 위안부 기념시설 건립 촉구 결의안 만장일치 통과(2015년 9월)
(4) 미국 역사학회AHA 소속 학자 공동서한 발표(2015년 2월), 세계 일본학 전문가 187인 공개서한(2015년 5월), 일본 역사학 관계 16개 단체 공동성명(2015년 5월), 한일 역사문제에 관한 일본 지식인 공동성명(2015년 6월), 한국, 일본 그리고 세계 지식인 528인 공동성명(2015년 7월)

그러나 이 공공외교의 유효성은 동아시아 국제관계의 핵심적 행위자인 미국의 정부, 엘리트를 대상으로 한 일본의 전방위적 정책공공외교 전략에 의해서 상당히 무력화되었다. 특히 일본 정부는 미국 싱크탱크와 정부 및 의회의 정치엘리트, 언론들을 대상으로 '위안부문제의 국제 여성인권문제 공론화'의 무력화를 비롯한 과거사문제에 대한 우호적 여론 조성을 위하여 엄청난 외교적 자원을 투입하였다.

일본은 2014년 외무성의 공공외교 담당 차관의 책임하에 공공정책과를 신설하고 미국 싱크탱크 투자 계획을 전담하게끔 했다. 미국의 싱크탱크는 '회전문 인사revolving door', 즉 정부와 싱크탱크의 반복된 인적 교류로 인해서 미국의 외교정책에 미치는 영향이 매우 크다. 일본은 이를 공공외교의 핵심 대상으로 삼아 한국 해당 예산의 100배에 달하는 약 1억 달러를 싱크탱크 후원

금만으로 사용했다. 또한 일본 최대 공익법인인 사사카와 평화재단과 대기업들도 미국 싱크탱크의 각종 행사들을 후원하면서 위의 위안부 동원을 중심으로 한 역사문제를 비롯한 여러 소프트파워 요소, 즉 정치적 가치와 외교정책들에 대한 일본 지지이자 간접적인 한국 비판으로 돌아서는 결과를 도출해냈다. 이러한 위안부문제를 둘러싼 한국과 일본 간 국제사회와 미국과의 관계에서의 갈등과 경쟁은 '워싱턴은 지금 공공외교의 각축장'이라는 판단이 적절함을 보여준다.

위에서도 언급했듯이 현대 국제정치에서 하드파워 중심의 전통외교에서의 경쟁처럼 소프트파워 중심의 공공외교도 국가 간의 경쟁의 대상이 되었다. 결국 이 분야의 전략적 공공외교 정책의 효과성은 국제기구를 통한 정상 및 외교부 공공외교는 성공적이었지만 핵심 국가인 미국의 싱크탱크 등을 통한 대상국 정책결정자 및 여론주도 엘리트 대상의 공공외교에서는 부분적인 실패도 경험하였다. 이와 같은 일본의 위안부 역사인식과 관련된 한국과 일본의 정책공공외교적 갈등과 경쟁은 결국 2015년 12월 28일 양국의 외교장관 회담을 통한 '위안부문제 협상'의 '최종' 타결을 통해 정무외교 측면에서 잠정적으로 일단락되었다.[12] 이 협상 결과는 일본 정부의 책임 명기, 총리의 사죄 및 반성 명기, 일본 정부 예산을 통한 피해자 지원 계획 명기라는 성과와 동시에 일본의 국가적·법적 책임 인정의 직접적인 명기 실패라는 명백한 한계도 지녀 현재 논란이 지속되고 있다. 그러나 일본 정부로서는 기존의 정책공공외교적 목표였던 위안부문제의 근본적 부정을 포기하는 상황이며 한국도 이 문제를 통한 역사적·도덕적 정당성의 유지 및 확대를 자제한 것이라 볼 수 있다. 이것은 양국의 소프트파워의 확보를 통한 국가이익의 추구가 미국을 중심으로 한 한국과 일본의 대중국 하드파워적 협력을 통한 국가이익의 추구에 미치는 부정적 영향과 상호 작용을 하고 있다는 것을 보여준다.

이 타결에 대한 평가는 아직 이르지만 이 문제를 둘러싼 역사적·도덕적 정당성의 소프트파워가 동아시아 국제정치의 이해당사국들에게 얼마나 중요한 이슈이자 정책공공외교의 핵심 대상으로서 하드파워의 정무, 경제외교와도 밀접하게 연결되어 있음을 명확하게 보여주었다. 이러한 사례 연구는 현대 동아시아 국제정치에서 국가는 국제정치에서의 하드파워와 소프트파워의 상호 작용을 자신들의 특정 이해관계를 설득, 강요, 관철하는 협상 과정으로 간주한다는 특성[13]을 명확히 보여준다. 국가의 이해관계와 개별 국가 내의 정치적 이해관계가 가장 중요하며 국제정치에서의 장기적 국가이미지와 더불어 단기적 이슈별 우호성조차 자국이익을 극대화할 수 있는 기회로 간주되며 극단적으로는 민족주의의 강화로 이어지기도 한다. 또한 국가들의 공공외교도 자유주의 이론에 입각한 글로벌 경제의 상호 의존성으로 생긴 다자주의 multilateralism의 확장으로도, 현실주의 이론에 기인한 글로벌 정치군사의 대결구도로 유지·강화되는 일방주의unilateralism를 추구하는 긴장관계가 강화되는 기제로도 활용된다. 이러한 상황에 적합한 한국의 '문화공공외교' 유형과 '정책공공외교' 유형의 공공외교 전략들은 무엇인가에 대한 연구의 필요성은 위의 두 가지 사례연구에서 잘 나타나고 있다.

결론

본 연구는 21세기 들어 전통적 외교와 구분되는 국제관계의 또 하나의 새로운 패러다임으로 부상한 공공외교에 대한 기존의 이론적 검토를 기반으로 국가 주도의 공공외교에 적합한 개념화 수준의 이론틀의 구상과 실증적 사례연구를 통해 한국 공공외교 전략과 실행의 현재를 분석했다. 한국 정부가 정의하는 공공외교는, "소위 하드파워로 지칭되는 정치군사적 강제력이나 경제적 보상에 의하지 않고 소프트파워를 비롯한 새로운 관계의 힘을 사용, 쌍방향적인 열린 소통의 과정을 통해 타국의 국가, 사회, 시민들을 다각도로 이해하고 자국에 관한 정보를 전달하여 그들에게 영향력을 행사하고 궁극적으로 국가이익을 제고하고자 하는 외교 행위"이며 이는 큰 틀에서 일반적인 공공외교와 일치한다.

공공외교는 중국의 부상과 미국 및 일본의 대응으로 급격히 지정학적 변화를 겪고 있는 한국과 같은 중견국에게 국제정치의 또 다른 협력과 경쟁의 장이 되었다. 공공외교는 '정책공공외교' 전략으로 당면 이슈별 국가이익을 추구하고 동시에 '문화공공외교' 전략을 통하여 국가 이미지 및 브랜드 강화와 국제적 공공재 창출을 통하여 국가이익을 극대화하는 외교 전략으로 발전하고 있다. 본 연구를 통해 정치군사적·경제적 양 차원에서 최강대국인 미국과 급부상하는 강대국 중국 사이에서 다시 움직이고 있는 글로벌, 동아시아 수준의 '거대한 체스판The Grand Chessboard'[14]에서 복합적인 국제 역학관계에 대응해야 하는 한국과 같은 중견국에게 공공외교는 강대국뿐만 아니라 지역 내외의 중견국과 약소국들의 광범위한 이해와 지지를 확보하여 국제사회에서의 영향력을 확보하는 중요한 수단임을 확인할 수 있다.

이와 같은 한국 공공외교의 '문화공공외교' 전략은 2014년에 실시된 외교부 재외공관의 공공외교 프로젝트들의 분석을 통해서 기초적인 이해가 가능했다. 재외공관 공공외교 역량강화 사업은 총 10가지 유형으로 시행되었고 몇몇 사업들의 참가자 수 및 현지 언론보도 등의 외교부 자체 평가 기준으로 볼 때 성공적이었으나 이러한 효과성의 한계도 명확히 드러난다. 그리고 한국 공공외교의 '정책공공외교' 전략은 '일본 역사인식문제'에 대한 한국의 공공외교를 일본 위안부문제 국제적 공론화 사례들을 통하여 분석했다. 이 정책공공외교 사례에서 한국의 중앙정부는 국제사회 구성원 다수의 동의를 얻어냈지만 핵심 이해당사국인 미국의 설득에는 그 효과성을 형성, 유지하지 못하면서 한국과 일본의 공공외교 경쟁에서 복합적인 결과를 도출했다. 이는 정책공공외교가 어떻게 전통적 정무외교와 상호 작용하는가를 보여주는 한 사례라고도 하겠다.

이 연구가 제시한 두 가지 공공외교 유형화를 느슨하게 적용한다면 여러 가지 형태의 공공외교에 대한 분석이 가능할 것이다. 특히 현재 갈수록 중요성이 높아지는 '공적 개발원조official development assistance'의 문화공공외교 및 정책공공외교 수단으로의 역할 그리고 각 정권별 외교 전략과 맞물린 중앙정부의 핵심 외교정책의 관철을 위한 정상 및 고위급 정책공공외교를 이해하는 데 도움이 될 것이다. 그리고 이러한 연구들을 통해 이해되는 소프트파워 중심의 정책공공외교와 하드파워 중심의 전통적 정무, 경제 외교의 밀접한 상호 작용이 후속 연구의 핵심적 주제가 될 것이다.

좀 더 구체적으로 정책공공외교 유형의 연구에 있어서 가장 중요하지만 연구가 미흡한 부분은 국가 간 하드파워의 충돌이 일어났을 때 소프트파워가 어느 정도의 영향을 미치는가와 그 반대의 인과관계, 즉 상호 작용이다. 예를 들어 '동아시아의 고질적인 지정학적 문제를 공공외교로 개선시키는 보다 근본적인 효과성이 담보되는가?', '동아시아의 지정학적 환경에서 공공외교를 통한 소프트파워가 하드파워와 어떻게 상호 작용을 하는가?'와 같은 질문에 대한 이론적·실증적·정책적 분석이 절실하다.

1 외교부, "공공외교(Public Diplomacy)란?"(http://www.mofa.go.kr/trade/cultural/public), 2015; Cho, Yun Young, "Public Diplomacy and South Korea's Strategies," *The Korean Journal of International Studies*, Vol.10, No.2, 2012, pp.275-296; Kim, Do Kyun and Min-sun Kim(eds.), *Hallyu: Influence of Korean Popular Culture in Asia and beyond*, Seoul: Seoul National University Press, 2011 등을 참조.
2 김기정·최종건 외, 『한국 공공외교 수행체계 연구』, 외교통상부 연구용역 과제 보고서, 2012; 김태환, "21세기 신공공외교와 포럼외교," JPI정책포럼, No.2011-3, 2011; 백우열, "한국의 대중국 공공외교 전략과 실행 분석," 『한국과 국제정치』, 31권 3호, 2015, pp.115-142; 이희옥, "중국공공외교의 확산: 체계와 목표," 『중국학연구』, 54권, 2010, pp.357-381; 한인택, "한국형 공공외교 모델의 모색: 정책네트워크를 활용한 맞춤형, 과학적 공공외교," JPI Research Forum No.1(7월), 2015; 황병덕·이기태 외, 『한반도 통일공공외교 추진전략 Ⅱ: 한국의 주변4국 통일공공외교의 실태 연구』, 서울: 통일연구원, 2013; Kim, Taehwan, "Paradigm Shift in Diplomacy: A Conceptual Model for Korea's New Public Diplomacy," *Korea Observer*, Vol.43, No.4, 2012, pp.527-555 등을 참조.
3 낸시 스노우·필립 테일러, 국제교류재단 역, 『21세기 공공외교 핸드북』, 서울: 인간사랑, 2013.
4 한국 외교부는 공공외교를 문화외교, 지식외교, 정책공공외교, 통일공공외교 등의 하위 범주로 분류하지만 유형화의 기준이 불분명하여 본 연구에서는 문화공공외교와 정책공공외교로 유형의 단순화와 개념화를 시도하며 재분류하고 있다.
5 Nye, Joseph S., "Public Diplomacy and Soft Power," *Annals of The American Academy*, Vol.616, 2008, pp.94-109; U.S. Department of State, "Corporate Social Responsibility" under the "Policy Analysis & Public Diplomacy"(http://www.state.gov/e/eb/eppd/csr), 2015 등을 참조.
6 양명·차창훈, "중국 공공외교의 등장과 강화: 조직구조와 수행방식을 중심으로," 『21세기 정치학회보』, 24권 1호, 2014; Hall, Ian and Frank Smith, "The Struggle for Soft Power in Asia: Public Diplomacy and Regional Competition," *Asian Security*, Vol.9, No.1, 2013, pp.1-18 등을 참조.
7 성균중국연구소, "파워인터뷰: 유현석 한국국제교류재단 이사장-한중관계 내실화와 공공외교의 진화," 『성균차이나브리프』, 1권 4호, 2013, pp.10-16; 외교부, 『주요국가 대상 한국 이미지 조사 및 권역별 공공외교 중장기 전략 수립』, 서울: 외교부, 2014; Jang, Gunjoo and Won K. Paik, "Korean Wave as Tool for Korea's New Cultural Diplomacy," *Advances in Applied Sociology*, Vol.2, No.3, 2012, pp.196-202 등을 참조.
8 본 논문이 문화공공외교가 대체적으로 장기적 외교 활동을 전제함에도 2014년도 재외공관 공공외교 사업만을 다루는 이유는 이러한 중앙정부의 문화공공외교 활동에 대한 종합적인 자료(외교부)가 최초로 조사, 발표되었기 때문이다. 이 논문은 외교부 자체의 자료에서 자의적·홍보적 요소가 있다는 점을 인지하고 있으며 이에 대해 비판적인 시각을 갖고 분석을 시도하고 있다.
9 외교부 재외공관 2014 공공외교 활동성과에 332개 사례 소개에 기재된 각각 현지 언론

보도와 참가자를 통한 현지 파급효과를 기초로 효과성을 간접적으로 측정하였다. 하나의 예로 주중국대사관에서 실시한 매력한국알리기의 일환인 '중국 파워 블로거 초청 사업'은 중국 참가자들을 통해서 약 7,400만 명의 중국 네티즌에게 관련 소식과 정보가 전파되었고 중국 현지 언론 등에 20여 회의 기사가 보도되면서 그 효과성을 간접적으로나마 확인할 수 있다. 또한 이 인과관계에서의 선후관계의 문제(endogeneity)도 명확히 검증하기 어렵다는 한계가 있다.

10 이 사례 이외에도 일본 역사인식과 연관된 주요 문제로 '일본 역사교과서문제', '일본 근대 산업시설 세계유산 등재 반대', '일본 강제징용자문제' 등이 있으며 상호 간에 밀접하게 연결되어 있다. 또한 이 문제를 대상으로 한국과 중국이 대일본 역사문제에 대해서 정책공공외교적인 공동 대처를 한 사례 또한 추후의 연구 대상이 된다.

11 이를 상징적으로 보여주는 것이 다음과 같은 아베 총리의 위안부 관련 발언이다. "고노담화의 핵심이 되는 강제 연행을 증명할 자료는 없었다. 새 담화를 내야 한다." (2012년 9월 자민당 총재 선거 기자회견); "고노담화 작성과정을 검증하는 팀을 정부 내에 설치, 6월에 검증 보고서 중의원에 제출하겠다." (2014년 2월 인터뷰)

12 Choe, Sang-Hun, 2015, "Japan and South Korea Settle Dispute Over Wartime 'Comfort Women'" New York Times, 2015.12.28.

13 Alagappa, Muthiah, "Constructing Security Order in Asia: Conceptions and Issues," in *Asian Security Order: Instrumental and Normative Features,* ed. Muthiah Alagappa, Stanford: Stanford University Press, 2003, pp.72-78; Hall, Ian and Frank Smith, "The Struggle for Soft Power in Asia: Public Diplomacy and Regional Competition," *Asian Security* Vol.9, No.1, 2013, pp.1-18; Ikenberry, John and Michael Mastanduno(eds.), *International Relations Theory and the Asia-Pacific,* NY: Columbia University Press, 2003.

14 Brzezinski, Zbigniew, *The Grand Chessboard: American Primacy And Its Geostrategic Imperatives,* New York: Basic Books, 1998.

06 공공외교와 여론조사
- 중한관계에 미치는 영향을 중심으로

옌전(顔震) 지린(吉林)대 공공외교학원

여론조사는 현대 민주사회에서 일반 국민의 의견을 살필 수 있는 수단일 뿐 아니라 국제문제 및 공공외교를 연구할 때 소홀히 할 수 없는 중요 자원이자 도구이다. 이 글은 현재 중국의 여론조사, 특히 국제 여론조사에 초점을 맞춰 지난 수년 동안 상대국가에 대한 양국 국민의 인식 변화를 고찰하는 동시에, 여론조사가 양국 공공외교에서 어떠한 역할을 했는지 분석함으로써 공공외교에서 여론조사가 갖는 독특한 가치와 의미에 대해 살펴보고자 한다.

여론조사의 개념

민의Public Opinion 혹은 공공여론이나 공중의견은 넓은 의미에서 특정 의제에 대한 일반 국민의 생각과 태도를 가리킨다. 민의는 오래된 개념이라고 할 수 있는데, 옛 그리스인들은 일반 대중의 정서를 이해하는 것이 정부의 정책 설계에서 매우 중요한 부분임을 알고 있었다.[1] 그와 함께 옛 중국의 정치사상도 어느 정도는 통치자의 집정에서 민의가 갖는 의미를 중시한 면이 있다. 예컨대 "백성은 물과 같다民如水."라든가 "민심을 얻은 자가 천하를 얻는다得民心

者得天下."등 인심을 중시하는 이념이나 논단이 등장한 것이 그러한 예이다.

그러나 중국의 전통적인 '민의'와 '민심'은 통치자의 주관적인 바람을 구현하는 경우가 더 많았고, 게다가 '천리'의 경우처럼 이해하기 힘든 종교적 함의를 띠는 경우도 있어서 근대 과학의 검증이나 계량적인 부분은 부족한 편이었다. 현재 중국의 학자들은 서구 민주 이론 속에서 민의의 개념을 다섯 가지로 분류하고 있는데 개인 의견의 집합, 다수의 믿음과 반응, 집단 의견이나 그 충돌의 결과, 매체와 정치 엘리트의 의견, 그리고 허구 등이다.

'민의'라는 개념 자체의 다원성과 모호성 때문에 여론조사 자체에도 비교적 큰 탄성과 조작의 공간이 만들어진다. 중국의 학자들은 여론조사에 대해 비교적 자세한 정의를 내리고 있는데 체계적이고 과학적인, 그리고 정량적인 단계를 밟아서 빠르고 정확하게 공공 사안에 대한 일반 대중의 의견을 수집하고, 이를 통해 일반 대중의 태도 변화를 살펴보고 있다. 그 주요 기능은 공공 사안에 대한 각 계층의 태도를 확인할 수 있다는 데 있으며, 이를 통해 정부 및 관련 기관이 정책 결정과 수정, 그리고 집행에서 참고자료로 활용할 수 있다는 데 있다.[2] 그러나 이런 식의 이해는 공공외교나 혹은 대외업무와 밀접히 관련된 국제 여론조사를 완벽히 구현해내기가 쉽지 않다.

공공외교의 의미에서 보면, 이른바 민의라는 것은 마음과 생각이 집중적으로 나타난 양상이다. 그렇다면 '민의' 조사는 마음과 사상을 알아가고 정리할 수 있는 수단이라 할 수 있다. 이를 통해 공공외교에 필요한 기초적인 정책 자료가 만들어질 수 있고 지적 자원이 갖춰질 수 있다.

일반적으로, 국제 문제 및 외교 정책에는 오랜 엘리트주의 전통과 전문적인 정보의 제한 등이 개재되어 있기 때문에 일반 대중의 국제관이나 혹은 국제 현안에 대한 그들의 인식 및 표현방식이 한 나라의 대외정책을 좌우하기가 쉽지 않다. 나아가 공공외교는 주체와 객체 사이에 복잡성이 존재하고 의제에 대한 민감성도 상당하기 때문에 여론조사 의제의 설정, 시간의 설정, 대상의 선정 등에서 종종 주관성이 나타나기 쉽다. 그러나 여론조사는 민주국가에서 정책을 결정하는 중요한 참고자료가 되기도 하며 일부 여론조사는 직접적인 정책결정과정이 되기도 한다. 바로 이러한 이유들 때문에 공공외교의 실천을 관찰하고 평가할 때 더욱 여론조사의 역할을 중시할 필요가 있다. 중한 양국 역시 지난 25년 동안, 대중매체와 여론조사가 보편화되면서 양국 여론의 발전과 향방, 여론이 양국 관계에 미치는 긍정적 혹은 부정적 영향 등을 중시해 왔다.

중국 여론조사의 발전

다당제 경선의 필요 때문에 서구 국가들은 1930~40년대부터 일반적으로 체계적인 여론조사를 실시해 오고 있다. 조사 주제의 선정과 연구 계획의 구상, 설문 문항의 설계, 표본의 추출에서부터 실제 조사와 조사 데이터의 분석 및 보고서 작성에 이르기까지 과학적인 조사의 규범이 마련된 상태이다. 시민사회의 성숙과 과학기술의 발전과 함께 여론조사는 이미 전문적인 서비스 산업으로 발전한 지 오래이다.

미국의 갤럽Gallup이나 퓨리서치센터Pew Research Center, 독일의 마샬펀드 Marshall Fund, BBC 등은 비교적 잘 알려진 여론조사기관이다. 미국의 시카고 국제문제협의회 역시 오래 전부터 국제적인 여론조사 활동을 전개하여 국제여론 의제의 설정과 분석에서 중요한 자리에 올라 있다. 그 외에도 여러 유명 싱크탱크와 여론조사 기관들이 특정 의제에 대해 장기적으로 조사를 진행하면서 높은 권위를 인정받고 있다.

여론조사가 중국에 도입된 시기는 상대적으로 늦은 편이다. 시민 의식의 성장과 함께 여론 감독의 중요성이 커갔지만, 지난 1980년대까지 중국은 지금과 같은 여론조사가 시행된 적이 없었고 조사기관 자체가 존재하지도 않았다. 그러나 시장화가 활발히 진행되면서 여론조사 역시 빠르게 발전했다. 1980년대 후반, 중국의 여론조사 사업이 새로운 전기를 맞이하였는데, 1986년 12월 중국 대륙에 중국사회조사소라는 최초의 민영 사회조사기관이 설립되었고, 1987년에는 중국 관방의 사회조사 시스템도 구축되었다.[3] 1990년대에 들어서면서 비非관방 여론조사기관이 발전하기 시작했다. 새로운 세기에 접어들어서는 인터넷이 폭넓게 보급되면서 여론조사의 새로운 장이 열렸고, 대중여론이 다양하게 발전하면서 전통적인 매체들도 새로운 매체를 적극 활용할 수 있게 되었다. 이들은 의제 설정을 주도하기 시작하였고, 그러면서 여론을 주도한다는 전통적인 사고방식도 어느 정도 약해지는 결과가 초래되었다. 현재 중국의 여론조사기관은 관방과 민간으로 구분되어 있지만, 주도적인 역할은 아무래도 관방이라고 할 수 있다. 그리고 전통적인 매체와 새로운 매체가 공존하고 있지만, 전체적으로 보면 새로운 매체가 주도하는 상황이다.

　대외개방의 배경 속에서 중국의 독특한 정치·경제·문화 체제가 국제사회에 소개되기 시작하면서 중국인들은 자연스럽게 외국인들이 어떻게 중국을 바라보는지 호기심을 갖기 시작하였다. 중국에 대한 해외 여론조사는 중국 국내에서 자주 보도되는데, 이로 인해 중국 국내에는 그에 대한 열띤 논쟁이 일어나기도 한다. 어떤 의미에서는 해외 여론조사에 대한 관심 때문에 국가이미지 형성에 대한 연구가 힘을 얻었다고 볼 수 있다. 그런 점에서 국제 여론조사는 국제사회의 여론에 대한 중국의 인식과 소프트파워 및 공공외교의 시행에 중요한 참고자료가 된다. 이 과정에서 중국도 점차 국제 여론조사의 운용 기술과 규범을 습득하게 되었다. 인민일보人民日報나 참고소식參考消息과 같은 주류 매체의 조사를 살펴보면, 그 보도 역시 주로 국제적인 현안임을 알 수 있다.[4] 현재 중국에서 영향력 있는 국제 여론조사기관을 꼽는다면 인민망의 여론 모니터링, 신화사의 중국 여론망, 중국 외문국外文局의 국제여론조사실, 환구環球여론조사센터 등이 포함된다. 특히 환구여론조사센터는 2012년부터 『중국여론조사』라는 연도보고를 발간하고 있다.

　최근에는 국내 대학과 연구기관들도 자체적인 조사수단과 네트워크를 마련하여 해외에서 바라보고 있는 중국의 이미지를 살피는 데 주력하고 있다. 전체적으로 보면 중국의 여론조사, 특히 국제 여론조사에서는 관방 성격이 도드라지는 편이고, 의제 설정이나 조사범위에 있어 비교적 획일화된 모습(주로 중국과 관련된 문제에 초점)을 보여준다. 또한 조사결과에서도 정부의 영향을 많이 받는 문제가 나타나고 있다.

이뿐 아니라 인터넷 사용자들이 이미 정보 확산과 전달에 있어서 중요한 역할을 하고 있고, 의제 설정에서도 주도적인 면을 보여주고 있다. 파워블로거 중 하나인 왕뤄따V網絡大V의 여론에 대한 호소력이나 의제 설정 능력은 이미 많은 사람들이 목도하였으며 전문적인 여론조사기관이 아님에도 중요한 여론 정보를 제공하기도 한다.

공공외교에서 여론조사가 갖는 역할과 한계

중국과 세계의 관계가 역사적인 전기를 맞이하면서 중국은 국제사회 속으로 빠르게 편입되었고, 중국인들도 상당한 열정을 가지고 대외관계와 국제현안에 관심을 보이고 있다. 국제적인 현안에 대한 중국 매체와 학계, 정계의 관심은 층위 및 범위에 따라 상당히 복잡한 양상을 보이고 있다. 특정 대외업무에 대한 일반 군중의 의견 자체가 공공외교의 일부분이라고 할 수 있을 터인데, 여기서 우리는 공공외교에서 여론조사가 갖고 있는 독특한 역할에 주의할 필요가 있다.

도구적 역할

여론조사는 대외업무에 대한 일반 군중의 참여 수준을 직접적으로 보여주는 동시에, 간접적으로는 대외정책결정과정에서 일반 여론이 갖는 위상을 제고해 줄 수 있다. 정확하고 객관적인 여론조사는 명확하고 효과적인 대외정책 형성에 도움이 되고, 특정 시기 대외정책에 대한 국가의 득실을 반영해 주며, 정책결정자에게 정확한 참고자료를 제공해 줄 수 있다. 이미 여론조사는 정부의 정책결정과 정책평가에서 소홀히 할 수 없는 중요한 도구가 되고 있다.

정보 역할

일종의 공공재로서 여론조사는 비교적 전면적인 사회정보를 장악하여 보여줄 수 있다. 정부의 대외업무 기구는 방대한 여론조사 데이터를 정리하고 분석할 능력이 부족하기 때문에, 많은 비정부 연구기관들은 '청부'의 방식을 통해 꾸준히 정부에 1차 자료 및 지적 도움을 제공해 줄 수 있다. 인터넷 시대에 따른 여론조사 정보의 개방성은 국내와 해외가 특정 의제에 대한 여론조사 정보를 제때에 진행할 수 있는 배경이 되며, 상호 이해와 오해 불식에 상당한 도움을 주고 있다.

이와 함께 여론조사가 갖는 몇 가지 한계도 살펴야 한다.

문제 지향성

여론조사 기관의 정치적 경향성이나 사안의 민감성 때문에 문제 설정에서 많은 '잘못된 관점'이 개입될 수 있고, 그에 따라 지나치게 문제를 확대하는 경향이 나타날 수 있다. 또한 어떤 정치적 목적 혹은 가치관을 지키기 위해서 문제의 설정 자체가 국제 여론에 영향을 주기 위한 목적을 갖기도 한다. 가령 중국의 여론조사는 주로 중국의 해외 이익이나 혹은 국가이미지와 관련된 문제가 많은데, 대부분의 응답자들은 중국에 대해 어느 정도 관심을 갖고 있거나 혹은 호감을 갖기 마련이다. 일반 사람들을 대표하기가 어려울 수 있다.

정서의 문제

여론조사 항목이 대부분 객관성을 표방하지만, 어쩔 수 없이 자신의 가치판단을 띠게 되고, 그에 따라 감정적인 반응이 개입될 수 있다. 가령 2008년 해외매체가 중국에 대해 왜곡된 사실을 내보냈을 때, 중국의 많은 인터넷 사용자들은 강렬한 집단적 반감과 혐오를 드러냈고, 자발적으로 '반CNN' 사이트를 만들거나 혹은 인터넷상에서 서명운동을 전개하면서 비교적 강한 반감을 형성하였다. 그러나 이러한 집단적인 정서의 표출은 국제사회에서 중국

민족주의의 강화로 이해되었고, 서구 주류매체의 보도를 바로잡으려다가 주관적인 편견이 도드라지는 결과로 이어지고 말았다. 이는 서구 매체와 서구 사회를 객관적으로 이해하는 데 도움이 되지 않는다. 주의해야 할 사실은 이러한 정서적인 부분에 편향된 조사와 분석은 주로 개성이 강조되는 인터넷 여론조사에서 나타난다는 사실이며, 상대적으로 주류매체와 연구기관은 객관적이고 가치중립적인 입장에 서 있으려 노력하고 있다.

중한 양국 여론조사의 의의

중한 양국의 대중이 상대국에 가지고 있는 인식은 비교적 미묘하다. 어쩌면 한때 유행한 '가장 익숙한 낯선 사람'이라는 표현이 가장 적합할지도 모른다. 양국은 동아시아 유교사회의 전통문화와 풍속, 가치관 등을 공유하고 있으며 많은 대중매체들이 이러한 양국 문화의 동질성을 다양한 소재를 통해 보도하기도 했다. 이러한 인식은 '한류'와 '한풍'의 영향으로 더욱 강화되었다. 반면, 역사와 현재의 간극으로 인해 갈등과 원망이 발생하기도 한다. 중요한 역사적 기억, 안보, 외교, 심지어 정치적 이념 등에서 안정적인 타협과 공감대를 형성할 방법을 찾을 수 없었고, 이로 인해 양국 국민들의 서로를 이해하려는 감정은 점차 희석되었고, 서로를 알지만 친하지 않은 문제가 비교적 두드러졌다. 이러한 갈등은 다양한 여론조사에서 양국 국민들이 서로에 대해 호감과 혐오 사이를 배회하는 결과가 나타나게 만들었다. 또한 일부 분야에서의 이해도는 높은 반면, 일부 분야에서는 이해도가 낮은 결과도 확인할 수 있었다.

한국의 저명한 민간 싱크탱크인 아산정책연구원은 양국 여론의 향방은 물론, 한국 대중들의 중국 및 주변 국가에 대한 인식을 정기적으로 조사해 왔다. 2013~14년의 양국 관계는 지도자 간 상호 방문으로 인해 양호한 것으로 나타났으나 최근에 발표된 조사결과에서는 한국 내 사드 배치 결정이라는 정치적 긴장 요인이 분명하게 반영되었다. 한국인의 중국에 대한 호감도는 2016년 1월 60%에 이르렀으나 2017년 3월에는 33%까지 하락하였다. 보고서에서는 박근혜 대통령의 탄핵과 노년층의 중국에 대한 감정 변화가 중요한 관계가 있다고 분석하였다.[5] 이는 여론이 여전히 중요한 정치적·안보적 환경 변화는 물론 지도자의 교체 등에 영향을 받는다는 논거가 틀리지 않았음을 방증한다. 그러나 동 조사는 사드 배치가 민간 및 문화 교류에서 여론을 악화시키고 더욱 큰 긴장 국면을 조성한다는 답이 없는 결론을 내렸다. 2013년에는 한국 대중의 중국에 대한 여론을 분석하기 위해 국가 지도자, 안보, 주요 사건, 경제, 문화 등 분야에서 전면적이고 종합적인 조사방법을 활용하여 더욱 객관적인 결과를 도출한 데 반해,[6] 이번 조사에서는 특정 이슈에 대한 맞춤형 조사일 뿐, 중한 양국의 여론을 전반적으로 고찰했다고 보기는 어렵다.

중국 사회 역시 한국의 여론 향방에 대해 점차 중시하고 있다. 이는 양국이 더욱 긴밀한 상호 호혜적이며 의존적인 관계로 발전하고 있기 때문이다. 중국 언론매체에서 무역, 투자, 관광, 문화, 교육 등 분야의 교류는 물론 역내 안보협력과 외교 분야에 대해 보도할 때 한국이라는 단어가 등장하는 횟수가 매우 높다. 주요 포털사이트, SNS, 블로그 등에서도 한국과 관련된 주제는 흔히 접할 수 있다. 한국에 대한 인식을 확인할 수 있는 비공식적인 여론조사이자 여론을 대변하는 창구라고 해도 과언이 아니다. 오랜 기간 동안 한국, 일본 등 주변국은 물론 미국 등 중요한 국가에 대한 중국인의 인식 조사는 갤럽이나 퓨리서치센터 등 해외에서 이루어졌다. 중국에서 한국에 대한 여론을 측정하기에는 체계적인 시스템이 확립되지 않았기 때문이다.

또한 특정 사안에 대한 한 가지 질문으로 이루어진 조사가 분산되어 이뤄지는 경향도 확인할 수 있다. 예를 들어, 2014년 6월 환구망環球網에서 진행된 조사의 질문은 "최근 한국에 대한 당신의 호감도는 더욱 증가하였나?"였다.[7] 투표에 참여한 숫자와 찬반 비율을 확인할 수 있을 뿐, 지속적인 분석이 불가능한 조사인 셈이다. 여론의 변화를 이해하는 객관적인 자료로서의 가치가 없을 뿐만 아니라 연구에 참고할 만한 별다른 가치조차 없다.

결론적으로 중국에서는 다른 국가가 중국을 어떻게 생각하는지에 대해 너무 많은 관심을 가지는 반면, 국내 대중의 인식 변화를 추적하는 조사는 중시되지 않거나 부족하다고 말할 수 있다. 이러한 차이가 중한 양국의 비대칭적인 관계로 이어진 것이며 양국이 경제, 사회, 문화 등에서 다양한 교류를 진행했음에도 양국 관계에 명백한 허점이 있다는 것을 의미한다. 연구자의 시각이든 공공외교의 문제점을 진단한다는 의의에 관계없이, 중국은 건전하고 규범화된 자체적인 여론조사 방안을 시급히 갖출 필요가 있다.

나가며

전체적으로 중국의 국제 여론조사는 여전히 탐색과 발전 단계에 있다고 할 수 있다. 아직 지속성과 규모를 갖춘 여론조사 사업은 아니다. 조사의 내용도 주로 구체적인 문제에 국한되어 있거나 장기적인 안목이 결여되어 있다. 중국의 국제 여론조사는 중장기적인 사업으로 정착될 필요가 있다. 이를 통해 조사의 지속 가능성과 중국의 시각이 구현되어야 한다. 이러한 과정에서 국제 여론조사 싱크뱅크가 중요한 역할을 담당할 수 있을 것이다.

공공외교는 정교한 설계와 정확한 정보가 필수적이기 때문에, 여론조사의 여러 가지 한계를 고려했을 때 공공외교에서 여론조사가 갖는 역할은 제한적이라고 봐야 한다. 그러나 여론조사도 비교적 강한 의제 설정 능력을 가지고 있고, 대중의 참여 역시 높은 편이다. 따라서 단순히 무시하는 것은 적극적인 자세가 아니다. 각국의 공공외교 설계자들은 여론조사 결과를 매우 신중히 다룰 필요가 있다. 나아가 예부터 민의와 민심을 중시하였던 전통이 중국 정치에 남아 있기 때문에, 중국 정부와 사회는 여론조사를 받아들이고 운용할 준비가 되어 있다. 여론조사의 기술 수준과 전략적인 측면을 잘 살펴서 대외정책과 공공외교의 건전한 발전, 특히 중한 양국의 쉽지 않은 관계 개선을 위해 여론조사를 효과적으로 사용하는 것이 필요하다. 또한 중국 정부와 민간은 공공외교의 대상이 되는 국가의 여론과 상황을 끊임없이 살펴서 공공외교가 효과적으로 진행될 수 있도록 하여야 하고 적은 노력으로 많은 성과를 올릴 수 있게 그 효율을 제고할 필요가 있다.

1 胡偉・王行宇, "公衆意見槪念: 對五種觀點的闡釋", 『南京社會科學』, 2009年 第7期, p.51.
2 董海軍・湯建軍, "國外民意調查的歷史與現狀分析", 『學習與實踐』, 2012年 第2期, p.104.
3 王迪・童兵, "中國民意調查研究回顧", 『當代傳播』, 2013年 第2期, pp.34-35.
4 張自力・樊猛, "質疑民意調查報告", 『杭州師范學院學報』, 2006年 第5期, p.36.
5 Asan Institute, "Changing Tides: THAAD and Shifting Korean Public Opinion toward the United States and China."
http://en.asaninst.org/contents/changing-tides-thaad-and-shifting-korean-public-opinion-toward-the-united-states-and-china
6 王星星・殷棋洙, "當前韓國民衆對中國和中韓關係認識的實證研究", 『東北亞論壇』, 2014年 第2期.
7 環球網評論, http://opinion.huanqiu.com/debate/detail.html?vid=NjE0MA==

PART

2

공공외교와 국가이미지 형성

chapter 07 양 철(성균관대)
한국의 공공외교사업과 국가이미지 형성

chapter 08 리자청(랴오닝대)
한국의 국가이미지 형성 전략

chapter 09 왕 리(지린대)
중국의 눈에 비친 한국의 공공외교

chapter 10 함명식(지린대)
중국적 가치의 확산 방안

07 한국의 공공외교사업과 국가이미지 형성

양철 성균관대 성균중국연구소

공공외교의 정의, 개념, 특성 등에 대한 다양한 견해가 쏟아지고 있고, 공공외교가 중요하다는 표현이 이제는 클리셰Cliché로 느껴질 만큼 공공외교는 외교 전략의 중요한 한 축을 담당하고 있다. 2016년 제정된 공공외교법은 "국가가 직접 또는 지방자치단체 및 민간부문과 협력하여 문화, 지식, 정책 등을 통하여 대한민국에 대한 외국 국민들의 이해와 신뢰를 증진시키는 외교활동"으로 정의하며 국제사회에서 대한민국의 국가이미지 및 위상 제고에 이바지하는 것을 목적으로 한다고 명시하였다.

외교부에서는 공공외교란 "외국 국민들과의 직접적인 소통을 통해 우리나라의 역사, 전통, 문화, 예술, 가치, 정책, 비전 등에 대한 공감대를 확산하고 신뢰를 확보함으로써 외교관계를 증진시키고, 우리의 국가이미지와 국가브랜드를 높여 국제사회에서 우리나라의 영향력을 높이는 외교활동"으로 정의하며 문화·예술, 원조, 지식, 언어, 미디어, 홍보 등 다양한 소프트파워 기제를 활용하여 외국 대중Foreign Public에게 직접 다가가 그들의 마음을 사고, 감동을 주어 긍정적인 이미지를 조성하는 활동으로 규정하고 있다.

공공외교에 대한 통일되고 규격화된 정의는 없지만 대체적으로 소프트파워를 활용하여 외국 국민들의 마음을 얻어 국가이미지나 국가브랜드를 제고하는 외교활동으로 귀결된다. 이러한 정의를 보면, 한국에서는 국가브랜드, 국가이미지, 국가브랜드이미지 등의 개념이 혼재되어 사용되고 있다. 한국에서는 이미 공공외교 자체는 물론 시행에 관한 다양한 실증적·정책적 분석이 진행되어 왔지만 이러한 개념을 명확하게 규정하는 연구는 없다. 신문방송학 등 일부 학문에서는 이러한 개념의 차이를 나름대로 분류하고 있으나 이를 학제 간 연구로 확장하는 데 한계를 보이고 있으며 정치학이나 국제관계학에서는 개념에 대한 문제제기조차 이뤄지지 않고 있다.

이러한 어휘들이 과연 동일한 개념인지에 대한 문제제기와 함께 공공외교의 목적이 국가이미지와 국가브랜드를 높이기 위한 사업이라면 이를 위한 전략도 별개로 추진되어야 한다는 것이 본고의 주장이다. 국가브랜드를 구축하고 제고하는 것과 국가이미지를 창출하고 개선하는 것은 별개의 개념이기 때문이다. '제고'와 '개선'은 엄연히 다른 문제인데 동일한 전략을 추진하는 것이 과연 올바른 방향성을 가지고 있다고 할 수 있는지에 대한 확인이 필요하다. 한국의 다양한 공공외교 사업의 목적이 국가브랜드를 제고하기 위한 것인지, 아니면 국가이미지를 개선하기 위한 것인지, 이 둘을 모두 얻기 위한 것인지 등의 의문에 대한 확인이 필요하다는 의미이다. 본고는 한국 외교부가 시행한 공공외교 사업 중 매력한국알리기 사업에 대한 분석을 통해 제기한 문제를 확인해 보고자 한다. 한국이 2013년을 공공외교의 원년으로 선포하고 재외공관을 통해 본격적으로 사업을 전개한 2014년, 10대 사업 중 가장 다양한 지역에서 가장 포괄적인 사업 범위를 가지고 가장 많은 활동을 시행한 사업이 매력한국알리기 사업이며, 현재도 매력한국알리기 사업을 기반으로 한 사업들이 명칭만 변경되어 지속되고 있기 때문에 분석대상으로서의 가치가 충분하다고 할 수 있다.

분석방법과 분석대상

　공공외교의 목적이 국가브랜드와 국가이미지의 구축 및 제고라고 할 때, 공공외교의 전략은 크게 다음의 네 가지, 즉 국가브랜드를 어떻게 구축하고 제고할 것인가와 국가이미지를 어떻게 창출하고 개선할 것인가에 따라 전략의 방향성이 달라져야 한다.

　이를 위해 먼저 브랜드와 이미지에 대한 각각의 개념은 물론 이들의 관계를 파악할 필요가 있다. 먼저 브랜드의 경우, 브랜드의 구성요소에 대한 학자들의 견해는 다소 상이하다. 캐퍼러Jean. Noel Kapferer는 물리적 특성, 개성, 문화, 관계, 사용자 이미지, 자아이미지 등으로 정의하고 있고,[1] 업쇼Lynn Upshaw는 브랜드 네임, 로고, 마케팅 커뮤니케이션 등으로,[2] 아커David A. Aaker는 제품의 범위, 특성, 품질, 가격, 사용자, 생산자, 지역성, 개성, 전통성 등으로 분류[3]하였다. 또한 켈러Kevin Lane Keller는 브랜드 네임, 로고, 캐릭터, 슬로건 등으로 구성되어 있다고 주장한다.[4] 이러한 상이한 분류방법을 택하고 있으나 기본적으로는 컨셉, 연상, 외연, 개성, 정체성, 네이밍 등을 구성요소로 분류하고 있다는 사실을 확인할 수 있다.

　브랜드의 여러 구성요소 가운데 정체성이 모방, 기회주의, 이상 추구 등 다양한 신호들에 의해 경쟁과 잡음을 거쳐 브랜드의 이미지를 구축한다.[5] 즉 브랜드 정체성이 생산자 입장에서 소비자에게 전달하고자 하는 것이라면 브랜드 이미지는 생산자의 메시지를 전달받아 소비자에게 형성된 것이라고 해석할 수 있다. 따라서 강력한 정체성을 가지고 있다 할지라도 다양한 신호들로 인해 생산자의 입장이 그대로 소비자에게 전달되어 이미지를 형성하기가 쉽지 않다. 마찬가지로 국가브랜드 역시 국가의 정체성을 바탕으로 국가이미지를 창출하지만 국가가 원하는 이미지가 다른 국가, 대중들에게 그대로 전달되기는 쉽지 않은 것이 현실이다. 따라서 공공외교의 전략은 국가정체성을 기반으로 한 국가브랜드의 구축과 국가브랜드로부터 생성된 국가이미지와의 유기적인 조화를 기반으로 수립될 필요가 있다.

이러한 이론적 배경을 기반으로 한국 정부가 시행한 공공외교 사업들이 한국에 대한 어떠한 국가이미지를 형성했는지를 확인해 보고자 했다. 먼저 한국 정부의 공공외교는 크게 국민참여형 공공외교 사업과 재외공관 공공외교 사업으로 분류되어 있다. 국민참여형 공공외교 사업은 국민모두가 공공외교관, 청년 공공외교단, 시니어 공공외교단, 개도국 문화꿈나무, 공공외교 현장 실습원 사업으로 구성되어 있고, 재외공관 공공외교 사업은 매력한국알리기, 친한 외국인 기반구축, 공공외교 친선사절, 인적 네트워크 구축, 코리아 코너Korea Corner, 퀴즈 온 코리아Quiz on Korea, 지구촌 한국의 맛 콘테스트, K-pop 월드 페스티벌, 스포츠공공외교 협력, 외국 교과서 내 한국 발전상 기술 확대 등으로 구성되어 있다.

〈표 1〉 재외공관 공공외교 사업 현황

	아시아	미주	유럽	중동	아프리카	총계
매력한국알리기	69(37)	60(28)	58(32)	15(11)	9(5)	211(113)
친한 외국인 기반구축	21(20)	19(17)	28(24)	6(6)	5(5)	79(72)
공공외교 친선사절	5(5)	1(1)	2(2)	1(1)	1(1)	10(10)
인적 네트워크 구축	3(3)	2(2)	3(3)	0(0)	0(0)	8(8)
코리아 코너	1(1)	3(3)	5(5)	1(1)	2(2)	12(12)
퀴즈 온 코리아	8(8)	6(6)	6(6)	3(3)	1(1)	24(24)
지구촌 한국의 맛 콘테스트	5(5)	3(3)	5(5)	1(1)	1(1)	15(15)
K-pop World Festival	24(14)	21(16)	25(23)	5(5)	2(2)	77(60)
외국 교과서 내 한국 발전상 기술 확대	5(5)	6(6)	13(9)	0(0)	0(0)	24(20)
스포츠공공외교 협력	11(11)	14(14)	19(19)	4(4)	9(9)	57(57)

주: 대사관, 총영사관, 대표부, 분관, 출장소 등 총 179개 공관, 괄호 안은 시행 공관 수
출처: 2014 재외공관 공공외교 활동성과(외교부, 2015)

2014년 재외공관 공공외교 사업 현황을 보면, 매력한국알리기 사업은 총 113개 공관에서 211개 사업을 시행한 한국의 가장 대표적인 공공외교 사업

이다. 매력한국알리기 사업의 목적은 한국의 전통, 역사, 문화, 정책, 경제발전 경험 등 다양한 한국의 매력을 전 세계에 알리는 것으로, 현지 특성과 한국에 대한 이해도 등을 감안한 현지 맞춤형 사업이라고 할 수 있다.

주요 사업으로는 한국어 말하기 대회, 한국음식 축제, 한국음악 축제, 패션쇼, 사진전, 카라반, 환경정화사업, 학술포럼 등이 진행되었고, 이외에도 코리아타운 조성, 우호정원 개원, 한국특색거리 조성, 다큐멘터리 제작 지원, 언론사 취재팀 방한 협조, 파워블로거 초청, 블로그 운영, 작가초청 간담회, 바둑 챔피언십, 도예전시회, 고문서 복원 워크숍, 슬럼가 페인팅 사업 등 현지 특성을 고려한 다양한 사업이 시행되었다. 특히 통일공공외교 사업은 매력한국알리기 사업의 하나로, 26개 재외공관에서 현지 의회, 언론인, 교사 및 학생 등을 대상으로 강연회, 설명회, 콘서트, 포럼, 말하기대회, 세미나 등 41개 사업이 전개되었다.

분석결과

본 연구를 위해 재외공관에서 보고한 참가자들의 반응, 평가, 현지 언론보도[6] 등에서 키워드를 축출함으로써 각국 현지 대중이 한국의 공공외교 활동을 어떻게 인식했는지를 분석하였다. 택세도tagxedo 프로그램을 이용하여 1차적인 도식화 작업결과 [그림 1]에서 보는 바와 같이, 노출 빈도가 가장 높은 한국을 제외하고 문화, 행사, 공연, 개최, 소개 등의 키워드가 크게 나타난 사실을 통해 문화 관련 사업이 현지 대중들에게 큰 관심을 받았다고 볼 수 있다. 또한 한반도, 통일 등의 키워드를 통해 통일공공외교가 일정한 효과를 거두었다는 사실을 확인할 수 있으며, 학생이라는 키워드를 통해 학생들이 주요 대상이 되었다는 사실도 알 수 있다.

[그림 1] 매력한국알리기 사업의 키워드 노출빈도 현황

출처: 필자 작성

    대륙별 키워드를 분석한 결과, 유럽의 경우 문화 사업(문화 59회, 행사 41회)과 통일공공외교 사업(통일 56회, 한반도 37회)에 대한 빈도수가 유사하게 나타난 점에 미루어 현지 대중의 문화와 통일에 대한 인식이 고르게 전달되었다는 사실을 확인할 수 있다. 미주에서도 통일, 한반도 등의 키워드가 상위에 랭크되어 있다는 사실을 통해 미주, 유럽 등 선진국에서는 통일공공외교 사업이 중점적으로 시행되어 현지 대중들에게 한반도 통일을 인지시키는 목적을 일정 부분 달성했다고 판단할 수 있다. 아프리카에서는 새마을운동, 환경 등의 키워드가 상위를 차지했다는 점에서 새마을운동과 관련된 농촌진흥 사업, 환경정화 사업에 관심이 높았다는 사실을 확인할 수 있다.

    문제는 이미지와 관련된 부분이다. 키워드 분석결과, 노출빈도가 가장 높은 상위 20개 키워드 가운데 이미지를 나타내는 어휘는 '다양(한)하다' 하나에 불과했다. 이미지를 나타내는 단어로만 키워드 분석을 한 결과, 종합적으로 우호적, 다채로운, 긍정적, 친근감, 아름다운, 매력적 등의 키워드가 주로 나타났으나 전체 노출빈도 수에 비해 그 비율이 현저히 낮은 결과가 도출되었다. 이를 통해 한국의 공공외교 사업은 국가이미지를 형성하거나 개선하기

보다는 국가브랜드를 구축하고 이에 대한 인식 확대에 초점을 맞춰 진행되었다는 사실을 확인할 수 있다. 또한 우호적, 긍정적, 친근감, 아름다운 등 현지 대중이 느낀 이미지는 한국의 특색 있는 이미지, 특히 한국의 국가정체성이 잘 드러난 이미지는 아니라는 한계가 여실히 나타나는 문제점도 확인할 수 있었다.

한국 공공외교의 방향성

지난 12월, 문재인 대통령이 취임 후 처음으로 중국을 국빈 방문했다. 공동성명과 기자회견이 없는 국빈 방문이라는 사실부터 시작해 방중 일정, 공항 영접, CCTV와의 인터뷰, 혼밥, 기자 폭행까지 이슈 하나하나가 논란이 된 방중이었으나 공공외교적인 차원에서 눈여겨볼 만한 사안들이 있었다.

방중 당일, 문재인 대통령은 노영민 대사를 난징 대학살 추도식에 참석하라고 지시했고, 재중 한국인 오찬간담회에서는 한국인들도 중국인들이 겪은 고통스러운 사건에 깊은 동질감을 느끼고 있다며 언급하였다. 혼밥 논란으로 의미가 퇴색하기는 했지만 방중 이튿날, 문재인 대통령 내외가 대중적인 식당에서 베이징 시민들과 담소를 나누며 중국인들이 일반적으로 먹는 아침식사와 같은 메뉴로 식사를 하는 모습이 화제가 되었다. 정상회담 후 문재인 대통령은 시진핑 주석에게 양국 정상 간, 국가 간, 국민 간 소통을 강화하는 것이 관계 개선의 방법이라고 밝히며 '통通'이 적힌 신영복 교수의 서화를 선물하였다.

이러한 세심한 일정과 배려가 중국에서 어느 정도 '통'한 것처럼 보인다. 사드 배치 결정 이후 가장 강경하고 독설적인 논조의 기사를 보도해 온 환구시보가 1면에 "문재인, 중국 감동시키기 위해 노력" 제하 문재인 대통령이 방중 기간에 감성적 공세로 중국을 감동시켰다고 언급하며 충칭 방문의 의미와 베이징대 강연, 대통령 내외의 중국 전통문화 체험 등을 상세히 소개하였다.

문재인 대통령 세트메뉴가 출시되었고, SNS에서는 같은 메뉴로 식사를 했다는 인증샷이 올라오는 등 긍정적인 변화도 눈에 띈다.

　방중 당시 대통령의 소탈하고 친서민적인 행보, 중국 전통악기인 얼후를 배우는 영부인의 모습, 첸먼따졔(전통거리)와 류리창(골동품시장)을 방문하며 중국 문화를 이해하려는 모습을 보인 대통령 내외를 통해 한국에 대한 악감정이나 반한 감정이 다소 누그러졌고, 한국에 대한 인식이 다소 호전되었다는 평가가 나타나고 있다. 이러한 대통령의 행보가 한국의 이미지를 개선하는 데 효과적이었다는 의미이다.

　매력한국알리기 사업의 키워드 분석을 통해 한국은 다양한 문화행사를 개최하여 한국을 소개하거나 한국에 관심을 가지게 함으로써 한국이라는 브랜드를 구축하는 데 더욱 초점을 맞춰왔다. 그러나 이러한 문화행사들이 한국만의 독창적인 국가이미지를 창출하는 데 한계가 있었다고 평가할 수 있다. 즉 국가브랜드와 국가이미지의 상호 연계성이 부족했다는 의미이다. 이번 방중 당시 대통령의 행보 하나하나가 이미지 개선을 위해 기획된 것이라면 기존 공공외교 성과의 한계를 극복한 성공적인 전략이었다고 평가할 수 있다. 물론 이번 사안을 통해 외교부가 공공외교 전략을 구체적으로 세분화했는지, 또는 지금까지 브랜드 구축을 중점적으로 추진함으로써 드러난 이미지 창출의 한계를 극복하고자 중점 추진 전략의 전환을 도모했는지는 확인할 수 없다. 그러나 어떠한 측면을 중점적으로 부각하면 어떠한 부문에서 더욱 효과적인 결과가 창출되는지는 확인할 수 있는 계기가 되었다.

　한편 한류, K-pop 혹은 K-drama 등이 한국을 대표하는 브랜드라고 한다면, 이러한 브랜드의 위력이 감소할 경우 이를 대체할 만한 새로운 브랜드를 가지고 있는지 혹은 새로운 이미지를 창출할 여건이 조성되어 있는지를 함께 고민할 필요가 있다. 또한 한국 정부가 내세운 역동적, 혹은 글로벌의 이미지가 다른 국가의 정부, 혹은 대중들에게 그대로 받아들여지지 않았다는 사실을 통해 한국의 정체성을 기반으로 한 국가브랜드를 구축하고 이와 연계된 한국만의 특색 있는 국가이미지 창출을 위한 사업이 선도되는 방향으로 나아갈 필요가 있다. 하락 추세의 브랜드와 정체성이 결여된 이미지만으로는 현지 대중의 마음을 얻을 수 없으며 한국의 국가이익을 창출하기도 어렵기 때문이다. 거시적으로는 포괄적인 부문이 포함되지만 세부적인 사안에 대해서는 개별적인 맞춤형 전략이 수립되고 시행에 옮겨질 때, 비로소 한국이 원하는 공공외교의 목적을 달성할 수 있을 것이다.

1 Jean-Noel Kapferer, *Strategic Brand Management: New Approaches to Creating and Evaluating Brand Equity*, London: Kogan Page, 1992.
2 Lynn B. Upshaw, *Building Brand Identity: A Strategy for Success in a Hostile Marketplace*, John Wiley and Sons Ltd. 1995.
3 David A. Aaker, *Building Strong Brands*, NY: Simon and Schuster, 2011.
4 Kevin L. Keller, *Strategic Brand Management: Building, Measuring, and Managing Brand Equity*, 4th edition, London: Pearson, 2012.
5 Jean-Noel Kapferer, *Strategic Brand Management: New Approaches to Creating and Evaluating Brand Equity*, London: Kogan Page, 1992.
6 언어적 제약으로 인해 영문보도로 대상을 한정하고, 전체 보도에서 키워드를 축출함.

08 한국의 국가이미지 형성 전략

리자청(李家成) 랴오닝(遙寧)대 국제관계학원

한 국가의 이미지는 국가의 하드파워와 소프트파워의 종합적 구현이며 국가의 이념과 추구하는 가치의 문화적 표현 형태이다. "국가이미지는 국가의 외부, 내부 대중의 국기, 국기행위, 국기 활동 방식 및 성과에서 오는 종합적 평가와 이해다."[1] 국가이미지는 주관성, 복잡성, 역사성, 민족성 등의 특징을 가진다. 국가이미지 형성 전략은 곧 주권국가가 국가이익을 실현하기 위해 각종 수단과 전략 자원을 종합적으로 운용하여 국가의 이상적 이미지를 추구하고 형성하는 예술이다. 국가이미지 형성 전략은 주로 다음 세 가지 기본 요소를 포함한다. 국가이미지 형성 전략 자원, 국가이미지 형성 전략의 실시, 국가이미지 형성 전략 효과 평가[2]가 그것이다.

한국 국가이미지의 역사적 발전

한국은 중국, 일본, 러시아 등 대국으로 둘러싸여 있고 국력이 상대적으로 약소하다. '고래 떼 가운데 새우'라는 표현은 한국이 처한 상황을 현실적으로 보여준다. 한국은 수차례 외세의 침입과 식민통치, 한국전쟁, 국토분단과 '군

부독재'를 거쳤다. 한국은 1970년대부터 급속한 경제성장과 교육에 대한 많은 투자를 통해 '한강의 기적'을 이루며 '아시아의 네 마리 용'으로 우뚝 섰다. 이는 역동적인 국가이미지의 기반이 되었다. 그러나 군사정권의 독재는 정치 민주화의 진전을 좌절케 했다. 부정적 국가이미지는 점차 불식되었다. 한국의 국가이미지 발전과정에 있어서 1988년 올림픽과 2002년 월드컵은 국가이미지의 전환점이 된 사건이다. 이에 따라 한국 국가이미지 발전과정은 3단계로 구분할 수 있다.

〈표 1〉 한국 국가이미지 전략 시대 변천

시기	중요 역사적 사건	긍정적 이미지	부정적 이미지	국가이미지 형성 목표
1970년대~ 1988년 서울올림픽 전	정부 주도 경제개발 새마을운동 베트남전 참전 정치 민주화	조용한 아침의 나라 경제 민주화	한국전쟁 분단국가 독재국가	국가 인지도 제고
1988년 서울올림픽~ 2002년 한일월드컵 전	올림픽 개최 금융위기 남북정상회담 한류의 대외 전파	빠른 경제발전 올림픽 금융위기 극복 '모범생' 남북화해 한류	분단국가 폭력시위 경제발전 좌절	경제발전 후의 국가 경쟁력 제고 안보우려 축소
2002년 한일월드컵~ 현재	2002 한일월드컵	다이나믹 코리아 (Dynamic Korea)	분단국가 폭력시위	명확한 이미지 구축 Dynamic Korea IT강국 기적 같은 한국 선진국 이미지 확립

출처: 『韓國國家形象的變遷及其啟示』[3]를 재구성

1970년대~1988년 서울올림픽 전

이 기간 동안 한국은 전 세계에 경제발전, 민주적 신흥공업국가의 이미지를 보여줬다. 이는 주로 다음 두 가지 방면에서 나타난다. 우선, 정부 주도의 수출지향형 발전 모델은 한국 경제의 지속적인 고성장을 이끌었다. 경제의 고속 성장하에, 국제적 영향력을 갖춘 글로벌 기업을 육성하였다. 특히 박정

희 대통령 시대에 한국은 정부 주도 경제개발로 자국 기업들의 활약을 이끌었다. 현대, 삼성, LG 등이 잇달아 글로벌 500대 기업으로 탄생하거나 발전했다. 조선, 기계, 전자, 화학공업 등 첨단 분야에 진출하면서 한국 경제의 산업구조는 단순한 가공업에서 첨단제조업으로 변모했다. 이들 기업은 상품 마케팅과 동시에 적극적으로 한국과 한국 문화를 선전했다. '메이드 인 코리아'는 점차 세계의 인정을 받았고, 이들 기업의 성장과 발전은 한국이 세계로 나아가는 새로운 명함이 되었다.

다음으로, 1987년 한국은 상대적으로 안정된 정치 민주화를 이루었다. 새로운 헌법에 따라 대통령 직선제를 실시했고 선거권과 피선거권을 부여하며 정부의 투명도와 공신력을 강화했다. 정치 민주화 과정은 한국의 국가이미지 개선에 도움이 되었다. 한국전쟁 후, 한국은 '분단국가', '독재국가'라는 부정적 이미지를 가지고 있었으나(〈표 1〉 참조) 정치 민주화는 한국 정부의 민주화라는 긍정적 이미지를 강화했다.

한국 정부는 1968년 문화공보부를 신설한 데 이어, 1971년 해외홍보를 목표로 산하에 '해외문화공보원'을 설립했다. 국가이미지 홍보, 국제문화 교류, 해외 홍보용 홈페이지 운영 등의 활동을 통해 한국의 인지도를 제고하고 한국의 발전성과를 홍보하여 낙후국가라는 부정적 이미지에서 탈피하고자 했다. 이런 활동은 한국의 국가이미지 발전에 긍정적 역할을 했다.

1988년 서울올림픽~2002년 한일월드컵 전

1988년 올림픽, 1997년 금융위기, 2000년 남북정상회담 등 주요 사건이 전 세계의 주목을 끌며 외국인의 대한국對韓國 인식과 평가에 직접적 영향을 끼쳤다. 더불어 90년대 말 금상첨화로 '한류' 열풍이 불었고 이는 한국을 대표하는 명함이 되었다(〈표 1〉 참조).

한국 정부는 1988년 서울올림픽을 국가이미지 개선의 기회로 삼았다. 대회 준비에 만전을 기하고 생활 인프라를 확충하였다. 국토 환경을 정리함으로써 밝고 편안한 생활환경을 조성했다. 한국을 방문한 외국 여행객들에게 역사와 전통이 있는 국가의 품격, 1인당 평균 GDP가 3,000달러 이상이라는 경제발전 성과, 질서정연하고 깨끗한 선진도시, 성숙하고 소양 있는 국민을 보여주었다.[4] 1988년 서울올림픽은 한국의 피땀 어린 준비 아래 좋은 성과를 거두며, 한국의 '냉전의 최전방 국가', '전쟁 변방 지대'라는 부정적 이미지를 바꾸었다. 북한의 반발에도 불구하고 한국과 국제올림픽위원회는 소련, 중국 등을 성공적으로 설득해 서울올림픽의 참가를 이끌어 내며 올림픽을 한국의 '북방정책' 추진 무대로 삼았다. 국제사회, 특히 사회주의 진영의 한국에 대한 인식을 개선해, 이후 구소련, 중국 등과의 수교에 기초를 닦았다.

1994년 한국 정부는 공보장관을 위원장으로 하여 '대외공보협의회'를 설립했다. 대외공보협의회는 1995년에 '대외공보위원회'로 명칭을 변경하고 국무총리가 위원장을 맡아 대외적 국가이미지 건설을 총괄적으로 관리했다. 위원회는 다음과 같은 세 가지 건설적 활동을 했다. 첫째, '국가이미지 개선 홍보 계획'을 제정하여 국가이미지 형성 활동의 체계적인 관리와 총괄적인 조정을 시작했다. 둘째, '국제방송교류재단'을 통해 '아리랑TV' 채널을 개설하고 한국의 해외 홍보를 전담하도록 했다. 셋째, CNN 등 영향력 있는 해외 언론매체와 자료교환 협력을 통해 글로벌 미디어매체가 직간접적으로 한국의 시각에서 보도할 수 있는 기반을 마련했다. 1999년 5월, 기존의 해외공보관을 국정홍보처 산하의 해외홍보원으로 변경하고 국가정책, 발전 상황, 민족문화 등의 대외 홍보 및 정부의 영문 홈페이지 www.korea.net를 관리하도록 했다.

1997년 OECD에 진입한 한국은 곧바로 금융위기의 충격을 받았다. 경제는 급격히 추락했고 사회적 모순이 극명하게 드러났다. 국제통화기금IMF의 규정에 따라 다방면에서 개혁에 대한 압력을 받았고 한국의 국가 신뢰도와 호감도, 나아가 전체적인 국가이미지는 급속히 악화되었다. 그러나 2001년 IMF 부채를 미리 상환하면서 솔선하여 금융위기를 벗어난 국가, '위기를 극복한 모범생'이 되었다. 한국 국민은 자발적으로 '금 모으기 운동'을 전개하여 위기 앞에서 단결, 공헌하는 모습을 보여주어 세계에 깊은 인상을 남겼다. 금융위기의 대응은 국민의 애국심을 고취하였을 뿐만 아니라 세계, 특히 아시아 국가에 한국의 극복정신을 보여주었다. 한국 기업은 대거 세계로 진출하기 시작했다. 해외로 진출한 대기업은 한국 국가이미지 형성의 선봉장이며 주력군이었다.

또한, 2000년 김대중 대통령은 북한을 방문하여 김정일과 회담을 가졌다. 새로운 시대를 여는 획기적인 의미가 있는 남북정상회담은 남북 간의 장기대치 국면에 변화를 가져왔다. 공존, 화해, 협력의 막이 올랐을 뿐만 아니라 김대중 대통령은 노벨평화상을 수상했다. 이는 '냉전의 살아있는 화석', '분단국가'라는 한국의 부정적 이미지를 약화시켰다.

문화영역에서 한국은 음악과 춤 등을 통해 한국 문화를 수출했다. 한국의 스타들과 한국 영화, 드라마는 아시아를 휩쓸기 시작했고, 이는 영향력 있는 '한류'가 탄생하는 계기가 되었다. 한류는 해외 대중이 한국을 이해하는 주요 채널로서, 발전적이고 패셔너블한 한국을 세계에 알렸다. 한국 문화 특유의 매력은 '한류'의 마력이 되어, 해외 대중이 주동적으로 전통과 현대가 공존하는 동아시아 반도국가에 대해 이해하게끔 만들었다. 해외 대중과 한국 문화의 거리를 좁히고 한국의 민족문화와 생활이 타국 국민들의 일상생활로 깊이 스며들었다. 이는 의심할 여지없이 한국의 국가이미지를 높이는 무형의 홍보이다. 동아시아의 젊은이들은 한국 음악, 드라마, 패션, 음식 등 대중문화를 좋아했고, 이는 한국 관광과 유학에 대한 관심, 한국 제품을 선호하는 '하하족哈韓族'으로 성장하게 만들었다. 한국의 전반적인 경제발전과 문화산업의 해외 수출은 상호 보완적인 관계를 형성하며 상호 발전을 촉진했다. '한류'는 경제발전 성과를 확대하고 국가이미지를 대폭 제고했다.

2002년 한일월드컵~현재

2002년 한일월드컵은 한국의 국가이미지가 더욱 성숙해지는 중요한 이정표로 평가된다. 월드컵 바람을 타고 한국은 적극적으로 대외 홍보를 진행했다. 첨단산업의 성과를 기반으로 'IT강국'의 이미지를 표출하였을 뿐만 아니라 '붉은 악마' 응원단의 열정적이고 질서정연한 응원을 통해 '활력 넘치는 한국'의 이미지를 보여주었다. 각종 문화행사를 통해 '문화한국'의 이미지를 보여줬고, 여행과 관광지로서의 이미지를 수립했다. 무역환경의 개선은 수출 대상국에서 한국 제품에 대한 이미지는 물론 기업의 이미지 제고에도 큰 영향을 미쳤다.[5] 월드컵을 통해 한국은 '다이나믹 코리아'라는 국가이미지를 분명하게 보여주었다. 한국은 활력이 넘치고, 영향력 있는, 환영 받는 선진국의 이미지를 만들기 위해 노력했다. 월드컵 이후 한국의 지명도와 호감도는 모두 상승했다(〈표 1〉 참조).

  2008년 8월 15일, 이명박 대통령은 광복절 경축 행사에서 "선진국이 되고 싶다면 우리나라의 전체적 이미지와 국제적 명성을 대폭 격상시켜야 한다."고 강조했다. 이는 한국 대통령이 최초로 국가이미지의 중요성을 강조한 것일 뿐만 아니라 국가이미지 제고에 주력하겠다는 선언이었다. 전 세계에 세계적 영향력과 문화 포용력을 갖춘 환영 받는 선진국 한국을 만들겠다는 공언이었다. 2009년 1월 이명박 대통령은 대통령 직속 '국가브랜드위원회'를 설립하고, 기업의 브랜드 경영방식을 접목하여 한국의 호감도를 제고하기 위한 정책을 추진하였다.

[그림 1] 한국 국가브랜드위원회 조직 구조

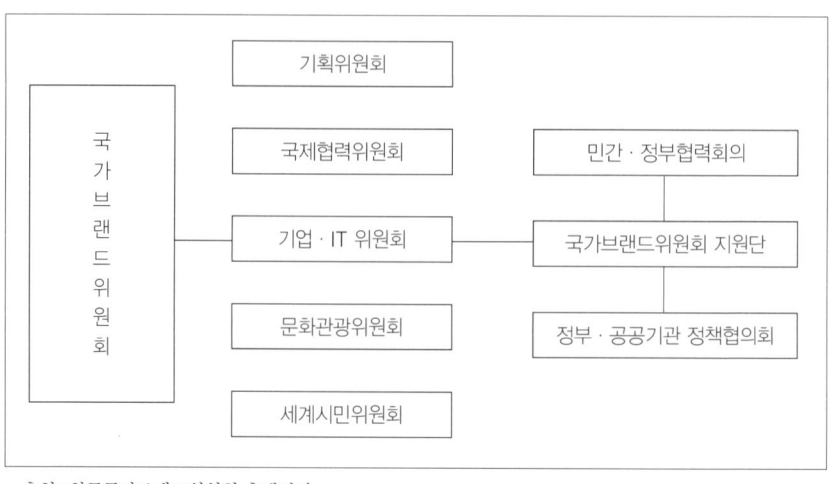

출처: 한국국가브랜드위원회 홈페이지

2013년 2월 25일, 박근혜 대통령은 취임사에서 경제부흥, 국민행복, 문화융성의 세 가지 꿈을 실현하여 새로운 시대를 만들겠다고 밝혔다. 전 세계로 전파된 한류문화는 한국 경제발전을 촉진하는 또 다른 동력이다. 이외에도 박근혜 대통령이 당선됨으로써 한국 사회가 남성지배적이라는 고정관념을 깨뜨렸다.

박근혜 대통령의 퇴진과 문재인 대통령의 취임

최순실 국정논단 사태 이후, 한국에서는 매주 촛불시위가 진행되었다. 많은 사람들이 모여 박근혜 대통령의 퇴진을 요구했음에도 충돌보다는 평화롭고 질서 있는 모습을 보였다. 뉴욕 타임즈, BBC 등 세계 유력 언론들은 이러한 한국의 모습에 놀라움을 나타냈다. 과격한 행동이 나타날 때마다 곧 자제를 요구하는 목소리가 나왔고, 경찰차 외벽을 쇠파이프로 흔드는 대신 꽃 모양 스티커를 붙였다. 시위가 끝난 후, 시위자는 의경의 부담을 덜어주기 위해서 주동적으로 스티커를 제거하고 청소했다. 절제된 분노로 축적된 힘은 원하는 시간, 원하는 방향을 향해 한 번에 발산될 때 더욱 강력한 힘을 가진다. 오늘날과 같은 홍보시대에 이런 힘은 시민의 명예혁명으로 더욱 두드러지게 나타났다.[6] 촛불시위를 통해 보여준 평화와 질서는 측근의 국정간섭으로 손상된 한국 국가이미지를 보완했다.

2017년 4월과 8월 한반도 위기론이 일었다. 북한의 핵과 탄도 미사일 실험, 미국의 이례적인 핵 항공모함 파견, 대북 선제타격을 실시하겠다는 미국의 논조는 '한반도 위기론'을 낳았다. 한국은 '위험'이라는 낙인이 찍혔다. 일본의 한반도 내 자국민 철수 계획 등은 한반도의 전쟁 분위기를 더욱 격화했다. '한반도 위기설'로 심지어 한국의 미니골드바 판매량이 3배 늘어나기도 했다. 이는 한국의 안전에 대한 국가이미지를 손상시켰다. 한국 정부는 '한반도 위기설'을 불식시키고, 민심을 안정시키며 전쟁 징후를 없애기 위해 노력했다. 한국 국방부 대변인은 정례 기자회견에서 소문을 반박하며 인터넷에 떠도는 '4월 한반도 위기', '4월 보복', '김정은 도피' 등의 유언비어에 현혹되지 말 것을 당부했다.

한국의 국가이미지 형성 전략 메커니즘

한국의 국가이미지 발전과정에 대한 이해를 통해 한국이 국가이미지 형성에서 다양한 성과를 나타냈고, 독특한 메커니즘을 구축했다는 사실을 알 수 있다. 이는 주로 네 가지 방면에서 나타난다.

이론연구의 질과 양을 중시

한국 국내 국가이미지 관련 연구 현황을 살펴보면, 국가이미지country image, 국가브랜드national brand, 원산지 이미지country of origin image 등 세 가지가 주요 키워드이다. 국가이미지, 국가브랜드와 원산지 이미지를 주제로 한 논문을 샘플로 내용 분석content analysis을 진행한 결과, 전체 연구 수량이 매년 꾸준히 증가하는 경향이 나타났다. 그중 국가이미지를 연구대상으로 한 논문의 수량이 절대적 우위를 점하고 있다. 국가브랜드를 연구 키워드로 한 논문과 원산지 이미지를 연구한 논문이 뒤를 이었다.

다양한 학문 영역에서 연구가 진행되었으나 기본적으로 인문사회과학의 범주에 포함되어 있다. 언론매체를 주제로 한 연구 성과가 가장 많았으며 그 다음은 무역학, 인문학, 관광학, 정치외교학 등 총 16개 영역에서 연구가 진행되었다. 또한, 연구의 국제화도 중시하는 경향이 나타났다. 한국 이외에 중국에 대한 연구가 가장 빠르게 증가하며 1위를 차지했고, 일본과 미국에 대한 연구가 뒤를 이었다. 중국과 관련된 연구대상은 주로 중국 소비자와 중국 유학생에 집중되었다. 동남아 국가에 대한 주목도 역시 현저히 증가했다.

관련 기구의 통합 설치

한국의 국가이미지를 적시에 효과적으로 제고하기 위해서 한국은 비교적 세분화된 전문성 있는 조직을 설립하고 직능을 구분하여 업무의 내용과 목표를 명확히 했다. 이러한 조직은 일반기구와 특별기구로 분류할 수 있다.

일반기구는 주로 행정기관과 사업단위 설치를 포함한다. 한국은 외국정부, 국제기구, 해외 문화단체 또는 해외 미디어단체 등과의 협력과정에서 연계 채널과 업무 유형에 따라 업무 내용과 직능 범위를 규정했다. 주로 외교통상부 문화외교국, 문화관광부, 재정경제부 경제홍보기획단, 국정홍보처와 해외홍보원 등 행정기구가 국내외 홍보와 교류, 협력, 소통을 담당해 왔다(〈표 2〉 참조).

〈표 2〉 한국 행정기관의 '국가이미지' 관련 업무 현황[7]

교류대상	행정기관	관련 업무
외국정부 국제기구	외교통상부 문화외교국	- 문화협의 및 국가 간 협력 교섭 - 문화 관련 국제기구 활동 참여(UNESCO 등) - 월드컵, 올림픽 등 국제경기 개최 및 참여 지지
	문화관광부	- 문화, 예술, 체육, 청소년, 관광, 언론 등 분야에서 해외 정부와 협력 - UNESCO, UNWTO 등과 협력 및 인적 교류
	재정경제부 경제홍보기획단	- 국내외 경제 홍보 관련 기획 및 실행
	국정홍보처	- 아시아 국가의 관련 홍보기구와 교류 강화
해외 문화단체	외교통상부 문화외교국	- 해외 박물관 내 '한국관(실)' 설치 - 민간교류 활동(민간단체 및 기업) 지원 - 해외 공연 및 전시회 개최
	문화관광부	- 해외 한국문화원 활동 지원 - 한국 문화 홍보 강화 - 한국 문화 국제교류 추진 및 우수 문화상품 수출입 지원
	해외홍보원	- 해외 공연 및 전시회 개최 지원
해외 미디어단체	외교통상부 문화외교국	- 한국 미디어 해외 특파원 및 국내 외신 간 교류 지원 - 국내 매체의 해외 소재, 해외 매체의 한국 소재 채택 지원
	재정경제부 경제홍보기획단	- 외신 인터뷰 담당 및 외신 오보 정정 요청
	국정홍보처	- 해외 홍보관의 현장 기자 간담회 개최 - 외신 분석 및 오보, 왜곡 보도 처리 - 외신과 공동 인터뷰, 촬영, 특집 프로그램(미국 PBS)
	해외홍보원	- 국외 상주기자 보도활동 지원 - 방한 매체의 한국 취재 지원

출처: 각 기관 홈페이지 내용을 참고해 필자 작성

또한 행정기관 외에도 한국국제협력단, 한국관광공사, 한국국제교류재단, 한국학술진흥재단과 재외동포재단 등 사업단위도 해외정부 및 국제기구, 해외학술기구, 문화기구, 해외동포 관련기구 등과의 협력과 교류를 전개하며 한국의 국가이미지 형성 전략에서 중요한 역할을 하고 있다.

대표적인 특별기구로는 국가브랜드위원회가 있다. 2009년 1월 22일, 이명박 전 대통령은 한국이라는 브랜드가 전체적인 발전 수준에 비해 낮은 평가를 받고 있다는 점을 지적하며 체계적인 국가브랜드 관리를 위해 국가이미지 형성 전략의 일환으로 대통령 직속 국가브랜드위원회Presidential Council on Nation Branding를 설립했다. 국가브랜드위원회 산하에는 기획, 국제협력, 기업과 IT, 문화관광과 세계시민 등 5개 분과 위원회와 정부와 공공기관 정책협의회, 국가브랜드위원회 지원단이 있다. 구성원은 정부 각 부 장관, 유명 기업 총수, 서울시장, 한국관광공사 사장, 무역투자진흥공사 사장 등 40여 명이다. 고려대학과 이화여자대학 총장이 위원장을 역임하면서 위원회에 풍부한 인력과 학술자원을 제공했다.[8] 한국 국가브랜드위원회는 국제적 위상과 민족적 자부심을 바탕으로 국가브랜드 관련 사업에 있어 정부의 지도적 역할을 수행하고자 했다. 또한 국가브랜드 정책성 사업의 효과적인 집행을 지원하고, 폭넓은 민간협력, 국민 모두가 참여하는 3대 직능 강화, 깊은 신뢰와 높은 국격을 가진 대한민국을 건설하고자 했다.[9]

다양한 채널의 통합과 개발

다양한 채널을 통합, 개발하고 이를 활용하여 국가이미지를 형성하는 것이 한국의 국가이미지 형성 전략의 또 다른 축이다.

기업: 기업, 특히 다국적기업과 해외기업은 한국의 국가이미지 발전과 제고에 핵심적인 역할을 하는 중요한 자원이다. 국가이미지는 누구에게나 추상적인 것이다. 그러나 한 국가가 생산한 상품은 국가이미지를 구체화하고 실재實在화한다. 해외 소비자들이 어떤 국가가 제조한 상품을 구입한 후 사용과

정에서 느끼는 편리성과 만족도는 상품 생산 기업에 대한 판단에 직접적 영향을 끼친다. 나아가 기업이 소재한 국가에 대한 인상에 영향을 미친다. 이는 원산지 이미지와 국가이미지 간의 떼려야 뗄 수 없는 연관성을 의미한다.

기업브랜드와 국가브랜드의 호감도를 높이기 위해 한국은 글로벌 경쟁력을 갖춘 대기업의 해외 투자지, 주요 판매지에서 체계적인 마케팅 활동을 진행한다. 예를 들어 현지 사회에 보답하는 공익 활동, 한국과 상대국 간의 문화교류 활동, 정부의 중대한 국제 행사 개최 협조 등이 그것이다. SK 산하 한국고등교육재단은 해외 학자들이 한국에 대해 이해하고 한국을 연구하는 것을 지원하여 해외 학자의 목소리를 통해 한국을 홍보한다.

삼성전자의 중문판 홈페이지에는 자사를 '중국 인민이 좋아하는 기업, 중국 사회에 공헌하는 기업'이라고 명시하고 있다. 이는 중국 소비자와의 거리를 좁히는 매우 좋은 문구이다. 소비자가 삼성제품을 선택하면 필연적으로 제품 속 한국적 요소의 영향을 받을 수밖에 없으며 나아가 한국이라는 국가에 대한 이해가 더욱 깊어진다. 또한 삼성전자는 중국에서 신제품을 출시하며 한국의 강점인 '한류' 문화를 이용했다. 한국의 유명 아이돌밴드의 현지 콘서트 입장권과 기념품을 마케팅 수단으로 활용해, 자신의 기업 발전에 유리하게 이용했다. 이처럼 기업은 국가이미지 형성 전략의 적극적인 추진자인 동시에 최대 수혜자이다.

행사: 올림픽과 월드컵은 한국의 국가이미지를 크게 상승시키는 역할을 했다. 한국은 각종 명절, 지방 특색 또는 국제적 지명도가 있는 대형 행사를 매우 중시한다. 또한 브랜드 효과가 있는 각종 '국제', '세계' 급의 대회, 회의, 페스티벌 등의 행사를 직접 유치하고 개최한다. 더 많은 사람들이 행사에 참여하고 이해하게 하는 것은 행사에 대한 이해를 높이는 동시에 한국 국가이미지를 이해하는 과정이기도 하다. 절대 다수의 대형 행사에 외국인은 무료 또는 약간의 입장료만으로 참여를 신청할 수 있게 하여 행사 참여도와 홍보성을 높인다. 또한 행사 개최와 행사 중 설치하는 한국 역사 문화 홍보 전시

대를 통해 한국 국가이미지를 홍보한다. 이는 막대한 홍보비를 절감시킬 뿐만 아니라 '소문을 듣지 말고 직접 눈으로 보는' 효과를 동반한다.

여행: 한국은 국토 면적이 약 10만㎢의 작은 국가로, 면적의 70% 이상이 산지이다. 그럼에도 불구하고 한국의 관광산업은 한국 경제의 기둥이 되는 산업 중 하나이다. 자연경관으로 유명한 제주도 외에 한국의 여행지는 거의 대다수가 인공적인 모습으로 꾸며졌다. 그러나 인간적인 건축, 완벽한 서비스 관리, 합리적인 가격 체계와 다양한 혜택 등은 한국의 관광산업을 더욱 발전시켰고 더 많은 외국인들이 한국에 대한 동경과 기대를 갖게 했다. 이렇듯 관광산업으로 한국은 경제적 성취뿐만 아니라 한국 국가이미지를 발전시키는 두 마리 토끼를 잡을 수 있었다.

한국 관광산업의 정책사업 부문을 담당하는 한국관광공사에서 흥미로운 점을 발견할 수 있다. 2009년부터 2013년까지 한국에 귀화한 독일인인 이참이 제22대 사장으로 부임한 것이다. 1978년부터 한국에 거주한 독일인에게 사장을 맡김으로써 한국의 관광산업은 더욱 국제화되었다. 한국관광공사 홈페이지를 예로 들면, 13개국 언어를 제공하고 있으며, 한국 여행 관련 관광명소, 행사 스케줄, 교통, 숙박, 음식, 쇼핑 등의 내용 등이 풍부하게 제공되어 있다. 특히 해외 여행객들의 한국 방문을 장려하기 위해 할인쿠폰 전용 코너를 개설하여 다양하고 흥미로운 혜택을 제공하는 동시에, 때때로 한국에 무료로 방문할 수 있는 기회를 제공하기도 한다. 이를 통해 한국 관광산업은 한국의 대외 홍보 창구로서 국가이미지 전략에 중요한 채널 중 하나가 되었다.

과학적이고 효과적인 측정모델 구축

국가이미지 전략의 효과에 대한 평가는 국가이미지 형성 전략의 기본 요소 중의 하나이다. 과학적이고 효율적인 효과 평가가 가능한지 여부는 국가이미지 형성 전략을 피드백feedback하고 이를 발전시키는 데 중요한 요인이 된다. 2009년부터 한국 국가브랜드위원회는 삼성경제연구소와 함께 국가브랜드지수 모델(SERI-PCNB NBDO)을 개발했다. 이는 실체와 이미지를 종합적으로 조사 및 평가하는 과학적이고 유효한 모델로 평가받았다. 동 모델의 조사보고서에는 종합 결과, 한국 국가이미지에 대한 상세한 분석, 개선 전략, 종합제안과 보고서 설명 등 총 5부분으로 구성되어 있다.

실체평가는 세계은행WB, NBI_{The Anholt-GfK Roper Nation Brands Index} 등의 데이터와 같은 125개의 통계데이터를 기반으로 비교분석을 통해 결과를 도출하고 이를 국가브랜드지수 실체 순위의 근거로 삼았다. 이미지 평가는 수십 개의 분석 항목을 전 세계 수십 개국 수만 명의 오피니언 리더들에게 설문조사를 진행하여 국가브랜드지수 이미지 순위를 결정했다. 실체와 이미지 평가는 상호 독립적이나 측정모델 내 8개 부문의 평가 기초는 연구 목표에 따라 그 내용을 통합한 후 최종적으로 완전한 국가브랜드지수 조사보고서로 작성되었다.

한국 국가이미지 형성 전략의 시사점

최근 한국 경제의 부진이 지속되면서 한국의 국가이미지 전략도 일정 부분 영향을 받았다. 또한 한국의 국가이미지 형성 전략은 여전히 완벽하지 않다. 그러나 세계 다른 국가와 비교했을 때 특수성이 존재하지만 최근 몇십 년간의 발전 경험으로 미루어 볼 때 시사성을 갖고 있다. 국가이미지의 격상은 주로 한 국가의 종합적인 국력에서 비롯되며, 해외의 언론매체들은 이를 시시각각 전달한다. 따라서 국가이미지는 국가의 발전 전략과 일치하며 상호 보완적인 관계라 할 수 있다.

연구의 실효성 중시

한국의 '국가이미지' 관련 학술논문 대부분은 실증연구 위주이다. 구체화·생활화된 실제적 문제에 대한 조사를 기반으로 한 대량의 데이터 분석과 모델 연구는 그 실효성을 더욱 강화한다. 이에 따라 한국 국가이미지 전략의 목표는 날로 구체화되고 생활밀착형으로 진화해 왔다. 또한 서로 다른 주체의 특징에 따라 상응하는 목표를 설정한다.

한국의 국가이미지는 '국가-기업-개인'이 삼위일체가 된 발전으로 이해할 수 있다. 국가가 '다이나믹 코리아', '활력 넘치는 한국'의 전반적 이미지를 수립하고 기업은 '다국적기업', '세계명품'의 기업 이미지를 형성하며 개인은 '근면, 성실, 성숙한 시민의식'이라는 이미지를 형성하였다. 국가, 기업, 개인은 세 개의 독립적이면서 공존하는 실행주체로서 각자 서로 다른 임무와 역할을 가지고 통일된 방향으로 나아간다. 이와 같은 등급 설정은 각자의 임무와 목표를 명확히 하고 전체 전략목표에 대한 이해와 실현에 도움이 된다.

중국은 종합적인 계획을 수립하고 브랜드지수를 개발할 필요가 있다. 이와 함께 현대 중국의 국가이미지를 명확하게 정립하고 체계적으로 국가브랜드를 관리해야 한다. 타국에서의 중국 국가이미지를 지속적으로 추적 조사하는 동시에, '역지사지'로 외국인이 중국인에게 가지는 실제 감정과 요구사항을 이해해야 한다. 서로 다른 사람과 소통하는 효과적인 채널을 개발하고 차별화된 국가이미지 형성 전략을 확립해 전방위적이고 정교한 국가이미지를 구축하고 국가브랜드를 제고하기 위한 전략을 대대적으로 추진해야 한다.

관련 기구 설치와 관리 강화

정부가 적합한 조직을 구성하여 국가브랜드 형성 업무를 총괄하고 조정하는 것은 이론연구의 실제 적용과 대외 교류에 도움이 된다. 한국은 행정업무 전담조직과 사업시행 전담조직을 설립하여 국가이미지 형성 전략을 추진하고 있다. 이는 각 관련 부문이 유기적이고 합리적이며 효과적인 대외 교류와 협력을 진행하는 기반이 된다.

이와 함께 특수기구를 설립하여 국가이미지 전략의 의의와 정책순위를 격상시켰을 뿐만 아니라 관련 자원을 통합하는 연결고리 역할을 할 수 있게 했다. 한국 국가브랜드위원회는 국가이미지 전략의 발전을 지원하고 촉진하는 역할을 하며 국가이미지 제고를 위한 행사를 기획하고 협조한다. 이를 통해 국가이미지 형성 전략의 종합적인 발전을 위해서는 관련 기구를 확립하여 행정부문과 사업부문의 중개 역할을 해야 한다는 사실을 확인할 수 있다.

유리한 자원과 채널 통합

한국은 기업과 정부의 역량을 통해 통일된 방향의 국가이미지를 구축했다. 기업, 행사, 여행 등 방면의 우위자원과 다양한 소통 채널을 이용하여 국가이미지 형성 전략의 양호한 발전 체계를 구축했다. 국가이미지 형성 전략은 국가의 다양한 부문과 연계되어 있는바, 단순히 정부의 역량에만 의존하여 추진할 수 없다. 따라서 시야를 넓히고 문턱을 낮춰 다양한 우위자원과 협력 채널을 통합해야 한다. 사회의 유기적인 통합은 과학발전, 생산력 제고에 도움이 되며 국가의 전통 및 현대 문화의 고양, 국민의 단결을 촉진한다. 또한 미디어 홍보 역량과 자원을 통한 적극적인 대외 홍보에도 유리하다. 이러한 자원들과 채널이 정부의 관리 및 시행 과정에서 조화를 이룰 때 국가이미지는 효과적으로 목표를 실현할 수 있다.

대외 홍보

대외 홍보는 홍보대상에 대한 정확한 타깃팅, 외국인의 수요와 실제 감정에 대한 충분한 고려가 필요하다. 홍보대상의 특수성을 고려하여 가장 효과적인 소통방식을 선택해야 한다. 다국적기업도 이러한 역할을 수행할 수 있다.

평가 및 감독 강화

평가 및 감독 강화는 국가이미지 형성 전략의 건전하고 안정적이며 지속가능한 발전을 보장한다. 한국의 국가이미지 전략에 대한 평가는 국가이미지 형성 전략의 출발점이자 종착역이다. 일정 기간 추진한 국가이미지 전략을 돌아보고 이를 통해 문제점과 보완점을 찾아 다음 단계의 발전을 위한 대책을 수립하고 있다. 이러한 단계적 '체험'은 국가이미지 형성 전략의 올바른 발전 방향과 장·단점 취합, 과학성과 효율성 유지에 도움이 된다.

　한국은 과거 국가이미지지수 조사보고서 제작에 국가브랜드위원회와 삼성경제연구소라는 민·관 협업체계를 구축했고, (참여주체는 바뀌지만)이러한 협업모델을 통한 국가이미지 조사를 앞으로도 지속할 방침이다. 이와 별도로 제3자의 비정규기관이 독립적인 조사와 평가를 진행함으로써 결과의 상대적 객관성과 공정성을 확보해 왔다. 내용적 측면에서 실체와 이미지를 동시에 평가하여 하드파워와 소프트파워를 종합적으로 고찰해 왔으며 더불어 과학적인 연구 방법으로 결과의 과학성과 합리성도 보장하고 있다.

1 管文虎,『國家形象論』, 電子科技大學出版社, 2002年版, p.23.
2 劉艷房,『中國國家形象戰略與找家裡已實現研究』, 河北師範大學博士學位論文 2008年, p.24.
3 王曉玲·董向榮, "韓國國家形象的變遷及其啟示",『當代韓國』, 2010年 夏號, p.43.
4 朴光海, "韓國塑造國家形象的渠道,方法及策略研究",『韓國學論文集』2013年 第3期, p.198.
5 王曉玲·董向榮, "韓國國家形象的變遷及其啟示",『當代韓國』, 2010年 夏號, p.43.
6 中央日報, "第五次燭光示威今日舉行 過敏藥器構建全新體制", 2016-11-26.
  http://chinese.joins.com/gb/article.do?method=detail&art_id=160101
7 Yeom Seongwon and Wo Keongsu, "A Study on the National Image Raising Activity and Recognition in Korea," *Journal of Public Relations Research*, Vol.7, No.2, 2003, p.112.
8 李萌, "韓國國家品牌委員會的啟示",『對外傳播』, 2012年 第11期, p.54.
9 韓國國家品牌委員會, "韓國國家品牌委員會的只能,前景和戰略"
  http://www.koreabrand.net/gokr/kr/index.do

09
중국의 눈에 비친 한국의 공공외교

왕리(王黎) 지린(吉林)대 공공외교학원

글로벌 시대의 국제체제에서 공공외교가 광범위하게 활용되고 있다는 사실은 새로운 시대를 맞이하여 외교의 중요한 발전 추세와 연구 분야가 전환되고 있음을 의미한다. 오늘날까지 공공외교의 이론과 실제 행위에 대해 미국, 영국, 프랑스 등 전통적인 서방대국은 수많은 유익한 연구가 진행되었다. 뿐만 아니라 스페인, 터키, 한국, 남아프리카공화국, 아르헨티나 등 중견국에서도 배우고 참고할 만한 부분이 있다. 이 중 한국의 성과가 두드러진다. 한국은 비록 공공외교를 전면적으로 추진한 지 불과 몇 년 되지 않았으나 세계적인 문화강국의 반열에 올랐다는 사실은 논쟁의 여지가 없다. 다양한 원인이 있겠지만 한국은 정부가 주도적인 역할을 하며 자국 공공외교의 다양화를 매우 중시하였기 때문에 이러한 성과를 얻을 수 있었다. 한국의 공공외교는 아시아 국가와 미주 대륙의 아시아인을 대상으로 집중적으로 전개되었다. 그러나 국제사회에서의 영향력이 확대되면서 한국은 의식적으로 양질의 브랜드를 통해 전 세계에 그들의 문화, 가치관, 심지어 생활방식에 대한 흥미와 공감대를 확산시켰다.

당연한 말이지만, 모든 국가는 안보와 이익을 추구한다. 동시에 자국의 국제적인 지명도 제고 역시 중시한다. 모겐소Hans J. Morgenthau는 "국제무대에서 국가의 권력power 추구는 평판, 즉 위신prestige/reputation을 둘러싼 치열한 경쟁으로 표출된다. 이는 국제관계에서 인간관계와 같이 중요하다."고 언급하기도 했다.[1] 이러한 주장은 국제법 전문가들의 견해와 동일하다. 이유는 간단하다. 전 세계 어느 국가도 아무리 강대할지라도 친구가 필요하지 않거나 자국의 명성을 고려하지 않은 적이 없기 때문이다. 실제로 국가는 자국의 국력과 이익을 수호하는 동시에, 외교비용은 물론 다른 국제사회 구성원들이 자국을 대하는 태도와 인식을 시시각각 고려한다. 세계화와 정보화가 더욱 심도 있게 발전하는 시대를 맞이하며 국가의 글로벌 이미지가 매우 중요해졌다.

나이Joseph S. Nye Jr.는 과거 어느 시기보다 소프트파워가 중요해졌음을 지적하였다. 정보통신과 언론매체를 통해 문화와 사상을 주도함으로써 타국의 생각에 영향을 미칠 수 있기 때문이다. 국내 가치관의 확산은 소프트파워의 수출을 통해 이뤄지며, 이는 국제사회에서 자국의 영향력 확대를 모색할 수 있다.[2] 이러한 국제환경에서, 한국은 2010년을 공공외교 원년으로 선포하고 한국의 해외진출 전략을 보조한다는 목적하에 공공외교에 막대한 자금과 지원을 투입하였다. 한국 학계와 싱크탱크는 유사한 국력을 가진 다른 국가들보다 소프트파워에 대한 연구를 활발하게 진행했다. 이로 인해 한국은 공공외교에 대한 이론 연구와 실질적인 사업이 동시에 발전할 수 있었다.

한국 공공외교 발전을 추적하며

주지하다시피, 공공외교는 20세기 초부터 전개되었으나 냉전 시기에는 국가의 대외선전을 위한 중요한 수단으로 활용되었다. 적대국의 대중들에게 영향을 미쳐야 한다는 중요한 목표가 있었기 때문에 폭력적이고 선동적인 선전이 적지 않았다. 냉전이 종식되고, 특히 한국이 경제적 번영과 정치적 민주화를 점차 실현하면서 한국의 공공외교는 보다 성숙해지고 자신 있는 모습을 나타냈다. 세계화 시대에 한국은 냉전 시대와 같이 어느 한쪽을 선택할 필요가 없었다. 발전하고 있는 중견국가로서 한국은 국민들의 참여와 국제적인 교류를 장려하였을 뿐만 아니라 평화롭고 안정적인 국제환경 조성에 노력을 기울였다. 특히 북한의 존재로 인해 한국의 공공외교는 인간의 본성과 이데올로기 간의 전쟁에서 승리해야 한다는 역사적 사명을 가지고 전개되었다. 이로 인해 한국의 공공외교는 모든 국가들의 지지와 공감대를 얻을 수 있었으며 국제사회에서 놀라운 성과를 이룩할 수 있었다.

1998년, 김대중 대통령은 취임사에서 '문화입국文化立國'을 선언하고 '제2의 건국을 위한 국정 과제 중 하나로 문화 창달을 바탕으로 한 창조적 지식국가의 건설'을 제안하였다. 이로써 한국은 문화시설, 문화산업이 발전할 수 있는 기반이 형성되었고, 문화기금회가 설립되며 상호 협조적인 발전을 도모하였다. 2002년, 한국은 국제사회에 한국의 공공재를 확산한다는 방침을 수립하였다. 당시 한국은 이미 경제적인 발전과 정치적인 민주화를 실현한 국가로 인정받았음에도 불구하고 국제적인 지명도는 높지 않았다. 서독이 동독을 성공적으로 통합한 사례를 통해, 한국은 경제적인 실력을 제고하여 국제사회에서의 위상과 영향력을 지속적으로 확대하고자 하는 의지를 가지게 되었다. 한국은 2013년까지 자국의 위상과 브랜드 가치를 OECD 회원국 중 15위까지 끌어올리겠다는 목표를 제시하였다.[3] 이후 각 부문 간 협조가 원활하게 이뤄지지 않는 문제가 드러나며 국가브랜드위원회는 활동을 지속할 수 없게 되었다.

실패를 교훈삼아, 외교통상부를 공공외교의 주체로 선정하고 각 부문의 협조를 중시하며 안정적인 사업 추진을 전개하였다. 2011년 이후, 한국 외교통상부는 외교 개혁에 관한 고위급 포럼을 지속적으로 개최하였다. 한국 외교통상부는 국제무대에서 한국 공공외교의 활동 범위를 확대하기를 희망하며 글로벌 디지털 네트워크 구축에 힘을 기울였고, 우수한 성과를 창출하였다. 한국은 한반도문제와 관련된 국제사회의 여론에 신중하게 접근하며 스스로의 입장과 발언에 매우 전문적이고 심사숙고하는 모습을 보였다.

중한 양국은 지리적으로도 인접할 뿐만 아니라 상호 보완적인 무역 파트너이기 때문에 한국의 대중국 공공외교를 이해하는 것은 매우 중요하다. 오늘날 한국은 한반도문제는 물론 동북아 역내 평화와 안정을 위해 중요한 역할을 하고 있다. 따라서 한국 공공외교의 특징과 경로, 제약 요인 등을 전면적으로 이해할 필요가 있다.

한국 공공외교의 특징 및 핵심내용

"중견국가의 공공외교에서 일정한 특성이 나타나는가?"라는 질문에 대다수의 학자들은 그렇다고 답할 것이다. 코핸Robert Keohane은 중견국가의 정책 결정자가 독단적인 행동을 할 수 없기 때문에 국내의 효율적인 조합과 국제교류를 통해 체계적인 영향력을 발휘할 수 있다는 견해를 밝혔다.[4] 통상적으로 중견국가는 자원을 특정 분야에 집중하여 이 분야에서 가장 큰 가치를 창출하려고 할 뿐, 모든 분야를 고려하지 않는다.[5] 이러한 발전 노선을 '집중'이라고 한다. 그러나 자국의 대중 사이에 일정한 컨센서스가 형성되지 않으면 유한한 자원을 활용하기 쉽지 않다. 따라서 중견국가는 이념적으로 컨센서스를 강조하지만, 실제 행동에서는 특정 분야로 치우치는 경향이 발생하거나 협력을 수용하기도 한다. 또한 다수의 중견국가들은 국제분쟁에서 화해를 유지하려는 경향을 보이지만 국제협상에서는 국가의 이미지를 유지하려는 경향이 나타난다. 이는 중견국가들이 양호한 국제적 평판을 자국의 이익 수호를 위한 중요한 요인으로 인식하기 때문이다. 이러한 인식과 현황에 의거하여 한국 정부는 자국의 소프트파워 자원을 전면적으로 고려하여 육성하는 한편, 자국의 정세에 부합하는 공공외교 전략을 수립하였다.

국가브랜드의 공공재 판매

한국은 국가브랜드 제고를 중시하며 적극적인 행동을 전개해 왔다. 한국의 경제와 기술이 발전하고 강화되면서 삼성, LG, 현대와 같은 저명한 기업들이 세계적인 브랜드로 발돋움했다. 2008년, 이명박 정부는 한국 역사상 가장 적극적인 공공외교 활동을 추진하였고, 이를 위해 '글로벌 한국'이라는 청사진을 제시하였다. 전 세계에 한국의 역사, 문화 및 경제발전 경험을 소개하고, 이를 각국이 공유할 수 있는 한국식 모델로 발전시키겠다는 목적에서 시작된 이 활동은 한국이라는 브랜드의 공공재가 전 세계에 확산되는 계기가 되었다. 한국의 의료관광산업이 수출되고 태권도의 명성이 확산되었으며 한국 국가브랜드 종합박람회가 개최되는 성과가 나타났다.

한국 문화상품의 전파

공공외교의 대상은 타국의 대중과 여론이다. 따라서 문화 요인이 한국의 공공외교 전략에서 중요한 위상을 가지게 되었다. 한국 문화의 지역적 특성과 구미 문화가 오늘날 국제사회에 미치는 영향을 고려해 봤을 때, 한국 공공외교 전략이 가장 중요한 목표는 국제사회에 한국학이 과연 무엇인가를 이해시키는 것이었다. 중국, 일본, 베트남 등 다른 동아시아 국가와 비교해 한국의 문화는 사실 특별한 비교우위를 가지고 있지 않다. 그럼에도 불구하고 한국 국민들의 문화적 소양이 높다는 점, 사회자원이 집중되어 있다는 점, 그리고 관련 기업이 투자를 활발하게 진행했다는 점 등이 복합적으로 어우러지며 한류K-pop, 한국음식, 태권도로 대표되는 한국 문화가 빠르게 아시아에서 흥행하기 시작했고, 유럽의 문화강국 중 하나인 프랑스에서까지 환영을 받게 되었다. 이를 통해 한국은 향후 유럽 등지에서 공공외교를 전개하기 위해 필요한 경험을 축적할 수 있었다.

이와 함께 한국의 해외원조 활동도 점차 확대되었다. 특히 한국의 해외원조와 자원봉사는 아시아 및 아프리카의 수많은 국가들의 농촌개발 및 협력 프로젝트와 병행되었다. 물론 규모나 관리 등에서 시급히 해결해야 할 일부 문제들이 존재하기는 하지만 전반적으로 한국은 다른 국가의 대중들과 직접적으로 소통하는 사업을 추진했고, 양자 혹은 다자 간 상호 이해 증진을 위해 노력했다. 결과적으로, 국제사회에서 한국의 영향력이나 다른 국가들이 한국을 이해하는 수준은 북한보다 월등하게 높아졌다. 언론보도에 따르면, 2012년까지 한국은 탄자니아, 가나, 모잠비크, 케냐 등 아프리카 국가에 17개의 소형 도서관을 개관하였고, 향후 다른 아프리카 국가와 중남미 국가에서도 도서관을 개관할 계획이다. 이들 중에는 냉전 시기 북한과 우호관계를 수립한 국가도 포함되어 있다. 이를 통해 한국의 공공외교 전략은 국가의 종합적인 외교 전략의 일부이며, 그 역할이 점차 확대되고 있다는 사실을 확인할 수 있다.

시대에 부합하는 새로운 공공외교 추진

한국 문화는 자체적으로 심오한 특성을 가지고 있으나 중화 문명과 근대 서구 문명의 영향도 받았다는 점은 부인할 수 없다. 한국은 동서고금의 문화와 문명을 융합하기 위해 노력한 결과, 존중할 만한 혁신적인 문화를 창출하였다. 한국의 경제력과 과학 수준에 의거하여, 한국 문화 중 일부는 이미 전 세계에 영향을 미치는 수준까지 발전하였다. 새로운 글로벌 시대에, 국제사회가 문화의 다원성을 더욱 중시하는 상황에서 한국은 이미 이 분야의 선도자가 되었다. 유네스코UNESCO의 통계에 따르면, 2015년 한국은 전 세계 10대 세계문화대국에 포함되었다.[6] 이러한 지표는 물론 광고적인 측면이 있지만, 부인할 수 없는 사실은 한국이 해외, 특히 대중국 공공외교 전략에 명확한 목표, 방식과 목적을 내재하고 있다는 점이다. 주중한국대사관 관계자의 말을 인용하면, "한국이 중국에서 시행하는 공공외교는 문화외교가 핵심이며, 한류의 확산이 중요한 부분이고, 따라서 한국의 공공외교는 중국의 젊은 층을 타깃으로 하고 있다." 이를 통해 한국 공공외교의 전략이 장기적이고 명확하며 체계적인 특성을 가지고 있음을 확인할 수 있다. 그 결과는 더 이상 설명이 필요 없다. 불과 20년 동안, 한국은 광범위한 중국의 젊은 층과 유교적 전통문화에 익숙한 사회집단에 한국에 대한 호감도와 이해도를 효율적으로 제고하였다. 감정적으로도 중국의 청년층은 북한보다 한국을 더욱 인정하고 있는 경향이 나타나고 있다.

한국의 새로운 공공외교와 관련되어 논쟁이 있는 것도 사실이다. 한국의 공공외교가 새로운 화두와 기치를 던졌으나 그 안에 내재된 내용이나 수단은 사실 특별히 새로운 것이 없을 뿐만 아니라 새로운 공공외교가 갖춰야 하는 확장성이 나타나지 않는다고 지적하는 전문가들도 있다. 내용의 주체가 여전히 '한국 문화'라는 전통적인 문화외교의 틀에서 벗어나지 못한다는 의미이다. 그러나 한국이 추진한 공공외교 전략은 단기, 중기, 장기의 단계별로 각기 다르지만 상호 연계되는 발전 체계를 갖추었으며, 자원적 제약에도 불구하고 공공외교가 해외에서 순차적이고 점진적으로 전개되고 있다. 길보아 Eytan Gilboa는 장기적인 공공외교의 가장 적합한 방법은 전통적인 공공외교 방식이라고 언급한 바 있다. "이는 공공외교가 전 세계 대중들에게 지지하는 태도나 동질감을 형성하기 위한 목적이 있기 때문이며, 오랜 시간의 노력이 있어야만 신뢰감이 형성될 수 있기 때문이다. 이 단계에서 가장 적합한 공공외교의 수단은 문화외교, 국제교류와 브랜드 구축이다." 이러한 사실에 비추어 보면, 한국의 공공외교 활동이 매우 적합한 방향으로 나아가고 있다.

특히 중국과 관련된 문제에서, 한국은 정부의 종합적인 외교정책에 적극 부합하는 공공외교를 추진해 왔다. 이로써 한국은 중국과 1992년 수교를 체결한 이래로, 다양한 분야에서 비약적인 발전을 실현하는 동시에, 전략적 협력 동반자 관계의 내실화라는 목표를 향해 함께 나아갈 수 있었다. 그러나 한국은 중국보다 20년 먼저 현대화를 실현하였고, 안보적으로는 미국과 동맹이다. 이러한 사실이 중국을 대할 때 심리적으로 우월감을 가지게 하였다. 이와 동시에, 한국은 반도국가이며 여전히 분단 중이다. 때문에 나날이 부상하는 중국은 물론, 통일을 실현하기 위해서는 중국의 도움이 필요하다는 현실에서 한국은 강력한 위기의식과 절박함을 가지고 있는 것도 사실이다.[7] 이 두 가지 원인으로 인해, 한국은 공공외교를 비롯한 다양한 채널로 중국 대중들의 공감대와 동질감을 얻고자 한다.

공공외교는 하나의 종합적이고 체계적인 프로세스를 가지고 있다. 관련국이나 협력 대상자와 거시적인 방향을 공감하기 위해서는 더 많은 시간을 들여 사전 협상을 진행해야 하고 구체적인 내용을 논의해야 한다. 이를 통해 양국 정부 혹은 관련 기관이 상호 협력에 도달할 수 있다. 통상적으로 이 단계는 중기中期적인 공공외교에 적합하다. 이 단계에서의 공공외교 활동은 전략적 소통을 위한 기교가 필요하다. 따라서 교류와 협력의 확대가 이 단계의 가장 적합한 공공외교 수단이라고 할 수 있다. 한국은 정부와 관련 기관이 호흡을 잘 맞추며 한국 외교의 3대 축(정무외교, 경제외교, 공공외교)을 기반으로 교류 및 협력을 확대해 왔다. 이는 한국과 같이 사회조직이 고도로 밀접하게 연계된 국가에서 비로소 가능하다.

길보아는 단기적 공공외교에서 "공공외교의 주요 관심사는 시급한 사건에 대한 처리이며, 통상적으로 손실의 최소화를 통한 효과의 극대화를 고려한다."고 언급하였다. 한국의 공공외교는 유한한 공공자원을 생동감 있게 움직일 수 있도록 하는 방안에 집중한 것이 특징이다. 이를 위해 한국은 네트워크 공공외교에 집중했다. 중국인의 입장에서 보면, 한국의 문화, 전통, 관습은 비교적 이해하기 쉽기 때문에 눈에 띄는 효과를 얻을 수 있었다. 2017년 10월을 기준으로, 주중한국대사관 공식 웨이신의 중국인 팔로워 수는 39만여 명으로, 중국주재 대사관 가운데 미국(117만), 캐나다(114만), 영국(47만)에 이어 4위를 차지하고 있다.

중국의 공공외교가 직면한 도전

결론적으로 보면, 한국의 공공외교는 정책 프레임이 명확하고 이를 구현하는 수단이 유연하며 목표대상이 분명하기 때문에 효과가 뚜렷하다는 특징을 가지는 것으로 나타났다. 특히 동서고금의 문명을 창조적이고 혁신적으로 전환시킨 역량은 중국을 포함한 전 세계 국가들의 귀감이 된다. 세계화가 나날이 빠르게 진전되는 시대에 공공외교가 정부외교의 모든 역할을 대체할 수는 없다. 그러나 공공외교와 정부외교의 유기적인 결합은 최소비용으로 최대의 정치적·경제적·사회적 효과를 얻을 수 있다. 따라서 한국 공공외교의 성과와 문제점은 다른 국가들이 참고할 만한 가치가 있다.

오늘날 전 세계적으로 부상하는 국가 가운데 가장 큰 중국은 각국, 특히 한국의 경험과 교훈을 흡수할 필요가 있다. 중국의 공공외교가 직면한 임무와 도전은 더욱 복잡하고 막중하다. 이는 중국이 가진 핵심적인 가치관을 어떻게 확립할 것인지와 관련된 문제이기도 하지만 '중국 방안Chinese Solution'을 어떻게 전 세계가 보편적으로 공감하고 이해할 것인지와 관련된 문제이기도 하다. 중국은 공자가 설파한 '수신제가치국평천하修身齊家治國平天下'의 논리를 오랫동안 깊이 새겨왔다. 아울러 전 세계와의 교류에서 중국의 평화발전 노선과 효율적인 글로벌 거버넌스 방안을 자발적으로 모색해 왔다. 어쩌면 공공외교 활동을 통해 중국은 이 시대에 중국이 실현하고자 하는 꿈, '세계대국', '문명대국' 및 '책임을 지는 국가'라는 목표를 비로소 확립할 수 있을 것이다.

1 Hans Morgenthau and K. W. Thompson, *Politics Among Nations: The Struggle for Power and Peace,* NY: McGraw-Hill Publishing Company, 1985, pp.96-97.
2 賈慶國 主編, 『公共外交理論與實踐』, 北京: 新華出版社, 2012年, pp.182-193.
3 付玉帥, "韓國公共外交的主體與內容", 『公共外交季刊』, 2012年 第4期, pp.100-106.
4 Robert Keohane, "Lilliputians' Dilemma: Small States in International Politics," *International Organization,* Vol.23, No.2, Spring 1969, p.296.
5 Gareth J. Evens and Bruce Grant, *Australia's Foreign Relations: in the World of the 1990s,* Melbourne University Press, 1991, p.323.
6 趙鴻燕·侯玉琨, "韓國對華新公共外交框架分析", 『國際新聞界』, 2014年 第10期, p.1. 10대 대국은 미국과 유럽의 국가, 중국, 일본 등이 포함됨. 이는 다른 대국, 즉 군사적·경제적으로 한국보다 규모가 큰 국가들보다 한국의 국제적인 영향력이 높다는 사실을 방증함.
7 黃忠·唐曉松, "中國對韓公共外交評析", 『現代國際關係』, 2016年 第3期, pp.42-43.

10 중국적 가치의 확산 방안
- 중국의 대아프리카 공공외교 사례

함명식 지린(吉林)대 공공외교학원

서 론

　국제사회에서 중국의 영향력이 증가하면서 글로벌 리더로서 중국의 역할에 대한 논쟁이 커지고 있다. 세계 2위 경제 대국의 지위, 일대일로一帶一路 추진과 아시아인프라투자은행AIIB 설립, 각종 국제기구에서 증가하는 발언권 등은 미국 중심의 국제질서에 익숙해진 많은 국가들로 하여금 중국과 공존하는 방법을 찾아야 하는 현실적 고민을 제기하고 있다. 하지만 이와 같은 고민은 중국의 파워와 영향력을 인식하고 이를 수용해야 하는 국가들만이 풀어야 할 과제는 아니다. 반대급부로 중국도 국제사회의 리더가 될 수 있는 능력과 책임감을 지니고 있음을 스스로 입증해야 하는 중요한 과제를 떠안았기 때문이다.

　중국의 리더십과 관련한 핵심 논의 중 하나는 중국이 현재 국제사회에서 지배적으로 받아들여지고 있는 자유민주주의, 시장경제, 인권과 같은 서구적 규범을 준수하고 이를 계승할 준비가 되어 있는지의 여부이다. 이는 중국 정치체제가 가지고 있는 특성을 감안할 때 정치적으로 서구 민주주의 시스템을 운용하거나 경제적으로 발달한 국가의 대부분이 표시하고 있는 우려라고 할 수 있다. 즉, 중국이 현재 국제사회의 지배적인 규범과 원칙을 대하는 입장이 중국의 글로벌 리더십 형성과 정당성 획득에 중요한 기준으로 작용할 전망이다.

하드파워를 결정하는 핵심 요소인 경제력과 군사력 측면에서 중국이 가까운 시일 내에 미국을 추월하기는 쉽지 않을 것으로 예상된다. 하지만 국제적 리더십을 담보하기 위한 중국의 노력은 이미 오래전에 시작되었다. 특히 2001년 9월 미국에 대한 테러리스트들의 공격으로 '하드파워와 리더십의 불일치'를 목격한 중국은 장기적으로 국가이미지를 개선하고 타국인의 마음을 얻기 위한 전략을 구체화시켜 왔다. 이는 후진타오 주석 시대에는 중국의 소프트파워를 강조하는 외교정책을 통해, 시진핑 주석 시기에는 공공외교의 강조를 통해 더욱 활성화되었다. 학문적으로 '중국 특색의 소프트파워'와 관련된 논쟁은 라모Ramo가 2004년 중국식 발전 모델의 장점과 이의 세계적 적용 가능성을 주장하면서 촉발되었다. 유례를 찾기 힘든 장기간의 급속한 경제성장 효과와 함께 중국이 보유한 풍부한 문화유산이 흡입력을 발휘하면서 나이Nye가 소프트파워의 자원으로 강조하는 자유주의 가치, 문화, 외교정책만이 소프트파워의 유일한 자원이 될 수 있는지에 대한 논의가 확산되었다. 중국 특색의 소프트파워와 관련된 논의는 미국이 개발도상국이나 비민주주의 국가들에게 일방적으로 도입을 강요한 서구 민주주의 이식과 세계화 정책이 실패로 끝난 반면 중국의 주권존중과 내정불간섭 원칙이 권위주의 정치체제를 유지하고 있는 대부분의 비서구 개발도상국에서 환영을 받으며 더욱 탄력을 받게 된다.

하지만 지금까지 수행된 중국 소프트파워에 대한 연구들은 주로 중국 소프트파워의 개념, 자원, 당위성, 특수성을 밝히는 것에만 집중하고 정작 중국 소프트파워가 가져온 구체적인 결과를 파악하는 작업에는 관심을 덜 기울였다. 그 결과 중국 소프트파워가 효율적으로 작용하는 국가는 어디인지, 중국 소프트파워의 특징을 긍정적으로 수용하는 정치행위자는 누구인지, 이들이 중국 소프트파워를 인정하고 자발적으로 받아들이는 원인은 무엇인지에 대한 경험적·실증적 연구가 부족한 상황이다. 이 글은 중국의 국가이미지를 개선하고 중국 소프트파워를 확산시키기 위한 방안으로 추진되는 공공외교와 그 효과에 대한 상관관계를 밝히는 것을 통해 위에서 언급된 학문적 질문에 부분적인 답변을 제공하는 것을 목표로 하고 있다. 이를 위해 본 연구는 중국장학금위원회China Scholarship Council의 초청으로 중국에서 공부하고 있는 아프리카 학생들이 중국에 대해 가지고 있는 이미지와 그 결정 요인, 중국에서 취득한 학위에 대한 입장, 중국식 발전 모델에 대한 견해, 중국의 아프리카 진출에 대한 시각, 중국장학금위원회가 공공외교에서 수행하는 역할에 대한 그들의 생각을 조사했다.

이 글은 원래 중국의 증가하는 소프트파워를 두 가지 측면에서 실증적으로 비교분석하기 위해 기획된 연구결과의 일부분을 반영하고 있다. 첫째, 단기적으로 중국 소프트파워 전략이 발생시킨 구체적인 정치적 결과를 측정하고[1] 장기적으로 향상된 중국의 소프트파워가 미중 간 패권경쟁에 미치는 영향을 분석하는 것을 염두에 두었다. 둘째, 중국이 전략적으로 집중하고 있는 아프리카 대륙에서 소프트한 방법을 통한 중국의 영향력 확장이 하드파워에 의존해 아프리카를 유린했던 서구 제국주의의 역사적 경험과 상이한 결과를 가져올 것인지를 밝히기 위해 기획되었다. 이 글은 두 번째 연구의 일환으로 중국에서 공부하고 있는 장학생 중 아프리카에서 온 학생들만을 따로 선별하여 2014년과 2017년 두 차례에 걸쳐 실시한 설문조사를 기반으로 작성했다.[2]

공공외교와 중국장학금위원회

세계화의 심화와 정보통신기술의 발달은 특정 정부가 수행한 외교정책과 그 결과를 타국의 국민들이 인식하고 평가하는 작업을 가능하게 만들었다. 과거에는 해외 정보의 전달과 취합, 이에 대한 해석과 판단이 국가가 주관하는 공적 영역에서 이루어진 반면 오늘날은 사적 영역에 속한 시민 개개인이 과거 정부기관이 담당하던 것과 비슷한 역할을 수행하고 있는 것이다. 이는 각 국가가 정부 간 단위에서 수행하는 정무외교 못지않게 일반 시민을 대상으로 하는 공공외교에 집중할 필요성이 증가하고 있음을 의미한다. 공공외교를 강화하는 주요 국가들이 특별히 중점을 두는 사업 중 하나는 교육문화프로그램의 운영을 통해 자국의 문화, 언어, 교육 시스템을 해외에 전파하는 것이다. 이런 목표로 설립된 대표적인 기관으로는 미국의 풀브라이트프로그램Fulbright Program, 일본의 국제교류기금Japan Foundation, 영국의 영국문화원British Council, 독일의 괴테협회Goethe Institut 등이 있다.

중국 정부가 동일한 목표로 설립 운영하고 있는 기관으로는 교육부에 소속된 중국장학금위원회와 국가한판國家漢語國際推廣領導小組辦公室이 있다. 중국장학금위원회는 외국의 학생들을 국내 279개 대학으로 초청해 학사, 석사, 박사 학위 취득을 돕는 장기적인 교육커리큘럼을 운영하고 있다. 이는 중국장학금위원회가 장학생들이 단순히 중국의 문화를 체험하고 언어를 습득하는 차원을 넘어 장기간 중국에 거주하면서 중국의 발전상을 직접 경험하고 중국 학위를 이용해 고국이나 해외에서 직장을 구할 수 있는 실질적인 서비스를 제공하고 있음을 의미한다. 또 다른 프로그램인 국가한판은 자국의 교육기관과 파트너십을 형성한 해외 교육기관에 공자학원이나 공자학당을 설립해 중국 문화와 언어를 전파하는 기능을 주로 담당하고 있다. 교육부 외에도 상무부가 운영하는 장학금 프로그램도 날로 확장되며 국제교육협력을 통한 공공외교 실행의 한 부분을 담당하고 있다. 이 글의 주된 분석대상인 중국장학금위원회는 초청 장학생 수를 급격히 증가시키고 있는데 2015년까지 연간 장학생 수여자를 5만 명으로 늘리는 것을 목표로 하고 있다.[3] 2016년 학위 취득을 목표로 중국 고등교육기관에 등록한 외국인 유학생이 약 21만 명임을 감안할 때[4] 해외 유학생의 상당수가 중국 정부 초청 장학생임을 유추할 수 있다.[5]

중국 공공외교에서 중국장학금위원회가 중요한 역할을 수행할 수 있는 주된 원인은 두 가지로 요약될 수 있다. 첫째, 세계경제에서 차지하는 중국의 비중이 커지면서 중국어 습득이 취업 경쟁에서 이점으로 작용하기 때문이다. 이런 점에서 중국의 대학에서 보통 짧게는 3년, 길게는 5년 정도의 학업을 수행하는 것은 졸업 이후 장학생들이 중국 관련 경영이나 무역 계통에서 직장을 구하는 것에 유리하게 작용한다. 그리고 이들 대부분이 중국과 연관된 분야에서 지속적인 활동을 하게 되므로 중국 경제의 지속적 발전과 국제적 영향력 증가에 대해 우호적인 입장을 지니게 된다. 둘째, 초청 장학생의 절대 다수가 개발도상국이나 저개발국가에서 선발되는데 이들 국가의 교육프로그램은 대부분이 국제적 경쟁력에서 취약점을 지니고 있다. 이에 반해 중국 대학의 교육프로그램은 최근 국제적 평가에서 좋은 결과를 받으며 아시아권에서 상당한 약진을 이루고 있다. 중국 고등교육기관에 대한 국제적 평판의 향상은 장학생들이 학위 취득 후 고국에서 직장을 구하는 데 긍정적인 요인으로 작용하고 있다. 이는 중국 정부 장학생 중 적지 않은 졸업생이 각 국가의 정부, 학계, 언론, 비즈니스 등에서 주요한 역할을 수행하는 것을 통해 확인된다. 특히 이 글의 분석대상인 아프리카 학생들의 경우에서 이와 같은 경향이 더욱 두드러지게 나타나는데 이는 장학생들의 대중국 인식에서 상당히 중요한 변수로 작동한다.

아프리카 장학금 수혜 학생들의 대중국 인식조사

이 글에서 분석하고 있는 아프리카 장학생들의 대중국 인식조사는 2014년 1월부터 5월, 2017년 4월부터 6월까지 두 차례에 걸쳐 지린성 장춘시에 위치한 5개 대학에서 공부하고 있는 학생들을 대상으로 수행되었다. 첫 번째 조사에서 124명, 두 번째 조사에서 105명을 합쳐 모두 229명의 학생이 설문조사와 인터뷰에 응했다. 이들이 수학했던 대학은 지린대학, 동베이사범대학, 장춘이공대학, 장춘과기대학, 장춘항공항천대학(공군대학)이며 설문조사와 인터뷰가 진행된 곳은 한인교회, 기숙사, 강의실, 운동장, 카페테리아, 음식점이다. 조사대상 중 남학생의 비율은 64.63%(148명)이고 여학생의 비율은 35.37%(81명)이다. 학사 학위 수여 프로그램에 등록된 학생이 42.79%(98명), 석사 학위과정이 41.04%(94명), 박사 학위과정이 16.15%(37명)이다. 연령대는 조사대상자의 대부분이 20~30대에 속한다.

설문조사에 응한 학생들의 출신 국가는 총 33개국으로 아프리카 대륙에 있는 54개 국가의 약 60%에 해당한다.[6] 이들 국가들을 지역별로 파악해 보면 모로코, 알제리, 이집트 등 북부아프리카 5개국, 소말리아, 에티오피아, 케냐, 탄자니아 등 동부아프리카 7개국, 나이지리아, 가나, 토고, 시에라리온 등 서부아프리카 8개국, 중앙아프리카공화국, 앙골라, 카메룬, 남수단 등 중부아프리카 6개국, 남아프리카공화국, 보츠와나, 짐바브웨, 모잠비크 등 남부아프리카 7개국으로 장학생들의 출신 국가가 아프리카 대륙 전체에 골고루 분포되어 있다. 이는 이 글에서 데이터로 사용하고 있는 설문조사 수량의 한계에도 불구하고 젊은 아프리카 엘리트들이 중국에 대해 지니고 있는 전반적인 의견을 파악하는 것에는 큰 무리가 없음을 보여주는 것이다. 더욱이 실증적인 데이터 분석을 통해 중국의 대아프리카 공공외교의 성과를 분석한 사례가 전무하다는 점에서 적지 않은 학문적 의의를 지닌다고 할 수 있다.

이 글에서 중국 정부 초청 아프리카 장학생들의 대중국 인식을 조사하기 위해 마련된 질문은 다섯 가지이다. 첫째, 중국에 대해 장학생들이 긍정적인 또는 부정적인 이미지를 가지고 있는지 여부와 만약 긍정적인 이미지를 가지고 있다면 어떤 요인이 이미지 형성에 중요한 영향을 미쳤는지에 대한 질문이다. 둘째, 장학생들이 졸업한 이후 중국에서 취득한 학위가 미래 이력에 도움이 될 것으로 기대하는지에 대해 물어보았다. 셋째, 현재 중국과 아프리카 국가들이 형성하고 있는 양자 관계에 대해 어떻게 생각하고 있는지에 대한 전반적인 인식을 알아보았다. 넷째, 정체된 아프리카의 발전을 위해 논쟁이 되고 있는 중국 발전 모델이 대안이 될 수 있는지에 대한 견해를 조사했다. 마지막으로 중국장학금위원회가 중국 이미지 형성과정에서 종합적으로 수행하는 역할에 대한 의견을 청취했다.

아프리카 장학생들의 대중국 이미지 결정 요인

아프리카 장학생들은 중국에 대해 전반적으로 우호적인 이미지를 지니고 있는 것으로 나타났다. 수집된 설문조사 분석에 따르면 조사대상 학생의 절대 다수인 85%(195명)가 중국에 대해 긍정적인 이미지를 가지고 있고 15%(34명)만이 부정적인 이미지를 지니고 있다고 답변했다. 중국에 대해 긍정적인 이미지를 가지게 된 원인에 대한 조사결과는 [그림 1]에 정리되었는데 응답한 학생의 33%(76명)가 중국에 대해 우호적인 이미지를 형성하게 된 가장 큰 이유로 본인들이 직접 목격한 중국의 경제발전을 들었다. 다음으로 중국에서 공부하는 기간 중국인들과의 접촉을 통해 느낀 친절함이나 사회·문화 이벤트에서 오는 감동을 원인으로 선정한 학생이 31%(71명)로 그 뒤를 이었다. 이 밖에 중국 교육시스템과 교육기관이 가지고 있는 경쟁력과 우수성을 답한 학생이 21%(48명), 그리고 중국 정치체제의 안정성을 이유로 든 학생이 15%(34명)로 나타났다.

[그림 1] 우호적인 대중국 이미지 결정요인

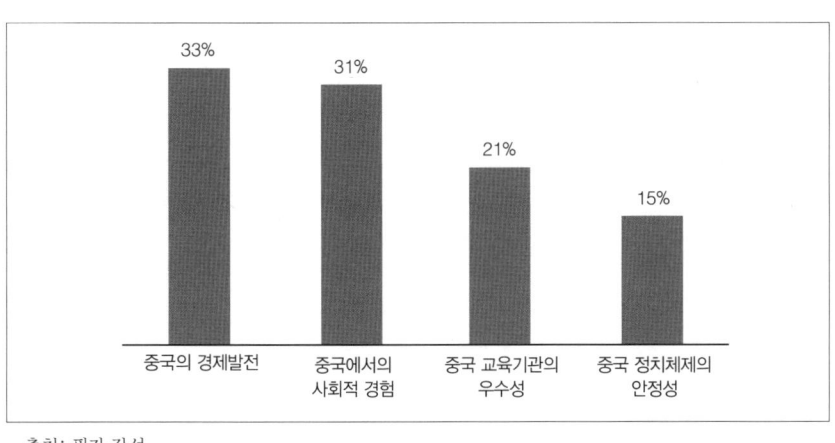

출처: 필자 작성

[그림 1]에 반영된 답변을 통해 파악할 수 있는 것은 아프리카 장학생들이 중국에서 직접 생활하면서 경험한 사항들이 이들의 대중국 이미지 형성과정

에서 중요한 역할을 수행한다는 점이다. 우선 이들이 공부하고 있는 장춘이 베이징, 상하이, 광저우 같은 중국의 다른 대도시들과 비교해 발전 속도가 상대적으로 뒤진 곳임에도 불구하고 중국과 학생들의 모국 사이에서 오는 경제적 비대칭성이 이들의 중국 이미지 형성에 지대한 영향을 발휘하고 있음을 보여준다. 설문조사 결과에 대한 분석과 함께 장학생들과 행해진 수차례의 인터뷰를 통해 중국 장학금 프로그램에 포함된 다양한 여행과 문화체험 프로그램 그리고 다른 도시에서 공부하는 자국 학생들과의 대화를 통해 획득하는 중국 발전상에 대한 정보 또한 이들이 중국에 대해 우호적인 이미지를 형성하는 것을 돕는 것으로 파악됐다.

흥미로운 점은 장학생들이 중국에서 체험하는 다양한 사회활동과 문화체험이 이들에게 긍정적인 영향을 미친다는 것이다. 이는 중국이 보유하고 있는 역사, 전통, 문화가 중국 소프트파워 향상을 위한 중요한 자원으로 활용될 수 있음을 의미한다. 이와 함께 중국 교육시스템과 커리큘럼에 대한 긍정적인 평가도 주의 깊게 봐야 할 부분이다. 선진국의 교육시스템에 비해 아직 개선되어야 할 부분이 많은 중국 교육제도가 교육대상의 출신 배경에 따라 이를 인식하는 관점에서 큰 차이를 나타내고 있기 때문이다. 중국 정치체제의 안정이 학생들의 답변에서 가장 후위로 밀린 것은 실생활에서 학생들이 중국을 직접 경험하고 느끼게 해 주는 소프트한 제도의 활용이 정치체제, 이데올로기의 주입과 같은 하드웨어의 이식보다 공공외교의 목적을 달성하는 데 더 효과적인 기능을 수행하고 있음을 보여주는 것이다.

미래 이력에서 중국 학위의 효용성

[그림 2]에서 볼 수 있는 것처럼 중국에서의 공부와 학위 취득이 개인의 미래 이력 개발에 도움이 될 것인지 묻는 질문에 학생들의 절대 다수가 긍정적인 반응을 보였다. 구체적으로 49%(112명)의 학생이 중국에서의 학습 경험이 아주 영향을 미칠 것으로 기대했고, 46%(105명)의 학생이 영향을 미칠 것으로 답변했다. 이와 달리 중국에서의 학업과 학위 취득이 미래 자신의 이력에

거의 영향을 미치지 않을 것이다 또는 전혀 영향을 미치지 않을 것이라고 응답한 학생은 각각 3%(7명)와 2%(5명)에 머물렀다.

[그림 2] 중국 학위가 개인의 미래에 미치는 영향

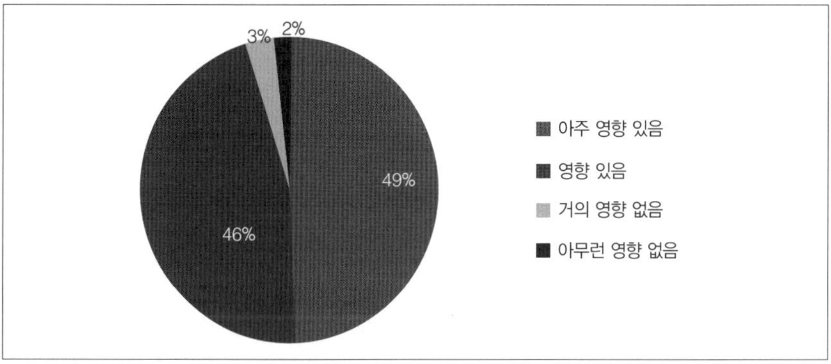

- 아주 영향 있음: 49%
- 영향 있음: 46%
- 거의 영향 없음: 3%
- 아무런 영향 없음: 2%

출처: 필자 작성

아프리카 유학생들이 중국에서의 공부 경험과 취득 학위를 자신들의 발전을 위한 유용한 자산으로 간주한다는 것은 중요한 의미를 지닌다. 이는 아프리카 장학생들이 중국의 발전에 대해 낙관적인 입장을 견지하고 있고 중국의 발전이 자신들의 미래에 긍정적인 역할을 할 것이라는 기대감을 지닌 것으로 평가할 수 있기 때문이다. 일반적으로 해외유학을 경험한 엘리트들은 자신이 공부한 국가에 대해 긍정적인 마인드와 자부심을 지니고 있으며 해당 국가의 국제적 위상이 향상되기를 기대하는 경우가 많다. 특히 자국보다 학문적·정치적·경제적·제도적으로 발전한 국가에서 공부한 엘리트들일수록 이런 경향을 보이는데 아프리카 국가의 대부분이 중국보다 학문적·경제적·제도적으로 낙후된 점을 고려할 때 중국의 효율적인 시스템과 제도는 분명 이들에게 긍정적인 마인드를 심어 주기에 충분하다. 비록 중국의 정치제도가 서구와 다른 방식을 채택하고 있어도 중국의 정치안정, 사회통합, 경제성장 등은 대부분의 아프리카 국가들이 발전을 위해 선결해야 할 주요 과제로 볼 수 있다. 이런 점에서 아프리카의 장래를 이끌고 갈 청년들이 중국에서의 유학 경힘에 대해 긍정적인 이미지를 지닌다는 것은 중국의 대아프리카 공공외교가 현재보다 미래에 더 소중한 결실을 얻을 수 있음을 의미한다.

중국-아프리카 관계를 보는 전반적 시각

현재 중국이 아프리카 국가들과 형성하고 있는 관계와 중국 기업의 아프리카 진출 등에 대한 전반적인 견해를 묻는 질문에서 장학생들은 위에서 제시된 두 번째 질문보다 더 다양한 의견을 표출했다. [그림 3]에 따르면 중국과 아프리카가 상호 이익을 추구하고 있는지에 대한 질문에 20%(46명)의 학생이 아주 동의한다는 반응을 보였고 46%(105명)의 학생이 동의한다고 대답해 전체적으로 66%(151명)의 학생들이 중국과 아프리카 관계가 상대적으로 평등하고 서로에게 호혜적인 입장을 유지하고 있다는 입장을 견지했다. 반면 중국과 아프리카 국가들의 관계가 평등하다는 것에 동의하지 않는다고 응답한 학생의 비율은 17%(39명), 아주 동의하지 않는다고 답변한 비율도 9%(21명)에 달하는 것으로 나타났다. 이 질문에 대한 답변을 유보하거나 확실한 생각을 갖추지 못한 학생들의 분포도 8%(18명)에 이르고 있다. 이는 중국의 성장으로부터 기대할 수 있는 개인적인 이익과 달리 중국이라는 신흥 강대국과

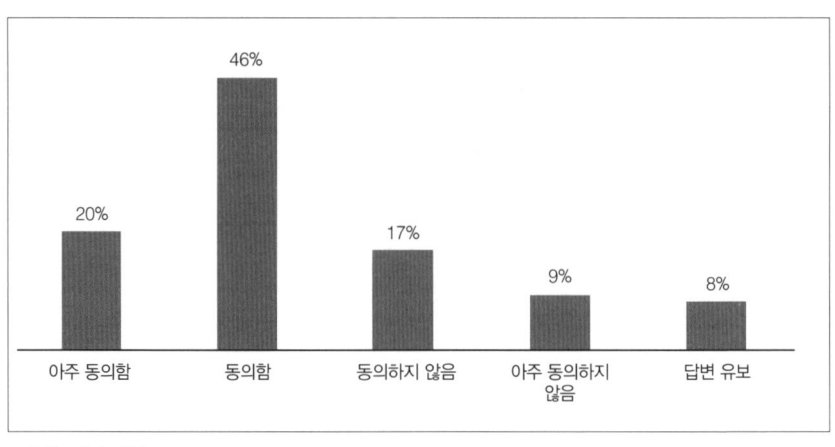

[그림 3] 상호 이익추구의 중국-아프리카 관계

출처: 필자 작성

아프리카 개별 국가의 이익 관계를 보는 시각이 다를 수 있음을 보여주는 것이다. 또한 향후 중국과 개별 아프리카 국가 간 관계, 각 국가별로 중국의 아프리카 접근을 수용하는 정치행위자들의 전략적 사고와 반응에 대한 심층적인 연구가 필요함을 웅변하는 대목이다.

아프리카 발전을 위한 중국 모델 수용성

정체된 아프리카의 경제발전을 이룰 수 있는 방안으로 중국 모델 적용 가능성에 대해 묻는 질문에서 장학생들의 반응은 세 번째 질문에 대한 답변 양상과 다른 형태를 보이고 있다. [그림 4]를 보면 전체 학생 수의 23%(53명)가 중국식 모델의 성공 가능성에 대해 아주 동의했으며 53%(121명)의 학생이 동의한다고 표현해 전체 학생의 76%(174명)가 중국 모델의 아프리카 도입에 대해 긍정적인 의견을 지니는 것으로 나타난다. 반면 중국 모델이 아프리카 발전을 위해 효율적이지 않을 것이라는 견해를 표현한 학생은 11%(25명)로 나타났으며 아주 동의하지 않는다고 답한 학생은 2%(5명)에 그쳤다. 이 질문에 대해 구체적인 의견을 보류한 학생은 11%(25명)로 집계됐다.

서구 학계에서 논쟁의 핵심이 되는 중국식 경제발전 모델, 일명 베이징 컨센서스에 대해 아프리카 학생들이 우호적인 반응을 보이는 것은 유럽과 미국

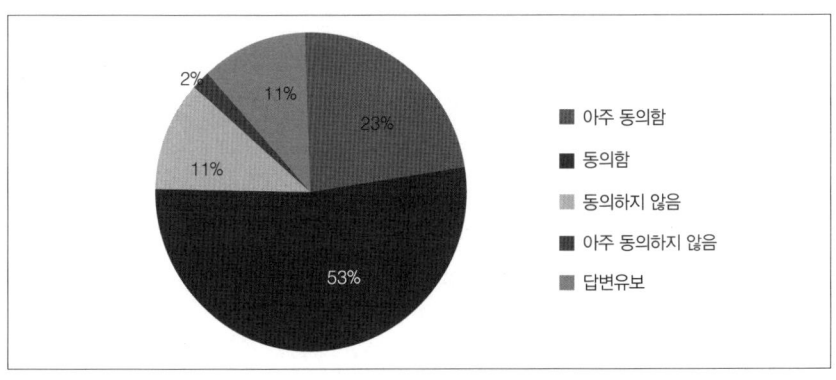

[그림 4] 아프리카 발전을 위한 대안으로서의 중국 모델

출처: 필자 작성

이 강조하는 서구 모델이 아프리카 발전을 위해 실질적인 공헌을 수행하지 못했음을 반증하는 것이다. 이는 같은 개발도상국에 속한 중국이 이룩한 고도 경제성장을 가능하게 한 시스템이 경제적으로 주변화된 아프리카 국가들에서 실질적인 대안으로 작용할 수 있기를 바라는 마음이 투영되어 있는 것이라고 할 수 있다. 동시에 정치적으로 유사한 권위주의 체제를 형성하고 있는 대부분의 아프리카 국가 엘리트들이 현실과 유리된 이상보다 발 딛고 있는 구체적 현실에서 실질적인 대안을 모색하고 있음을 암시하는 부분이다.

공공외교 기관으로서 중국장학금위원회의 역할

아프리카 장학생들에게 주어진 마지막 질문은 공공외교 수행기관으로서 중국장학금위원회가 중국의 이미지 형성에 기여하는 역할에 대한 것이다. [그림 5]에서 알 수 있는 것처럼 이 질문에 대해 전체 학생의 30%(69명)와 57%(131명)가 각각 중국장학금위원회의 역할이 아주 중요하다와 중요하다고 답해 중국장학금위원회의 역할에 대해 87%(200명)가 긍정적인 평가를 내리고 있다. 이에 반해 중국장학금위원회의 역할이 중요하지 않다고 응답한 학생의 비율은 12%(27명)에 그쳤다. 중국장학금위원회가 아무런 역할을 하지 못한다고 대답한 학생과 이에 대한 답변을 보류한 학생은 전체 학생의 1%(2

[그림 5] 중국장학금위원회가 중국 이미지 형성에 미치는 역할

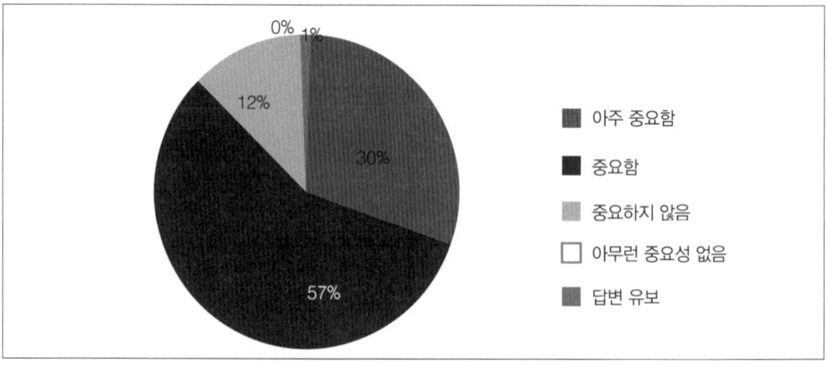

출처: 필자 작성

명)만 차지해 중국장학금위원회의 부정적인 역할을 뒷받침하기 위한 수치로 서는 의미를 부여하기 힘들었다.

공공외교 수행기관으로서 중국장학금위원회에 대한 긍정적인 평가는 문화, 언어, 교육 분야에서의 국제협력이 공공외교에서 중요한 기능을 담당하고 있음을 보여준다. 특히 언어와 교육 부문에서 체득한 선진적인 지식과 경험은 모국으로 돌아간 젊은 엘리트들이 자신의 능력을 입증하고 국가발전에도 기여할 수 있는 소중한 자원으로 바로 활용될 수 있다는 점에서 공공외교의 효과가 특히 두드러지는 분야라고 할 수 있다. 아울러 중국 문화의 습득은 중국이 세계경제에서 차지하는 비중이 확장되면서 그 중요성이 더욱 커지고 있다. 이는 중국장학금위원회가 해외 학생들을 초청해 다년간 교육시키는 프로그램이 단기적인 측면에서 상당한 성공을 거두고 있음을 의미한다.

결론

아프리카 장학생들이 중국에 대해 가지고 있는 이미지를 분석한 결과 중국 공공외교 프로그램 중 하나인 장학금프로그램의 효율성이 입증되는 것으로 보인다. 공공외교의 일환으로 정부 주도하에 추진되는 교육프로그램 운영의 합리성은 중국 교육부가 지난 10여 년간 장학생 수를 지속적으로 증가시킨 것에서도 알 수 있다. 하지만 장학금프로그램이 아프리카 지역에서 가져오는 단기적인 효과에도 불구하고 이 프로그램이 중장기적으로 계속해서 성공적인 결과를 가져올지에 대해서는 보다 심층적인 연구가 필요하다. 아울러 장학금프로그램으로 양산된 엘리트들이 향후 아프리카의 각 국가에서 수행하게 될 역할에 대한 연구 또한 중요한 과제로 남아 있다. 예를 들어, 세계 최장기 독재자 무가베가 권력을 잡았던 짐바브웨는 오랫동안 동방정책Look at East Policy을 추진해 왔다. 짐바브웨 유학생들과의 심층적인 인터뷰는 동방정책의 모델이 일본이나 한국이 아닌 중국임을 명시하고 있다. 짐바브웨뿐만 아니라 많은 아프리카의 권위주의 국가들이 중국 모델의 도용을 통해 장기집권의 당위성을 확보하려는 것은 널리 알려진 사실이다. 이는 중국 정부가 공공외교의 진정한 성공을 위해 '중국 특색의 소프트파워' 확산을 통한 국익 향상과 함께 세계가 공유할 수 있는 보편적인 규범과 가치의 창출을 위해 노력해야 함을 의미하는 것이다.

1　구체적인 결과는 아래 글을 참조할 것. Myungsik Ham and Elaine Tolentino, "Socialization of China's Soft Power: Building up Friendship through Potential Leaders," *China: An International Journal*, Forthcoming, 2018.
2　이 글에서 분석에 이용된 데이터는 중국 지린성 장춘시에 위치한 교육기관에서 공부한 장학생만을 대상으로 수행된 설문조사의 일부 내용에 한정되어 있음을 밝혀둔다.
3　중국장학금위원회 홈페이지. http://www.csc.edu.cn/laihua/newsdetailen.aspx?cid=208&id=2339.
4　"Foreign students believe degrees from Chinese universities can provide many benefits," *Global Times*, http://www.globaltimes.cn/content/1056257.shtml.
5　장학생들이 졸업하기까지 보통 3년에서 5년 정도의 기간이 소요되는 것과 교환학생 수를 감안할 때 실제 중국에서 자비로 고등교육기관의 학위 취득과정에 등록하고 있는 유학생의 비율은 그다지 높지 않은 것으로 추정된다.
6　아프리카 대륙의 국가 수를 계산하는 방법에는 세 가지가 있다. 국제법 기준에 따르면 62개 국가, 아프리카 연합(Africa Union)이 인정한 규정에 의하면 55개 국가, 국제연합(United Nations)의 정의에 따르면 54개 국가가 존재한다. 이 글은 국제연합의 기준을 따랐다.

PART

3

한중 공공외교와 인문교류

chapter 11 이희옥(성균관대)
　　　　　한중 인문유대의 심화발전

chapter 12 한인택(제주평화연구원)
　　　　　한국인의 대중국 인식

chapter 13 뉴린제(산동대)
　　　　　공공외교와 한중 인적 교류

chapter 14 비잉다(산동대)
　　　　　공공외교와 한중 인문교류

한중 인문유대의 심화발전

이희옥 성균관대 정치외교학과/성균중국연구소

한국과 중국은 오랫동안 문화와 문명을 통해 상호 영향을 주고받은 이웃 국가였다. 21세기에는 전략적 협력 동반자 관계를 구축해 양자 관계를 넘어서 지역문제와 국제협력을 도모하는 단계로 발전했고, 이러한 관계는 더욱 지속되고 강화될 것이다. 그러나 이러한 발전은 자연적으로 주어지는 것이 아니라 그 기반을 공고히 하려는 양국의 노력이 결실을 맺을 때 가능하다. 이런 점을 고려해 2013년 6월 양국은 정상회담을 통해 인문유대를 강화하기로 합의했고, 이를 위해 차관급을 대표로 하는 '한중 인문교류 공동위원회'를 구성했다. 2013년 11월 첫 회의를 개최했으며 2014년에는 시안에서 제2차 공동위원회를 개최하면서 제도화된 틀로 만들었다. 이처럼 '인식의 공유'에 기반하는 인문유대 사업이 본격적으로 궤도에 올라서고 있다.

사실 한중 인문유대는 양자 교류뿐 아니라, 아시아 패러독스가 작용하고 있는 동아시아에서 문화적 동질성을 찾고 그 인프라를 구축하는 데 모범 사례가 된다는 점에서 한중 인문유대가 장기적으로 동아시아 인문유대 내지 동아시아 인문공동체를 열어가는 출발점이 될 수 있다. 그러나 한중 양국에는 인문교류, 인문유대, 인문공동체를 둘러싸고 다양한 개념과 해석이 등장했고, 이것은 실제 사업을 추진하는 데 긍정적인 요소와 부정적인 요소가 동시에 작용하고 있다. 이런 점에서 한국과 중국은 어떤 차원에서 어떻게 인문유대를 강화하고 심화발전시켜 나가야 하는지, 그리고 이를 구체화하기 위한 사업영역은 무엇이고 여기에 정부 자원과 민간 자원이 어떻게 동원되어야 하는지 등 공론의 장이 필요하다.

한중 인문유대 개념의 용법

'한중 인문유대 강화' 사업은 한중 정부가 공동으로 한중 양국 국민 간 유대감과 우호감을 증진시킬 수 있는 쌍방향적 교류 사업을 전략적으로 선택·추진함으로써, 한중관계의 미래지향적 발전 토대를 공고히 한다는 일종의 외교담론이다. 여기서 말하는 인문이란 "언어, 문학, 역사, 철학 등 인문과학 분야만을 지칭하는 협의의 개념이 아니라 인간과 인간 사이에서 이루어지는 모든 교류 활동을 포함하는 포괄적 개념"이다. 한국은 인문공동체와 인문교류의 접점을 찾고 "한중 간 역사적·문화적 유대감을 공유하는 가치를 기초로 한 협력 형태로서 일반적 인문교류보다는 더욱 심화된 협력 형태"로 접근하고 있다. 이에 근거해 "근린국近隣國 국민으로서의 정서적 유대감 확인이 쉽고, 일반인의 참여가 용이하며, 지속 가능성이 높은 학술, 청소년, 지방, 전통예능 4개 분야를 선도사업으로 우선 추진"하고자 했다. 한국 정부가 인문교류와 인문공동체의 중간개념인 인문유대의 개념을 사용한 것은 한국인들의 역사적 기억, 한미관계와 한중관계를 동시에 고려할 수밖에 없는 국제정치 현실을 고려한 외교적 수사의 측면도 있다.

반면 중국은 인문교류를 "국민이 서로 친하고, 마음이 서로 통하는 것民相親, 心相通"으로 본다. 이것은 "국가 간 관계의 발전은 종국에 가서는 국민 간 마음이 통하고 뜻이 맞아야 가능해진다."는 시진핑 주석의 한국 방문 연설에서도 나타난다. 중국 정부는 한국뿐 아니라 주요 국가과의 교류에서 '정치 및 안보', '경제', 그리고 '인문' 등의 영역으로 나누어 접근하면서 인문교류가 중국 외교의 한 축임을 강조해 왔고, 이것은 소프트파워를 전달하는 하나의 수단으로 인문교류가 일종의 인문외교의 틀로 들어오고 있다는 것을 의미한다.

이처럼 한중 양국은 "정치와 경제, 그리고 안보 협력이 국가 간 관계의 발전을 촉진하는 하드파워라면, 인문교류는 국민 간 감정을 강화하고 마음을 통하게 하는 소프트파워"로 접근하고 있고 인적·문화적 교류를 통해 정서적 유대감을 심화시킨다는 공통점을 가지고 있다. 이는 한중 정상회담 공동성명에서 "쌍방향적이고 국민체감적인 인적·문화적 교류를 통해 양국 국민 간 정서적 유대감을 심화함으로써, 마음과 마음이 서로 통하는 신뢰관계를 구축해 나간다."는 것에서 나타나고 있다.

다만 미세한 강조점의 차이가 있다. 한국의 '인문유대'가 '쌍방향'과 '국민체감', '신뢰'에 두고 있다면, 중국의 '인문교류'는 '정서'와 '마음'을 강조하고 있다. 또한 한국의 '인문유대'가 한중 간 공통의 문화적 유산에 착안하고 있는 반면, 중국의 '인문교류'는 상대적으로 '인적·문화적' 교류를 강조하는 측면이 있다.

〈표 1〉 인문유대/인문교류 차이점

인문유대(한국)	인문교류(중국)
• '쌍방향', '국민체감', '신뢰' 강조 • 한중 공통의 문화적 유산에 착안 • '청년' 등의 용어를 제한적으로 이해	• '정서', '마음' 등을 강조 • '인적·문화적 교류'에 착안 • '청년' 등의 용어를 비유적으로 이해

출처: 필자 작성

그리고 중국의 경우 별도의 협의기구가 마련되어 있는가의 여부에 따라 '문화교류'와 '인문교류'로 구분하는 경향도 있다. '문화교류'는 전통적인 문화외교의 차원에서 교류와 협력을 진행하는데, 주로 베트남, 인도, 몽골 등의 주변 국가가 그 대상이다. 주요 사업으로 친목회, 포럼, 기념사업 등이 진행되고 있다.[1] 한편 '인문교류'는 별도의 협의기구를 구성하여 인적·문화적 교류를 적극적으로 모색하는 경우이다. 2000년 러시아를 시작으로 2010년 미국, 2012년 영국 및 EU, 그리고 2013년 한국과 '인문교류'를 위한 별도의 기구를 구성했다. 기구의 이름은 회의, 협의회, 위원회 등 다양(〈표 2〉 참조)하다. 2010년 이후 기구 구성을 통한 문화교류가 확대되고 있는 가운데, 향후 중국은 국가 간 교류에서 '인문교류'를 적극적으로 확대할 가능성이 높다.

〈표 2〉 중국의 '인문교류' 협의기구 개요

구분	중국-미국	중국-러시아	중국-영국	중국-EU	중국-한국
명칭	인문교류 (人文交流)	인문협력 (人文合作)	인문교류 (人文交流)	인문교류 (人文交流)	인문교류 (人文交流)
기구	미중 인문교류 고위급 협상 (磋商)	중러 인문협력위원회	중영 고위급 인문교류 메커니즘 회의	중-유럽 고위급 인문교류 메커니즘 회의	한중 인문교류 공동위원회
출범시기	2010.05.	2000.12.	2012.04.	2012.04.	2013.11.
사업영역	・교육 ・문화 ・과학기술 ・체육 ・여성 ・보건	・교육 ・문화 ・보건 ・체육 ・관광 ・미디어 ・영화 ・공문서 ・청년	・교육 ・과학기술 ・문화 ・미디어 ・체육 ・청년	・교육 및 언어 다양성 ・문화 ・연구인력교류 ・청년	・학술 ・청소년 ・지방 ・전통예능
비고		첫 번째 인문교류 기구			

출처: 필자 작성

한중 인문유대 사업의 현황과 평가

2015년에 진행된 한중 인문유대 사업은 학술 분야가 2종, 청소년 분야는 5종, 지방 2종, 전통예능 6종이다. 정부초청장학생, 한중 교사교류 지원 사업, 민간제작인력 상호 교류, 우수작품 교류 확대 등은 명확하게 분류하기 어렵다. 이를 다시 주관기관별로 보면 외교부가 직·간접적으로 관여하고 있는 사업이 6종, 국립국제교육원 4종, 여성가족부 2종, 예술위원회 2종, 한국 국제교류재단과 전국시도지사협의회, 국립국악원, 한국연구재단/교육부, 경주시가 각 1종이다.

기존의 교류 사업을 살펴보면 몇 가지 특징을 발견할 수 있다. 첫째, 전통(역사) 문화 방면에 집중해 있다. 전체 19개 세부 사업 중 최소 6개 이상이 전

〈표 3〉 19개 세부사업

구분	사업명	주관 및 후원	구분
1	한중 인문교류 정책포럼	한국외교부 경제인문사회연구회	학술
2	한중 전통예능 체험학교	한국예술종합학교, 외교부(주중대사관)	전통
3	한중 전통복식 세미나	외교부(주시안총영사관)	전통
4	한국–산동성 유교문화교류회	외교부(주칭다오총영사관)	전통
5	탈춤–변검 교류 세미나	외교부(주청뚜총영사관) 안동탈춤페스티벌사무국	전통
6	전주–쑤저우 인문유산 교류	전라북도 외교부(수상하이총영사관)	전통
7	한중 중학생 교류	국립국제교육원	청소년
8	한중 대학생 교류	국립국제교육원	청소년
9	정부초청장학생(GKS)	국립국제교육원	미분류
10	한중 교사교류 지원 사업	국립국제교육원	미분류
11	한중 인문학포럼	한국연구재단/교육부	학술
12	국제음악 고고학회	국립국악원	전통
13	민간제작인력 상호 교류	예술위원회	미분류
14	우수작품 교류 확대	예술위원회	미분류
15	한중 청소년 특별교류 사업	여성가족부	청소년
16	한중 청년 직업 능력 개발 및 창업 교류 사업	여성가족부	청소년
17	한중 청년 교류	한국국제교류재단	청소년
18	한중 지방정부 교류회의	전국시도지사협의회	지방
19	한중 인문교류 테마도시	경상북도(경주)	지방

주: '한중 미래비전 공동성명'에 제시된 인문유대 사업 분야: 학술, 청소년, 지방, 전통예능

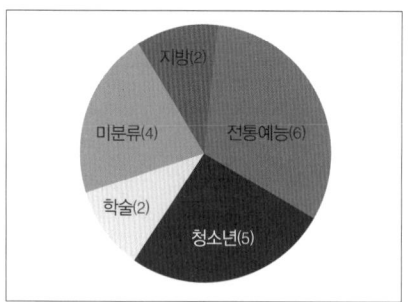

[그림 1] 기존 세부 사업 분야별 분류

출처: 필자 작성

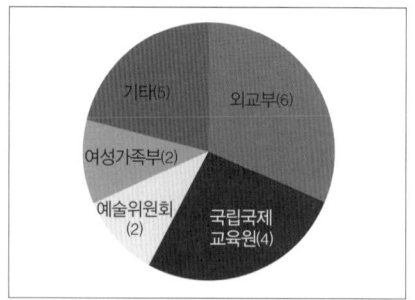

[그림 2] 기존 세부 사업 주관별 분류

출처: 필자 작성

통, 혹은 역사 방면의 교류에 집중되어 있다. 물론 '인문유대'가 공통의 문화유산에 착안한 개념이라는 점을 고려한다면, 자연스러운 현상일 수 있다. 다만 이 경우 일반 시민의 호응도가 문제될 수 있고, 전통(역사) 문화 방면의 교류가 일반 시민 다수에게 체감형 교류인가에 대한 고민도 필요하다.

둘째, 외교부 주관 사업이 다수를 차지하고 있다. 전체 19개 세부사업 중 6개 사업이 외교부 및 주중 총영사관이 주관하는 사업이다. 이는 인문교류를 새로운 외교로 인식하고 접근한다는 점에서 초기 외교부가 코디네이터 기능을 수행해야 한다는 불가피한 상황에서 비롯된 것이지만, 세부 사업의 지속성과 다양화를 추진하기 위해서는 주관 기관의 다변화도 필요하고 외교부 내의 사업 조정과 체계화도 필요하다.

셋째, 사업의 중복성과 모호성이다. 전통음악 공연 등 전통(역사) 방면에 세부 사업이 집중되어 있고, 한중 교사교류 지원 사업이나 우수작품 교류 확대 등의 사업은 그 성격이 모호하여 기존 4개 사업 분야 속에 분류하기가 어렵다.

넷째, 거버넌스의 문제이다. 세부 사업의 지속성과 다양성을 확보하기 위해서는 사업 분야를 명확하게 설정하고, 워킹그룹working-group이 기능할 수 있도록 만드는 한편, 일단 설계된 상태에서는 주관 기관이 자율적으로 기획하고 진행하는 것이 효과적이다.

이런 점을 고려해 다음과 같은 새로운 방안을 모색할 필요가 있다. 첫째, 세부 사업의 경우 '교육'과 '체육' 그리고 '미디어' 등을 확대할 필요가 있다.

둘째, 전통문화 중심의 사업에서 탈피해 현대문화까지 포함하는 폭넓은 인문유대의 개념을 적용할 필요가 있다. 즉 미국과 중국의 인문교류를 벤치마킹해 박물관교류 등으로 확대하고 '과학기술' 분야 협력도 새롭게 설계할 필요가 있다. 실제로 중국은 현재 미국 및 영국과 '과학기술' 분야에서 '인문교류'를 진행하고 있다. 셋째, 효율을 높이기 위해 한 주관 기관이 여러 사업 분야에 걸치지 않도록 사업을 주관 기관 기준으로 재편성하는 방안도 모색할 필요가 있다. 향후 새로운 인문유대 사업을 확대할 경우 코디네이터의 조정기능을 활성화할 필요도 있다. 넷째, 민간 기관의 참여 및 촉진 기제를 마련할 필요가 있다. 특히 중국과 교류를 진행하고 있는 민간 기관이 공동위원회에 참여해 합류할 수 있는 기제를 마련할 필요가 있다.

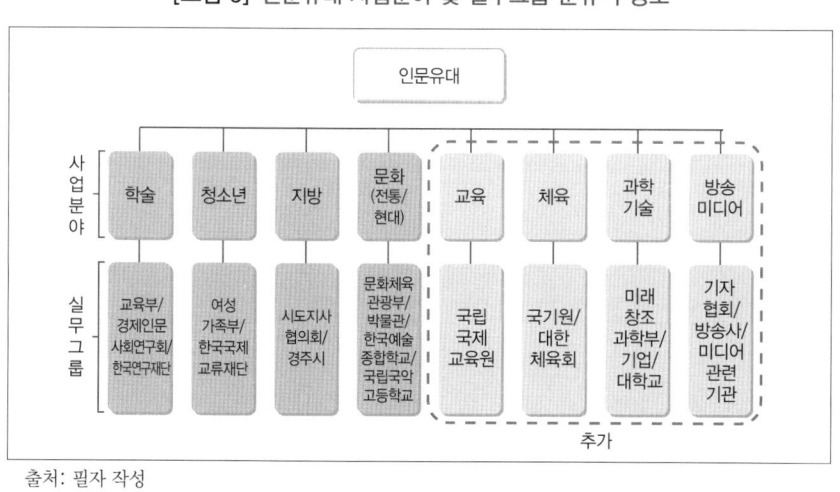

[그림 3] 인문유대 사업분야 및 실무그룹 분류 구상도

출처: 필자 작성

한중 인문유대의 방향

한중 인문유대 사업을 지속적으로 추진하기 위해서는 무엇을 위한 것인가라는 근본적인 질문을 끊임없이 제기해야 한다. 이런 점에서 다음과 같은 한

중 인문유대의 방향을 생각해 볼 수 있다. 우선 쌍방향 인문유대 사업의 심화 및 발전이다. 교류란 "여러 분야에서 이룩한 사상 따위의 성과나 경험 등을 나라, 지역, 개인 간에 주고받는 것"을 의미한다. 한중 양국이 '유대감'이라는 공동의 인식에 기초하여 쌍방향 교류를 내실화할 필요가 있는 것이다. 둘째, 국민 체감형 인문유대 사업 발굴 및 확산이다. 무엇보다 인문유대 프로그램이 양국 국민들의 의식 속에 깊게 각인되어 공유될 수 있는 환경이 먼저 조성되어야 한다. 이를 위해서는 국민들이 직접 인문유대 활동에 참여하고 국민 제안이 상시적으로 반영될 수 있도록 대국민 서비스 강화가 필요하다. 이런 점에서 '한중 인문유대 국민 제안위원회'의 설치도 고려해 볼 필요가 있다. 셋째, 지속가능한 인문유대 사업의 구축과 전파이다. 한중 간 인문유대 사업은 사업영역의 다양성과 함께 참여 주체의 다원성이 빠르게 확대되고 있다. 중앙정부와 함께 인문유대 사업의 추진 주체들 간에 지속적인 논의 테이블이 있어야 하며, 인문유대 관련 코디네이터 기구도 필요하다. 여기서 인문유대 관련 정책 방향, 정책 의제, 정책 추진 전략 등 인문유대 관련 정책 기조가 결정되고 이러한 결정에 따라 개별적인 사업의 구체적인 추진 전략이 논의되고 실행되어야 한다.

이 경우 제도화가 매우 중요하다. 예를 들어, 한중 인문교류 공동위원회의 위상과 역할을 제고할 필요가 있다. 정부 차원의 '한중 인문교류 공동위원회'는 양국 외교부 차관급을 수석대표로 하고 향후 동 공동위원회를 매년 개최하여 관련 구체 사업들을 심의, 확정하고 그 이행을 지도하게 하는 것이다. 이것은 인문교류의 실현 가능성을 높이는 데 있어 중요한 의미를 지닌다. 또한 한국의 공동위원회를 내실화하는 것이다. 공동위원회가 작동될 수 있도록 제도적 유연성과 자발성을 부여하고 워킹그룹의 설치, 사업별 협의체를 구성할 필요가 있다. 나아가 구체적인 사업추진 방식도 고민할 필요가 있다. 정부 간 협의에 참여하는 문화부, 외교부, 교육부 등 정부의 주요 부처들의 종합적인 사업 활동을 조정하고 규범화하는 한편, 트랙 1.5의 인문유대 사업이 한중 공동위원회의 방향에 부합되도록 조정하며, 인문유대의 '의식공유'에 가장 중요한 민간영역의 여러 참여 주체를 통해 양국 국민들에게 직접 유대감을 불어넣을 수 있도록 해야 한다.

새로운 모색을 위해

한국과 중국의 인문유대 강화를 위한 정부의 노력은 시작 단계에 있으며 그 가시적인 효과도 시간을 필요로 한다. 그러나 장기적인 전략 속에서 공동위원회 체계를 어떻게 꾸려가고 실현가능한 구체적인 사업영역을 무엇으로 할 것인지, 그리고 정부 자원뿐만 아니라 곳곳에 산재해 있는 인문유대 관련 사회 자원을 어떻게 동원하여 한중 인문유대 강화와 심화발전에 활용할 것인지는 양국 정부의 정책 의지에 달려 있다.

우선 쌍방향교류가 되어야 함을 반드시 인식하고 모든 사업 구상에 접근해야 한다. 둘째, 한중 인문유대 구체적 사업이 양국 국민이 직·간접으로 체감할 수 있는 사회 여러 구성원들이 지근거리에서 자연스럽게 참여가 가능한 사업으로 기획되어야 한다. 마지막으로 모든 인문유대 사업이 지속가능한 비전을 갖고 추진될 수 있도록 항상성과 지속성을 담보해야 하고, 이는 개별적으로 고립되어 존재하는 유사한 사업의 과감한 통합과 조정으로 극복할 수 있다. 이러한 원칙에 기반을 둔 중장기 전략을 세워야 하고, 이러한 전제에서 민간 부분의 참여를 확대해야 한다. 현실적 대안으로서 한중 인문교류 공동위원회 한국 측 사무를 담당하고 있는 코디네이터의 기능과 역할을 명확히 하는 것도 필요하다. 특히 문제는 인문교류가 실제로 한국과 중국에 살고 있는 국민과 시민 속에 뿌리내려야 한다. 이런 점에서 정부와 민간 사이의 교량이라고 할 수 있는 도시외교, 지방정부와의 긴밀한 소통을 통해 시너지를 낼 필요가 있다.

1 몽골의 경우, 향후 인문교류를 위한 별도의 협의기구가 구성될 가능성이 있다. 시진핑은 2014년 몽골 방문에서 인문교류를 제안하면서, "양국이 공동으로 중몽 우호교류의 해 기념 활동을 전개하고, 청년과 매체, 언어, 비(非)물질 문화유산 보호, 접경 지역 전염병 예방, 사막화 방지 등의 영역에서 양국이 교류 협력을 강화"해야 한다고 언급하였다.

12
한국인의 대중국 인식
- 한중 안보협력에 대한 함의를 중심으로

한인택 제주평화연구원

문제제기

국가 간의 협력에도 선후先後가 있고, 쉬움과 어려움難易이 있다. 일반적으로 문화나 통상 협력이 상대적으로 쉽고 빨리 이루어지고 군사나 안보적 협력은 어렵고 더디다. 국교 수립 이후 한중 협력도 이러한 일반적 면에 있어서 예외가 아니다. 수교한 지 25년에 불과하지만 중국은 벌써 한국의 최대 교역상대국이 되었고, 한국도 중국에게 중요한 교역상대국이 되었으며, 양국 간 문화교류와 인적 교류도 활발히 진행되고 있다. 이외의 분야, 특히 안보 분야에 있어서 양국의 협력은 부진하다.

안보 분야에 있어서 한중 간의 협력이 부진한 현상은, 한중 수교의 역사가 아직 짧아 아직 경제적 협력 단계를 크게 벗어나지 못하였고, 한국과 중국이 각기 미국, 북한과 동맹관계를 맺고 있다는 사실로 상당 부분 설명할 수 있다. 하지만 시급한 과제인 북핵문제를 해결하기 위해서나 동북아에 항구한 평화와 번영을 이루기 위해서는 한중 간에 경제 분야에서뿐만 아니라 안보 분야에 있어서도 긴밀한 협력과 공조가 필요하다는 점은 말할 나위가 없다.

안보 분야에서 한중 간 협력과 공조가 부진한 또 다른 요인으로 이 글에서는 한중 국민의 '인식'을 살펴보고자 한다. 이 글에서는 한중 간 협력과 공조가 원활히 이루어지기 위해서는 몇 가지 인식상의 전제조건이 충족되어야 한다고 보고, 한국 국민을 대상으로 한 최근의 여론조사 결과들을 통해서 한중 협력을 위한 '인식'의 현황은 어떠하며 그 함의가 무엇인지 알아보고자 한다. 예컨대 한중 양국이 안보 분야에서 협력을 하기 위해서는 객관적인 공통의 이해관계의 존재만으로는 불충분하고, 한중이 서로를 협력 상대자로 인식할 뿐만 아니라 한반도를 둘러싼 안보상황에 대해서도 공통의 인식을 가져야 한다. 굳이 국제정치학적 용어를 사용하자면 이러한 시각은 현실주의를 비롯한 합리주의rationalism보다는 구성주의structuralism에 가깝다.

안타까운 점은 이 글에서 인용하는 조사 결과들은 한국 응답자를 대상으로 수행된 결과로, 중국 국민의 인식조사는 다루지 못하였다. 이번 기회를 통해 유사한 중국의 인식조사 결과가 한국 연구자에게도 소개되기를 희망하는 바이다.

Pew Research Center의 'Global Attitudes' 조사

2014년 봄 미국 Pew Research Center의 Global Attitudes 조사에 따르면

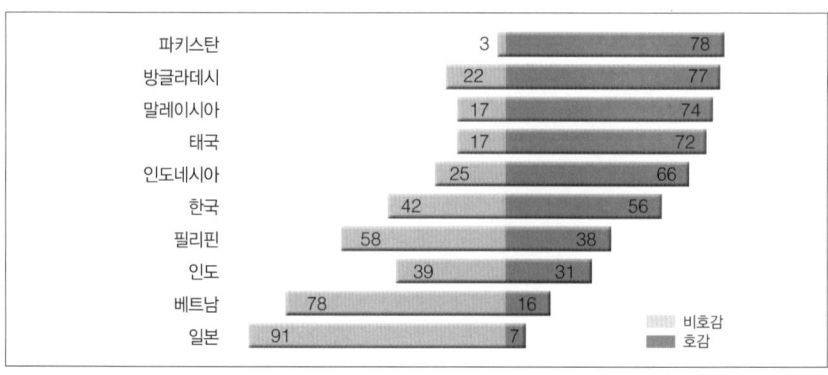

[그림 1] 조사대상 아시아 국가들의 대중 인식 (단위:%)

출처: Pew Research Center, "Global Opposition to U.S. Surveillance and Drones, but Limited Harm to America's Image"(July, 2014)

중국에 대한 호불호를 묻는 질문에 대해서 조사대상국별로 호감을 표시한 응답자와 비호감을 표시한 응답자의 비율이 큰 차이를 보였다. 파키스탄의 경우, 중국에 대해 비호감을 갖고 있다고 대답한 응답자는 전체 조사대상자의 3%에 불과하고, 78%가 중국에 대해 호감을 갖고 있다고 응답하였다. 이에 반해 일본의 경우는, 중국에 대해 비호감을 표한 응답자가 무려 91%이며 7%만이 호감이 있다고 답하였다.

한국의 경우는 비호감이 42%, 호감이 56%로 나타났다(참고로 미국의 경우는 비호감이 55%, 호감이 35%). 호감도가 과반수가 넘는 이러한 결과는 한편으로 문제가 없는 것으로도 해석될 수 있다. 하지만 한국은 주권문제로 중국과 양자적으로 대립하는 경우(일본, 베트남, 필리핀) 또는 동맹의 의무 때문에 중국과 간접적으로 대립하고 있는 경우(미국)가 아니면서도 비호감 수치가 42%에 달하는 것은 연구가 필요한 부분이다. 한중 양국 간 첨예한 국익의 충돌

〈표 1〉 아시아 국가 국민들의 대미, 대중 인식

	중국	인도	파키스탄	일본	미국
방글라데시	77	70	50	71	76
중국	–	30	30	8	50
인도	31	–	15	43	55
인도네시아	66	62	52	77	59
일본	7	63	19	–	66
말레이시아	74	49	43	75	51
파키스탄	78	13	–	51	14
필리핀	38	50	33	80	92
한국	56	59	30	22	82
태국	72	45	27	81	73
베트남	16	67	36	77	76
미국	35	55	18	70	–

출처: Pew Research Center, "Global Opposition to U.S. Surveillance and Drones, but Limited Harm to America's Image"(July, 2014)

도 없으며, 무역과 투자 등 양자협력을 통한 이해증진이 극히 활발함에도 불구하고 한국인들 사이에서 중국에 대한 비호감도도 낮지 않고, 호감도도 높지 않은 현상은 설명과 대책이 필요하다.

〈표 1〉은 조사대상 아시아 국가들이 중국과 미국을 각각 어떻게 평가하고 있는지 보여준다. 일본인 응답자 중 7%만 중국에 대해 호감을 표시한 반면 66%가 미국에 대해 호감을 표시했다. 한국의 경우는 응답자 중 56%가 중국에 대해 호감을 표시했고, 82%가 미국에 대해 호감을 표시했다. 일본에 대해 호감을 표시한 응답자는 22%에 그쳤다.

서울대 통일평화연구원 '통일의식조사'

2007년부터 매년 서울대학교 통일평화연구원은 통일과 관련된 한국인의 의식을 조사하기 위하여 '통일의식조사'를 실시하여 왔다. 한중 간 안보협력이 이루어지기 위해서는 한국인들이 중국에 친근감을 갖는 것이 바람직할 것이다. 지난 8년간 한국인에게 가장 가깝게 느끼는 나라를 묻는 질문에 대한 응답을 보면 중국을 가장 가깝게 느낀다고 생각하는 한국인의 비율이 낮을 뿐만 아니라 천안함 사건이나 연평도 사건 발생 이전부터 감소하다가 2014년에 들어서며 겨우 2007년 수준을 회복하였음을 알 수 있다. 일본에 대한 친근감은 해마다 낮아져 올해는 4.5%로 하락하였다.

안보협력이 꼭 친근감을 느껴야만 가능한 것은 아니다. 위협감만 느끼지 않으면 어느 정도의 안보협력은 가능할 것으로 기대할 수가 있다. 통일의식조사에서는 지난 8년간 응답자들에게 한반도 평화에 가장 위협을 주는 나라를 묻는 질문에 다음과 같은 결과를 확인할 수 있었다.

〈표 2〉 가장 가깝게 느끼는 나라 (단위:%)

	미국	일본	북한	중국	러시아
2007	53.0	11.5	23.8	10.1	0.9
2008	59.9	9.6	20.3	7.7	1.6
2009	68.2	8.7	15.9	6.1	1.0
2010	70.6	9.6	14.8	4.2	0.7
2011	68.8	9.1	16.0	5.3	0.8
2012	65.8	6.8	20.6	5.8	1.0
2013	76.2	5.1	11.0	7.3	0.4
2014	74.1	4.5	9.6	10.3	1.5

출처: 서울대 통일평화연구원, "통일의식조사"(2007~2014)

〈표 3〉 한반도 평화에 가장 위협을 주는 나라 (단위:%)

	미국	일본	북한	중국	러시아
2007	21.1	25.8	36.0	15.5	1.3
2008	16.2	34.1	33.6	15.0	1.0
2009	12.4	17.6	52.7	15.8	1.1
2010	8.2	10.3	55.5	24.5	1.2
2011	8.6	11.6	46.0	33.6	0.3
2012	9.5	12.3	47.3	30.5	0.4
2013	4.4	16.0	56.9	21.3	1.3
2014		25.1	49.3	17.7	

출처: 서울대 통일평화연구원, "통일의식조사"(2007~2014)

　　조사 결과 북한을 가장 위협적인 나라라고 선택한 응답자가 가장 많았다. 그런 응답을 하는 응답자의 비율은 2007년, 2008년에는 40%가 채 되지 않았다가, 천안함 사건 이전인 2009년도에 50%를 넘었다. 그 구체적 비율은 어떻든 북한을 가장 위협적이라고 선택한 응답자의 비율이 가장 높다는 것은 놀라운 사실이 아니다. 중국이 한반도 평화에 가장 위협이 된다고 대답한 응답자의 비율이 2009년까지는 15% 선에 머물렀으나 2011년, 2012년에는

30% 선을 넘었다가 2014년은 17.7%로 거의 천안함 이전 수준으로 회복되었다. 한편 일본을 위협으로 느끼는 응답자는 천안함 직후 잠시 감소하였다가 이제 다시 천안함 이전 수순으로 돌아가는 듯하다. 일본은 북한 다음으로 한반도 평화에 위협이 되는 존재로 인식되고 있다.

한국인들이 중국에 대해 친근감도 위협감도 별로 느끼지 못하고 있다면 도대체 한국인에게 중국은 무엇이라고 인식되고 있는 것일까? 통일의식조사에서는 응답자들에게 단도직입적으로 중국의 이미지를 물었다.

〈표 4〉 중국의 이미지 (단위:%)

	협력대상	경쟁대상	경계대상	적대대상
2007	19.3	46.3	30.9	3.3
2008	24.3	38.2	32.3	4.9
2009	21.1	41.9	33.4	3.6
2010	19.7	45.1	31.8	3.4
2011	20.5	40.2	34.9	4.4
2012	16.9	35.3	35.8	12.0
2013	28.5	43.9	24.5	3.1
2014	34.0	34.6	29.1	2.3

출처: 서울대 통일평화연구원, "통일의식조사"(2007~2014)

해마다 변동이 있기 때문에 단정적으로 얘기할 수 없지만, 추세적으로 지난 8년 기간 중 중국을 협력의 대상으로 보는 비율이 전체 응답자 중 20% 미만에서 30% 중반대로 올라섰다. 한편 중국을 경쟁대상으로 보는 비율이 한 때는 50%를 육박하다가 이제는 30% 중반대로 하락한 것으로 보인다. 경계대상으로 보는 비율은 높게 변함이 없고, 2012년을 제외하면 적대대상으로 보는 비율은 높지 않다. 참고로 다음은 한국인들이 갖는 미국의 이미지이다. 한국인이 갖는 미국의 이미지는 압도적으로 협력대상이다.

〈표 5〉 미국의 이미지 (단위:%)

	협력대상	경쟁대상	경계대상	적대대상
2007	53.1	21.9	21.9	2.9
2008	70.2	13.0	14.7	2.1
2009	73.6	13.7	11.7	0.9
2010	76.4	14.6	8.2	0.8
2011	75.0	14.2	9.7	1.1
2012	77.3	11.0	10.9	0.8
2013	79.9	11.8	7.8	0.6
2014	80.6	11.8	7.2	0.5

출처: 서울대 통일평화연구원, "통일의식조사"(2007~2014)

낮은 친근감, 상대적으로 약한 협력대상으로서의 이미지, 계속 남아 있는 경계대상이라는 이미지, 이러한 응답 결과에 비추어 한국인들은 혹시 의식 속에서 중국과의 협력을 배제하고 있는 것은 아닐까?

2008년 이후의 통일의식조사에서는 응답자들에게 통일을 위해서는 주변 4강 각국과의 협력이 필요한지 물었다. 아래의 표에서 볼 수 있듯이 절대다수가 중국과의 협력이 필요하다고 대답하였다.

〈표 6〉 중국과의 협력 필요 여부 (단위:%)

	필요	불필요
2008	80.7	19.3
2009	83.2	16.8
2010	88.9	11.1
2011	84.7	15.3
2012	68.0	32.0
2013	84.5	15.5
2014	88.6	11.4

출처: 서울대 통일평화연구원, "통일의식조사"(2007~2014)

여러 질문을 통하여 나타난 한국인들의 대중인식은 부정적 또는 미온적이었는데 그럼에도 불구하고 통일문제와 관련하여서는 절대다수가 중국과의 협력이 필요하다고 대답하였다.

Pew Research Center의 Global Attitudes 조사나 서울대학교 통일평화연구원의 통일의식조사는 계속되는 연구 사업이지만, 비용문제나 연구목적의 달성이나 변경 등으로 여론조사가 중단된 연구 사업도 많다. 아래에서 살펴볼 두 조사가 그러한 경우이다.

JPI '한국인의 평화관 조사'

2010년 제주평화연구원은 평화와 관련하여 한국인들이 갖고 있는 의식을 밝혀 보고자 '한국인의 평화관 조사'를 실시하였다. 조사대상자들에게 미국, 중국, 일본, 러시아 중 한국의 안보를 위하여 협력하여야 할 국가를 두 나라 선택하도록 한 결과 다음과 같은 결과를 얻었다.

〈표 7〉 한국의 안보를 위해 협력해야 하는 국가 순위 (단위:%)

1순위		2순위	
국가	응답률	국가	응답률
미국	84.8	미국	7.4
중국	8.7	**중국**	44.5
일본	2.5	일본	26.4
러시아	0.9	러시아	12.3
모름/무응답	3.1	모름/무응답	9.4

출처: 제주평화연구원, "한국인의 평화관"(2010)

위의 표에서 볼 수 있듯이 한국의 안보를 위해서 협력해야 하는 국가로 미국을 1순위로 고른 응답자의 비율은 80%를 넘은 반면 중국을 선택한 응답자의 비율은 그의 1/10 수준에 불과하였다. 중국을 선택한 응답자들이 일본이나 러시아를 선택한 응답자들보다는 많았다. 한편 〈표 7〉에서 볼 수 있듯이 한국의 안보를 위해서 협력해야 하는 국가로 중국을 2순위로 선택한 응답자들의 비율은 44.5%로 미국이나 일본, 러시아를 선택한 응답자보다 더 많았다. 반면, 미국을 첫 번째로 선택한 응답자의 비율이 거의 그 두 배에 해당하는 84.8%인 것으로 나타났다.

참고로 아래는 미국, 중국, 일본, 러시아 중 한국의 경제를 위하여 협력해야 할 국가를 선택하라는 질문에 대한 응답결과이다.

〈표 8〉 한국의 경제발전을 위해 협력해야 하는 국가 순위 (단위:%)

1순위		2순위	
국가	응답률	국가	응답률
미국	60.0	미국	23.0
중국	31.1	**중국**	40.0
일본	3.0	일본	22.6
러시아	1.7	러시아	7.3
모름/무응답	3.6	모름/무응답	7.1

출처: 제주평화연구원, "한국인의 평화관"(2010)

두 국가가 안보협력을 하기 위해서는 상대방을 친밀하게 느끼고 위협적으로 인식하지 않으며 협력의 대상이라는 인식을 갖는 것이 좋을 것이다. 아울러 중요한 목표나 가치를 달성하기 위하여 상대방과의 협력이 필요하다는 인식이 강하면 강할수록 좋을 것이다. '통일의식조사'와 '한국인의 평화관 조사'를 종합하면, 한국인들은 중국에 비해 미국을 훨씬 더 우호적으로 인식하여 중국에 비해 미국과의 협력을 더욱 중시하는 것으로 나타났다. 하지만 일본이나 러시아에 비해서는 중국을 더 중요한 협력대상으로 인식하고 있으며 통일과 관련해서는 절대다수가 중국과의 협력이 필요하다고 인식하고 있다.

삼성경제연구소 한반도 안보지수(KPSI)

양국 간의 협력강화를 위해서 상대방에 대한 우호적인 인식, 그리고 상대방과의 협력이 중요하고 필요하다는 인식과 함께 양국이 안보에 관련하여 공통되거나 유사한 인식을 가지면 좋을 것이다. 예컨대 동맹관계를 굳건히 하기 위해서는 공통된 위협인식이 도움이 된다. 이제는 더 이상 진행되지 않으나 2005년 하반기부터 몇 년간 삼성경제연구소는 한국, 미국, 중국, 일본, 러시아의 한반도 전문가 40여 명에게 한반도 경제 안보상황과 관련된 설문조사를 실시하고 그 결과를 발표해 왔다(50점을 기준으로 하여 그 이상은 긍정적 평가, 그 이하는 부정적 평가를 의미).

[그림 2] 한반도 안보지수(2005.2.2.~2011.2.4.)

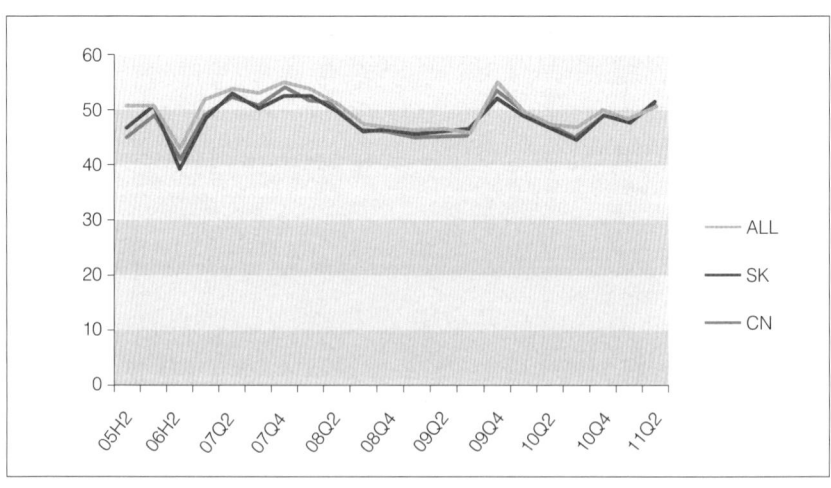

주: ALL: 5개국 전문가 평가 평균, SK: 한국 전문가 평가 평균, CN: 중국 전문가 평가 평균
출처: 삼성경제연구소, "한반도 안보지수"(2005~2011)

한중이 원활히 안보협력을 하기 위해서는 적어도 한반도 안보상황에 대한 양국의 평가가 유사하여야 할 것이다. 아래는 한반도 안보상황에 대한 한국과 중국의 한반도 전문가의 평가를 비교한 것이다.

[그림 3]은 SK에서 CN을 뺀 것으로 한국의 한반도 전문가와 중국의 안보 전문가의 인식 차gap를 표시한다. 음의 값은 중국의 전문가들이 한국의 전문가보다 한반도 안보상황을 더 긍정적으로 평가한 것을 의미하고, 양의 값은 그 반대로서 중국의 전문가들이 한국의 전문가들보다 한반도 안보상황을 부정적으로 평가하는 것을 의미한다.

[그림 3] 한중의 한반도 안보상황에 관한 인식 차이(2005.2.2.~2011.2.4.)

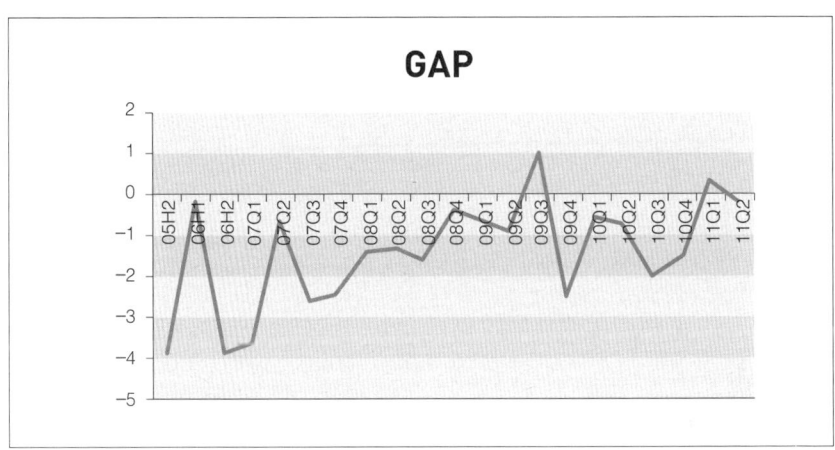

출처: 삼성경제연구소, "한반도안보지수"(2005~2011)

위의 두 차트가 보여주는 것은 대체적으로 중국의 전문가들이 한국의 전문가들에 비해서 한반도 안보상황을 긍정적으로 평가하지만, 즉 GAP의 값이 음인 경우가 많지만 양국 전문가들의 인식 차이는 가장 큰 경우에도 4 이하이며 시간이 경과함에 따라 점차 줄어드는 경향을 보이고 있다는 것이다. 인식 차가 작고 점차 감소하고 있다는 점에 비추어 한중 간 안보협력 가능성은 향후 증가할 것으로 기대해 볼 수 있다.

결론을 대신하여

    검토한 조사연구들의 시사점을 찾아보면, 한국 국민들은 대중 인식이 우호적이지 않지만 그럼에도 불구하고 중국과의 협력이 갖는 중요성과 필요성에 대해서는 잘 인식하고 있다. 일반인과 전문가의 인식 간에 어떠한 관계가 있는지는 확실하지 않지만 한중의 전문가의 경우에는 한반도 안보상황에 대한 인식의 차가 상대적으로 크지 않고 양측의 인식이 수렴하는 경향을 보이고 있다. 이러한 두 가지 점에 비추어 한중 간 안보협력의 가능성에 대해서 조심스러운 낙관적인 기대를 해 볼 만하다.

공공외교와 한중 인적 교류

뉴린제(牛林杰) 산동(山東)대 한국학원

2017년은 한중 수교 25주년이 되는 해이다. 25년 동안 한중관계는 전반적으로 빠르게 발전을 이루었는데, 특히 한중 전략적 협력 동반자 관계의 확립은 양국 관계의 심화발전에 긍정적인 역할을 하였다. 정치 분야에서, 양측은 고위층 상호 방문과 정부협력을 통해 정치적으로 상호 신뢰가 계속해서 깊어지고, 양국과 관계되는 핵심 이익과 중대한 문제에 대해서는 긴밀한 소통과 협조를 유지하며, 지역과 국제 업무에 관해서는 양호한 협의와 협력을 유지해 왔다. 경제협력 분야에서, 양자 무역과 투자가 빠르게 증가하였다. 중국은 한국의 최대 무역 파트너와 투자시장이 되었으며, 한국은 중국의 세 번째 무역 파트너가 되었다. 사회문화 분야에서, 양국 문화와 교육 협력이 끊임없이 확대되었다. 인적 교류가 급속도로 증가하여 연간 상호 방문 인원수가 한때 천만 명에 이르렀을 뿐만 아니라 양국 유학생 교류도 눈에 띄게 증가하였다.

한중 수교 이후로 양국 간의 인적 교류는 지속적으로 양국 관계의 중요한 사안 중 하나였다. 한중 양국 간의 문화교류는 깊은 유래를 가지고 있으며 오랜 기간 동안 우호적인 교류를 진행하며 서로에게 친근감과 동질감을 갖게 되었다. 비록 냉전 시기에 잠시 왕래가 중단되었으나 양국 관계의 개선과 발전에 따라 두 나라 사이의 인적 교류는 넓이와 깊이에서 빠르게 회복되었고,

이는 양국 우호관계 증진을 위한 견실한 기반이 되었다. 하지만 우리는 한중 양국이 인적 교류 분야에서 여러 문제가 발생하며 양국 국민 간 감정 악화로 이어진 경험이 있다는 사실을 직시해야 한다. 양국은 상호 의존적이고 함께 발전하는 새로운 단계의 전략적 협력 동반자 관계를 구축해야 하며, 양국 국민 간의 이해와 포용을 강화하여 시련을 이겨낼 수 있는 새로운 상호 이해와 신뢰 관계를 차근차근 구축해 나가야 한다.

한중 인적 교류의 주요 성과

최대 상호 방문국

1992년 수교 초기, 한중 간 상호 교류 인원은 20만 명이 채 되지 않았다. 그러나 2014년, 한중 양국의 인적 교류는 천만 시대에 접어드는 등(방한 중국인과 방중 한국인은 각각 연간 633.5만 명과 410만 명) 22년 동안 50배 이상이 증가하였다. 2016년에는 한국을 방문한 중국인만 연간 800만 명을 돌파하였다. 한국과 중국 간 매주 왕복 항공편이 가장 많을 때는 1,254회에 달하는데, 이는 한국 국제 항공편 총수량 중 29%를 차지한다.[1] 한중 양국은 서로 최대 여행객 배출국이자 가장 많이 찾는 해외여행 목적지로, 양측의 여행교류 규모는 아시아 지역에서 수위를 차지한다.

한중 인적 교류 규모는 끊임없이 확대되고 있고, 양국 국민 간의 상호 이해 증진과 함께 한국에 막대한 경제적 이익을 가져다주었다. 2015년 한국을 방문한 중국 여행객의 평균 소비 금액은 약 2,200달러(약 14,283RMB)로, 한국을 방문한 외국 여행객의 평균 소비의 배가 넘는다. 2015년 한 해 동안 중국 여행객이 숙박, 교통, 쇼핑 등으로 지출한 금액은 220억 달러로, 이는 한국 전체 GDP의 1.6%에 이르는 금액이다.[2]

한중 양국 국민의 우호적인 왕래를 위해 양국 정부는 관련 정책을 제정하였다. 비자발급 수속을 간소화하였으며, 상호 '방문의 해'를 추진하여 양국 국민의 교류를 적극적으로 활성화시키고 있다. 그러나 한국과 미국이 한국에 사드 배치를 결정하며 중국 국민들의 민심에 영향을 미쳤고, 이로 인해 한국을 방문한 중국 여행객의 수는 2016년 8월을 기점으로 하락세로 돌아섰다. 2017년 1월에서 8월까지 한국을 방문한 중국 여행객 수는 287.3만 명으로, 전년 대비 48.7%가 감소했다.[3]

최대 유학생 수출국

1998년 이래로, 중국 내 한국인 유학생 규모는 줄곧 1위를 차지하고 있다. 반면, 한국 내 중국인 유학생 규모는 미국에 밀려 2위를 유지했으나 2016년에 최초로 1위를 차지하였다. 미국 내 한국인 유학생 수는 2010년 7.5만 명으로 정점에 도달한 후 지속적으로 감소한 결과, 2016년에 6.3만 명인 것으로 나타났다.[4] 이와 비교해 중국 내 한국인 유학생은 2016년에 7.0만 명으로 증가하였으며, 이는 중국 전체 외국인 유학생의 15.93%에 해당하는 수치이다.[5]

수교 이래, 한국 내 중국인 유학생 수는 빠르게 증가하는 추세를 나타내고 있다. 통계에 따르면, 한국 내 외국인 유학생은 2016년 2월을 기준으로 10만 명을 돌파하며 최고치를 기록하였다. 이 중 중국인 유학생은 전체 외국인 유학생의 60%에 해당하는 6.23만 명인 것으로 조사되었다.[6] 그 외에도, 중국의 국력이 점차 증대됨에 따라 중국어 교육이 빠르게 확산되고 있는 상황에서 한국에서도 중국어 학습 열풍이 고조되는 추세가 나타났다. 교육기관에서 중국어를 수강하는 학생들이 증가하고 있으며, 전 세계 한어수평고사HSK 응시인원 중 절반 이상이 한국인인 것으로 조사되었다.

한중 양국이 유학생교류 방면에서 거둔 성과는 양국 정부의 적극적인 지원뿐만 아니라 각 대학의 유학생 유치 대책, 양국 문화교류 등과 밀접한 관계가 있다. 한중 양국은 정부장학금을 조성하여 상대 국가 유학생의 학위취득이나 연수를 유치하고 있다. 한중 양국의 많은 대학들은 전문적인 유학생 교육기구를 설립하여 유학생의 모집, 교육, 관리 등의 업무를 책임지며 유학생의 학습과 생활을 위해 편리성을 제공하고 있다. 한국과 중국은 유사한 문화를 가지고 있기 때문에 상대 국가로의 유학이 비교적 쉬울 뿐만 아니라 학위 수여 후 취업을 통해 지역사회로 편입하는 데 큰 어려움을 겪지 않아도 된다. 뿐만 아니라 유럽이나 미국과 비교해서 유학비용이 상대적으로 비교적 낮은 것도 한중 학생들이 상대국을 우선적으로 선택하는 원인 중 하나이다.

'한류'와 '한풍'

한중 수교 이후, 한중 양국 문화교류는 날로 번영하였다. 이 중 한국 드라마, 영화, 음악과 춤, 음식 등을 포함한 '한류'가 점차 발전하여 중국 대중문화를 구성하는 중요한 요인이 되었다. 개혁개방 초기 일본, 대만, 홍콩 등의 영화와 드라마, 음악 등으로 대표되는 대중문화가 한때 중국 전역을 풍미하였다. 이러한 대중문화는 3~5년, 길게는 10년 가까이 이어졌지만 이후 자취를 감췄다. 그러나 한국 드라마는 "사랑이 뭐길래"를 시작으로 "대장금", "겨울연가", "내 이름은 김삼순", "별에서 온 그대", "태양의 후예" 등 끊임없이 중국 국민들의 관심과 사랑을 받아오고 있다. '한류'가 중국에서 유행하면서 중국 대중들은 한국 문화에 익숙해지기 시작했고, 한국의 음식, 풍속 그리고 한국인의 옷차림까지 이해하게 되었으며 한국으로 여행을 가거나 유학을 가는 인원도 급속히 증가하였다.

'한류'가 중국에서 광범위하게 확산되었다면, 중국 문화도 한국에서 강렬한 '한풍'을 일으키고 있다. "황제의 딸", "교가대원(거상 치아오쯔융)", "위자부(위황후전)", "랑야방", "보보경심", "옹정황제의 여인(견환전)" 등 사극 위주의 많은 중국 드라마가 한국 국민들의 사랑을 받았고, 4대 명작으로 대표되는 중국 전통문학 이외에도 모옌莫言, 위화余華, 마이자麥家 등 현대 중국 작가들의 작품도 한국에서 큰 관심을 받고 있다. 첨단기술영역에서는 샤오미小米, 화웨이華為 등 중국 제품이 한국 소비자들의 사랑을 받고 있다. 일상생활에서는 중국을 방문한 경험이 있는 한국인과 유학생이 많아지며 중국 음식이 보편화되고 있다.

광범위하고 깊이 있는 교육 및 학술 교육

한중 수교 초기, 중국에 한국어 전공이 개설된 대학은 5개뿐이었다. 그러나 중국 내 한국어 교육이 빠르게 발전한 결과, 현재 한국어 전공이 개설된 대학이 270여 개로 증가하였다. 이는 중국 내 개설된 100여 개의 외국어 전공 중 가장 많은 수치이다. 한국에서도 한중관계의 발전적 수요에 발맞추기 위해 중국어 전공을 개설하는 대학이 증가하였다. 수교 초기 중국 관련 전공을 개설한 대학은 20여 개에 불과했으나 현재는 143개로 증가하였고, 중국어가 영어 다음의 제2외국어가 되었다.

수교 이래 한중 양국 대학의 학술교류는 날로 밀접해지고 있다. 100여 개의 대학이 교류관계를 맺고 연구기관을 기반으로 다양한 학술교류 활동을 활발히 개최하며 중국의 한국학 연구와 한국의 중국학 연구 모두 장족의 발전을 이루었다. 연구기관의 끊임없는 노력을 통해 연구 성과가 나날이 풍부해지고 연구 수준이 점차 제고되면서 국제학계에서의 영향력도 확대되고 있다. 베이징대, 푸단대, 저장대, 산동대 등에서 정기적으로 개최되는 "중국 한국학 대회"는 가장 영향력 있는 한중 학술교류의 장이 되었다. 뿐만 아니라『한국연구총서』,『당대한국』,『한국 블루북Blue Book』,『한국학논문집』,『한국연구』 등 한국문제를 전문적으로 연구하는 정기 간행물도 지속적으로 발간되고 있다.

빈번한 언론교류를 통한 영향력 증대

한중 수교 이래, 양국 언론도 활발한 교류를 이어왔다. 양국 언론은 정기적인 교류체제를 마련하여 양호한 발전 추세를 보이고 있다. "한중 고위급 언론인 포럼"은 2009년 출범 이래, 매년 한 차례씩 한중 양국에서 번갈아가며 개최되고 있다. 포럼에서는 새로운 시대에서 한중 전략적 협력 동반자 관계의 역할, 한중 미디어 협력의 기회와 도전 등을 주제로 다양한 논의가 전개되어 왔다. 2001년, 양국 국제방송국은 공동으로 프로그램을 제작하기 시작했다. 2004년 5월 1일, 한국 "중화TV"가 정식으로 방송을 시작하며 매일

24시간 중국과 관련된 뉴스, 드라마, 다큐멘터리와 예능프로그램을 방송한다. 2005년 9월에는 한국교육방송국EBS이 주관하는 한국 국내 최초 중국어 종합 방송 프로그램인 "하오TV"가 전파를 타기 시작했다. 이 프로그램은 중국의 종합 엔터테인먼트 교육을 소개하는 것으로 한국어와 중국어로 매주 일요일 황금시간대에 방송된다. 중국 국제 방송국 본사와 한국 KBS 방송국은 서로 호혜적인 협력관계를 맺어 중국 문화와 정신을 담은 우수한 프로그램을 공동으로 제작하였다.[7] 최근 몇 년간 중국 방송국에서 방송되고 있는 "런닝맨", "아빠 어디가", "나는 가수다" 등의 프로그램들은 한중 미디어 합작의 성과이다.

오늘날 정보화 추세에 따라 소프트파워가 국가의 핵심적인 경쟁력 제고에서 큰 역할을 담당하고 있으며 국제적인 문화교류에서 인터넷매체의 위상도 제고되고 있다. 각국 언론매체는 자국 프로그램의 외국어 버전을 제작하여 타국에 방영함으로써 자국의 발언권을 확대하고 글로벌 영향력을 제고하고 있다. 중국의 인민망과 신화망 등은 한국어 버전을 개설하였고, 한국의 연합뉴스, 조선일보, 중앙일보 등 주요 언론매체들도 중국어 버전을 개설하였다. 한중 주요 매체가 온라인을 통해 다양한 정보를 제공하면서 양국 국민들의 상대국에 대한 이해도 역시 증대되고 있다.

한중 인적 교류에 영향을 미치는 주요 요인

국가 간 인적 교류는 국민들의 친목에 영향을 미친다. 그러나 각국의 국내 정세, 사회제도, 가치관과 이념 등의 차이로 인해 인적 교류에서 문제가 발생하며 충돌하기도 한다는 점을 분명하게 인식할 필요가 있다. 양국 인적 교류의 경험과 이를 통해 얻은 교훈을 정리하고 양국 인적 교류에 영향을 미친 요인을 분석하는 것은 향후 양국 인적 교류의 발전을 심화하는 데 도움이 된다.

한중 인적 교류는 양국 관계발전에 대한 민심을 반영하고 있지만, 그것은 결코 고립되어 존재하거나 발전하는 것이 아니다. 오히려 한중 양국의 정치적 신뢰, 경제협력과 밀접하게 연계되며 상호 영향을 미친다. 이는 25년 동안의 다양한 사례를 통해 어렵지 않게 확인할 수 있다. 양국 인적 교류에 영향을 미치는 주요 요인으로는 다음 몇 가지를 들 수 있다.

정치 · 안보 요인

정치와 안보는 국가 간 인적 교류에 영향을 미치는 가장 큰 요인이다. 냉전 시기에 한중 양국은 공식적인 외교관계를 체결하지 않았기 때문에 인적 교류가 단절되었다. 1992년 한중 양국 정부가 우호적인 협상을 통하여 중대한 정치적 결단을 내리며 한중 수교가 체결되었고, 이후 양국 간 정치, 경제 관계가 급속도로 가까워지면서 인적 교류도 빠르게 확대되었다. 이는 한중 양국의 정치적 관계(수교)가 양국 인적 교류의 발전에 결정적인 역할을 했다는 사실을 설명해 준다.

한중 수교 이래, 양국은 한미동맹, 냉전적 사고방식, 사회제도, 이념 등에서 여러 차례 갈등이 발생하였고, 이러한 갈등이 충돌로 이어지는 상황에 직면하기도 했다. 특히 양국 인적 교류에 영향을 미친 정치 · 안보적 사건이 발생하기도 했다. 예를 들어, 2010년 '천안함' 사건이 발생한 후, 한중 양국 정부는 사건의 진상규명 조사와 대응방식에 있어 서로 다른 입장을 취했고, 양국 네티즌들 사이에서 대대적인 논쟁이 발생했다. 서로가 서로를 탓하며 양국 관계가 급속히 냉각되었고 양국의 인적 교류도 저조해졌다.

2016년, 한국과 미국은 동맹관계 강화를 위해 한국에 사드를 배치하기로 결정했다. 이는 정치 · 안보 요인이 인적 교류에 영향을 끼친 대표적인 사례라고 할 수 있다. 사드 배치가 중국의 전략적 안보 이익에 심각한 손해를 끼친다는 이유로 중국 정부는 한국에 강경한 반대 의사를 표명했다. 양국 정부의 상반된 입장은 양국 간 정치적 신뢰에 심각한 도전을 초래하였다. 한국을 방문하는 중국 여행객 수의 급감을 초래하였을 뿐만 아니라 일부 문화 교류와 협력 사업이 취소 또는 지연되었다.

정치·안보 영역에서 한중관계는 한중 전략적 협력 동반자와 한미 동맹관계 사이의 간극, 한미관계와 한중 우호관계의 균형 등 구조적 모순이 확실하게 존재한다. 이러한 요인들은 대부분이 한중 양국의 문제가 아닌 제3자의 문제이다. 따라서 이러한 제3자로 인한 정치적 간섭을 제대로 처리하면 갈등의 격화를 예방할 수 있고, 한중관계 발전뿐만 아니라 양국 인적 교류의 안정적 발전에도 도움이 된다.

역사문화에 대한 이해

역사문화에 대한 이해는 한중 인적 교류에 영향을 미치는 또 하나의 중요한 요인이다. 한중 양국은 서로 인접해 있기 때문에 역사적으로 양국의 우호관계에 대한 다양한 미담이 전해지고 있다. 신선을 찾아 동해를 건너 제주도까지 온 서복, 구화산에 가서 가부좌를 한 상태로 열반에 오른 신라 왕자 김교각, 당나라에서 공부를 하고 관직을 지낸 '한국 유교의 시조' 최치원, 고려에 가서 공자의 후손을 세운 공소, 27년 동안 중국 방방곡곡을 거친 대한민국의 독립공신 김구 선생, 한국에서 태어나 '중국인민해방군 군가'를 작곡한 정율성 등 양국 국민이 교류한 전통은 매우 깊은 역사를 가지고 있다. 한국 고대 시인 허균이 쓴 "간담매상조, 빙호영한월 肝膽每相照, 氷壺映寒月"이라는 시구는 중국과 한국 두 나라 국민들의 우정을 충분히 표현할 수 있는 말이다.[8] 동일한 역사적 기억은 양국 국민들이 서로를 이해하고 알아가는 데 중요한 역할을 했다.

물론 한중 양국은 고구려 역사, 한국전쟁, 전통문화 등에 대해 상호 다른 인식을 가지고 있고, 이는 양국의 민간 차원에서 뜨거운 이슈가 되며 양국의 정상적인 인적 교류에 영향을 미쳤다. 발해, 고구려 역사를 비롯해 동북아 역사문제는 그 자체가 학술적 문제로, 한중 양국이 이미 충돌한 경험이 있다. 특히 한국 학계와 네티즌들은 날카로운 반응을 보이며 중국에 대한 반감이 확대되었고, 이로 인해 양국 관계는 물론 인적 교류에 지대한 영향을 미쳤다. 결과적으로 양국이 진취적인 자세로 충돌을 효과적으로 관리함으로써 사태의 확산을 막으며 인적 교류가 정상궤도로 회복하였지만 역사문화에 대한 이해가 인적 교류에 큰 영향을 미치는 요인이라는 사실을 확인할 수 있었다.

중의학, 한자, 인쇄술, 단오절 등 문화유산에 대한 인식 차이가 존재하며 문화유산 등재에서 갈등과 충돌이 발생하기도 했다. 사실, 동아시아 공동의 문화전통은 한중 양국이 문화적 공감대를 증진시키는 긍정적인 요소여야 할 것이다. 우리가 국가 민족주의의 굴레에서 벗어나 동아시아 문화 공동체의 시각으로 바라본다면, 이러한 문제들은 저절로 해결될 것이다. 한편, 양국이 수교한 이후 25년 동안 중국의 경제가 급격히 발전하면서 국력의 격차가 발생하기 시작했다. 중국의 급부상을 한국 국민들이 심리적으로 이해하고 받아들이기까지는 일정한 시간이 필요할 것이다. 양국 정부와 언론은 이를 오용하거나 악용하기보다는 잘 관리하여 여론을 올바른 방향으로 이끌고 오해를 해소하는 역할을 해야 한다.

인적 교류의 질과 양

인적 교류는 각기 다른 국가의 국민들에게 상호 우호적인 인식을 증진시키는 중요한 방법이다. 일반적으로 두 나라 국민들의 교류가 빈번할수록, 참여인원이 많을수록 양국 국민들의 우호적인 감정은 높아진다. 한중 인적 교류는 규모가 방대하지만 이러한 규모가 양국 국민들이 기본적으로 인식하는 기대나 호감에 부합한다고 볼 수 없다. 특히 정치·안보 또는 역사문화 분야에서 돌발적인 사건에 직면할 때마다 양국 국민들의 상호 호감도는 크게 흔들리고 있다.

한중 인적 교류는 2014년에 '천만 시대'로 접어들었으나 한국인의 중국에 대한 인식은 결코 긍정적이지 않다. 서울대학교 통일평화연구원의 조사에 따르면, 중국에 대해 비교적 친근감을 느끼는 한국인 비율은 2007년은 10.1%, 2008년에는 7.7%, 2009년에는 6.1%, 2010년에는 4.2%, 2011년 5.3%, 2012년 5.8%, 2013년 7.3%, 2014년 10.3%였다.[9] 조사 결과에서 보듯, 한국인의 중국에 대한 호감도는 보편적으로 낮은 편이며, 2010년과 2011년에 발생한 '천안함 사건'과 '연평도 포격 사건'은 한국 국민들의 중국에 대한 인식에 더 많은 영향을 미쳤다. 한중관계는 한국의 사드 배치로 인해 더욱 악화되었고, 한국인의 중국에 대한 호감도가 심지어 일본보다 낮아지는 상황을 초래하였다. 한국 아산정책연구원이 발표한 조사에 따르면, 2017년 3월 한국인의 중국에 대한 호감도는 3.21점(구간별 0~10점)으로, 같은 시기 일본에 대한 호감도 3.33점보다 낮은 것으로 나타났다.[10]

　유학생교류에서도 동일한 문제가 존재한다. 한중 양국이 비록 상호 최대 유학생 수출국이기는 하나 유학생의 자질은 물론 교육의 질도 여전히 많이 부족하다. 일반적으로 한국의 취업시장에서는 미국에서 유학한 학생들에 대한 선호도가 중국에서 유학한 학생들보다 높으며 이는 사회적 지위에도 영향을 미친다. 중국 역시 한국에서 유학한 학생들의 위상이 미국, 유럽, 일본 등에서 유학한 학생들보다 결코 높지 않은 실정이다.

　따라서 앞으로 한중 인적 교류는 단순히 수량만 쫓을 것이 아니라 질적 향상에 더욱 주목해야 하며, 지나친 경제적 효과만 추구할 것이 아니라 사회적 효과를 무시해서는 안 된다. 반드시 지속발전이 가능한 제도적 장치를 통해, 한중 인적 교류의 전면적인 발전을 추진해야 한다.

한중 인적 교류 심화에 대한 제안

　한국과 중국은 지리적으로 가깝고, 문화가 서로 통하며, 유구한 우호적 교류의 역사를 지니고 있다. 오늘날 전 세계적인 대변혁, 지역화와 세계화의 심화라는 배경을 기반으로, 양국 국민 간 상호 이해와 우호 감정을 더욱 깊게 만들고, 역사와 문화 등의 영역에서 교류와 대화를 강화해야 한다. 오해는 줄이고 충돌은 피할 때 좋은 이웃국가이자 친구가 될 것이다. 한중 양국의 풍부한 인적 교류 자원을 깊이 연구하고, 양국 인적 교류 분야의 협력을 심화시키는 것은 양국 간의 상호 신뢰를 높이고, 양국 관계의 장기적인 발전을 추진시키는 중요한 밑거름이 될 것이다.

한중 양국은 다음과 같은 몇 가지 방면을 매우 중시해야 할 것이다. 첫째, 양국의 민간교류를 더욱 확대해야 하는데, 특히 양국 민간의 문화전통, 사회적 가치, 시민사회 등의 교류 협력을 적극적으로 추진하고 양국 지식계층의 대화 통로를 마련해야 한다. 양국 관계발전의 미래를 감안하여 청소년교류를 적극 확대할 필요도 있다. 둘째, 역사와 문화유산 등에 대한 양측의 이견을 직시해야 한다. 이러한 문제들이 전략적 협력 동반자 관계로 발전하는 데 장애가 되지 않도록 양국 정부와 민간기구들은 양국 관계 발전의 전반적인 국면에서부터 적극적으로 노력해야 한다. 다각적인 대화와 교류를 촉진하여 이견을 봉합하고 공감대를 높여야 한다. 셋째, 교육 분야의 교류와 협력을 한층 더 강화하고 심화시켜야 하며, 학교 간 교류 협력의 범위를 확대하고 학생교류와 과학연구 등의 협력 체제를 확립하여 더 많은 글로벌 인재를 양성해야 한다. 넷째, 각종 언론매체와 인터넷은 양국 관계 구축과 인적 교류에 있어서 매우 중요한 역할을 하고 있다. 양국 언론은 양국 민간에 확산되는 수많은 오해와 정서적 충돌을 해소하는 데 더 많은 노력을 기울여야 하며, 더욱 적극적인 역할을 해야 한다. 양국이 전략적 협력 동반자 관계로 발전하기 위해 적극적이고 건강한 안내자 역할을 해야 한다.

이를 위해 한중 양국은 정부 차원에서 한중 인적 교류 전략 대화 체제의 격을 한층 격상하여 정부와 학계, 민간의 소통과 교류를 강화하고 장기적으로 효력이 있는 체제를 마련해야 한다. 한중 인적 교류의 새로운 경로와 새로운 콘텐츠, 새로운 방법을 모색하여 한중 인적 교류의 잠재력과 활력을 유지시켜야 한다. 학문적 차원에서는 동아시아 문화민족주의를 배척하고, '동아시아 문화공동체'의 이념을 깊이 연구하고 구축하여 전통적인 '동양의 지혜'를 발굴하고 오늘날 인류의 발전이 직면한 다양한 도전에 대응해야 한다. 언론 차원에서는 한중 양국에서 사드로 인해 발생한 부정적 여론을 관리하고 양국 국민 간의 감정을 빠르게 회복할 수 있도록 인도해야 한다.

한중 인적 교류 전망

2014년 7월 4일, 시진핑 주석은 서울대학교 강연에서, "인적 교류를 강화하여 국민의 감정을 부단히 증진시켜야 한다. 이익으로 사귀면 이익이 다했을 때 헤어지게 되고, 세력으로 사귀면 세력이 다했을 때 흔들리게 되는바, 오직 마음으로 사귀어야만 비로소 오랜 시간을 함께할 수 있다. 국가관계가 발전하려면 결국 민심을 통합해야 한다."고 강조하였다. "문화는 국민들의 상호 이해와 우정 증진에 있어, 봄비와 봄바람이 초목이 잘 자라도록 도와주듯 남몰래 소리 없이 도움을 주는 역할을 할 수 있다. 한국과 중국은 사람 사이에 서로 친하며, 문화가 서로 통하기 때문에 인적 교류를 하는 데 천혜의 이점이 있다."[11]고 언급하기도 했다. 수교 후 25년 동안 양국은 인적 교류에서 대단한 성과를 거두었으며, 이러한 성과는 어렵게 얻은 것이니 소중히 여길 만하다고 할 수 있다.

한중관계를 발전시키는 것은 두 나라의 근본적인 이익에 부합하고, 동북아 지역의 평화와 안정에도 도움이 된다. 25년 동안 양국은 한반도의 평화와 안정을 유지해 왔고 경제무역의 발전과 인적 교류의 보편성 등에서 이익공동체를 형성했다. 이러한 이익공동체는 한중관계의 '주춧돌'이 되었다. 2016년 이후로 한중 인적 교류는 한국 내 사드 배치로 인해 타격을 입기는 하였으나, 상술한 바와 같이 한중 양국의 공통적인 이익은 근본적으로 변하지 않았다. 따라서 한중 양국의 정부와 국민들이 양국의 근본적인 이익 유지를 착안점으로 삼는다면 현재 직면하고 있는 어려움을 반드시 극복할 수 있을 것이고, 한중 인적 교류도 더욱 심화발전할 수 있으리라 믿어 의심치 않는다.

1 韓國國土交通部.
2 韓國旅遊發展局.
3 韓國旅遊發展局.
4 韓國教育部, "2016海外韓國留學生現況".
5 韓國教育部.
6 韓國法務部.
7 牛林傑, "中韓建交以來兩國文化教育交流綜述", 『東北亞論壇』, 2007年 第5期.
8 "간과 쓸개를 꺼내어 서로 비추니 차가운 달이 얼음 항아리를 비추는 듯하다", 숨김없이 투명한 관계, 돈독한 우정을 의미.
9 http://www.yonhapnews.co.kr/bulletin/2015/03/19/0200000000AKR20150319130100056.HTML
10 http://www.yonhapnews.co.kr/bulletin/2017/03/19/0200000000AKR20170319072200014.HTML?input=1195m
11 http://news.xinhuanet.com/world/2014-07/04/c_1111468087.htm

14 공공외교와 한중 인문교류

비잉다(畢穎達) 산동(山東)대 한국학원

인문교류는 공공외교의 중요 구성 부분이다. 주요 목적은 상호 인식을 강화하고 상호 이해를 증진하며 감정 대립을 해소하는 것으로 국제관계에 영향을 미치는 중요 요소이다. 한중 수교 25년간, 양국 인문교류는 큰 성과를 거두었다. 인적 교류는 이미 '1천만 시대'에 진입했다. 문화교류 방면에서 한류와 한풍漢風이 두 나라 곳곳에 불고 있다. 그러나 인문교류가 이처럼 빠른 성장과 더불어 양국 국민 간의 상호 인식은 그에 걸맞게 개선되지 않았다. 오히려 돌발적인 문제로 종종 대립이 발생했고 민족주의 또한 이런 배경 속에서 꾸준히 증가했다. 그렇다면 한중 인문교류 영역에는 대체 어떤 문제가 있으며 그 원인은 무엇일까? 앞으로 한중 인문교류를 심화발전하는 데 어떤 장애물이 있으며 그것을 어떻게 넘어설 수 있는가 등 일련의 문제들은 학계가 깊이 연구할 만한 가치가 있다.

본 글은 지난 25년간 한중 인문교류 성과를 돌아보며 문제점을 찾아보고 양자 정치관계 관점에서 문제 발생 원인을 분석하고자 한다. 아울러 향후 한중 인문교류 심화과정에서 맞닥뜨릴 수 있는 각종 장애물을 찾고 그에 맞는 문제해결 방안을 제시하고자 한다.

한중 인문교류의 현황과 성과

1992년 한중 수교로 중국은 한반도 남북 양측과 모두 정상적인 외교관계를 수립하여 동북아지역 냉전 체제를 와해하고 지역 국가 발전에 유리한 정치, 경제 환경을 조성했다. 한중 수교 이래 25년간 양국은 각 영역의 교류 협력에서 모두 빠른 발전을 이루었고 양국의 정치적 화해 프로세스를 촉진했다. 정치적 화해가 심화되면서 양국 경제, 인문 교류도 꾸준히 확대되었다.

한중 인문교류의 빠른 발전

정치, 경제 관계가 지속적으로 발전함과 동시에, 한중 인문교류 역시 장족의 발전을 이루었다. 소위 인문교류란 사람과 문화의 국경을 넘는 교류를 말한다. 한중 수교 이전, 양국은 이미 비교적 빈번한 인적 왕래와 문화교류 활동이 있었다. 정식 수교 이후, 양국 사이에 인문교류의 장애물이 사라지고, 양국 정치, 경제 관계가 더욱 밀접해짐에 따라 인적 교류는 점점 더 빈번해졌다. 각 영역의 인적 왕래와 문화교류는 빠르게 확대되었다.

한중 인적 교류는 대폭 증가했다. 수교한 지 2년도 되지 않은 1994년, 한국을 방문한 중국 여행객은 14.1만 명에 달했다. 이는 전년에 비해 41% 성장한 것이다. 같은 해 중국을 방문한 한국 여행객은 23.4만 명으로 111.3% 성장했다. 1999년, 양국을 왕래한 인원은 다시 한번 폭발적인 성장을 보인다. 그해 한국을 방문한 중국 여행객은 37.1만 명으로 전년 대비 50% 증가했고, 중국을 방문한 한국 여행객은 82만 명에 달했다. 그 후 2008년까지 양국을 오고간 인원의 증가율은 기본적으로 두 자릿수를 유지했다. 2008년 이후, 한국을 방문한 중국 여행객은 연평균 30% 이상의 높은 성장세를 유지했다. 특히 2013년 양국 관계가 날로 밀접해지면서 한국을 방문한 중국 여행객은 전년 동기 대비 52.5% 증가한 344만 명에 이르며 최초로 중국을 방문한 한국인 여행객 수를 넘어섰다. 같은 시기 중국을 방문한 한국 여행객은 저성장 또는 마이너스 성장을 보였으나 여전히 400만 명 정도를 유지하였다.[1] 양국의 비자 간소화 정책을 통해 양국을 방문하는 인원은 지속적으로 빠르게 성장했다. 통계에 따르면, 2014년 한국을 방문한 중국인과 중국을 방문한 한국인이 각각 633.5만 명과 410만 명에 이르며 양국 인적 교류가 '1천만 명 시대'에 진입하였다.[2]

2009년 통계에 따르면, 베이징올림픽 이후, 중국에 거주하는 한국인 수가 '백만 명 시대'에 진입했다. 재중 한국인이 1만 명 이상인 도시는 14개로, 베이징이 20만 명으로 가장 많았으며 칭다오靑島, 상하이上海, 톈진天津이 각각 10만 명, 7만 명, 5만 명에 이르렀다.[3] 유학생의 수 역시 지속적으로 증가하였다. 최근 재중 한국인 유학생과 재한 중국인 유학생은 6만 명이 넘으며 각국 외국인 유학생 분포에서 상대국의 유학생 비율이 가장 높은 것으로 나타났다.

다른 한편으로, 한중 문화교류 또한 갈수록 밀접해지는 특징을 보인다. 중국에서 한류가 전국 각지를 휩쓸었다. "대장금", "별에서 온 그대", "태양의 후예" 등 한국 드라마와 온라인 게임으로 대표되는 문화콘텐츠는 많은 중국인들을 매료시켰다. 이들 한류의 인기 속에서 한국문화 색채가 짙은 한국요리, 문화상품 등 또한 중국인에게 인기를 얻었다. 또한 중국의 문화도 한국에서 점점 주목받기 시작했고, '중국어 교육 열풍'이 한국을 휩쓸었다. 한국의 많은 대기업이 사원들의 중국어 교육을 중시하고, 서울의 많은 상업지역에서 중국어는 거의 통용어가 되다시피 하는 등 '한풍漢風'이 한국 각지에서 불고 있다고 할 만하다. 중국어 열풍과 함께 "와호장룡臥虎藏龍", "영웅英雄", "랑야방瑯琊榜" 등 중국 영화와 드라마도 한국인에게 환영 받았다.

문화산업 협력을 강화하기 위해서, 2014년 7월 한중정상회담에서 양국은 '한중 영화 합작 촬영에 관한 협의中韓關於合作拍攝電影的協議'를 체결했다. 이는 양국 문화교류 협력의 본보기라 할 수 있다. 그 외에도 양국은 상대 국가에 전문적인 문화기구를 적극적으로 설립하고 자국의 언어와 문화를 전파한다. 현재 한국에는 공자학원 19개소와 공자학당 4개소가 있으며, 중국에는 세종학당 20개소가 설치되어 있다. 이들 기구는 상대 국가에 대한 이해를 증진하는 역할을 한다.

한중 정치관계가 인문교류 발전에 미치는 영향

한중 양국 인문교류는 어떻게 20년이라는 짧은 기간 동안에 이처럼 큰 진전을 이루었을까? 그 이유는 양국 간의 밀접한 경제교류가 인문교류를 촉진했다는 것 외에도 일부 학자들은 한중 양국 문화에 존재하는 '공통적인' 요소가 영향을 미쳤을 것이라고 생각한다. 즉, 양국 문화는 짙은 유교적 정서, 자강불식의 민족정신, 폭넓은 문화 포용력을 가지고 있다는 것이다.[4] 확실히 이런 요소는 한중 인문교류 촉진에 중요한 역할을 했다. 이들 영향요소에 대한 학계의 심도 깊은 탐구는 풍성한 성과를 거두었기에 더 이상 길게 설명하지 않겠다. 이 외에, 필자는 한 가지 중요한 요소가 더 있다고 생각한다. 한중의 양호한 정치관계 또한 양국 인문교류를 촉진하는 요인 중의 하나이다. 인문교류는 양국 관계 발전의 바탕이다. 정치관계는 양국 관계 발전의 엔진으로 정치관계의 좋고 나쁨은 직접적으로 인문교류 영역에 영향을 미친다. 본문은 이러한 측면을 중점적으로 논술할 것이다.

과거 몇 년간, 한중 양국 정부는 인문교류를 상당히 중시했다. 심지어 인문교류를 정치관계의 범위로 격상시켰고 이는 양국 인문교류 촉진에 있어 중대한 역할을 했다. 2008년 후진타오胡錦濤 주석이 방한했을 때 양국 정상회담에서 양측은 명확히 인문교류 강화를 표명했다. 회담 후 발표한 '한중연합성명韓中聯合公報'은 다음과 같은 문장을 담고 있다. "양측의 유구한 교류역사와 깊은 인문적 유대를 바탕으로, 교류를 확대하고 양국 국민의 상호 이해와 우호적 정서를 심화한다." '성명'에 따르면, 한중 양국은 인문교류를 진일보 확대하기 위해 비자에 편리를 제공할 것을 결정하고, 2010년과 2012년을 각각 '중국 방문의 해'와 '한국 방문의 해'로 정하고 인문교류를 강화하고자 했다. 특히 양국 지도자는 한중전문가공동위원회 설립을 결정했다. 그 산하에 한중인문교류위원회를 설치하고 한국과 중국 인문교류 영역의 문제점을 연구하고 상응하는 대응방안을 제시해 양국 정부가 정책 결정에 참고할 수 있도록 했다.

2013년 박근혜 대통령은 취임 후 오래지 않아 중국에 대해 '심신지려心信之

旅, 마음과 믿음을 쌓아 가는 여정'를 시작했다. 이때 한중정상회담에서 양국은 '한중 미래비전 공동성명閑中面向未來聯合聲明'과 '한중 전략적 협력 동반자 관계 내실화 행동계획充實中韓戰略合作伙伴關係行動計劃'을 발표하고 한중인문교류위원회 성립을 결정했다. 같은 해 11월 19일, 한중인문교류위원회가 서울에서 열렸다. 양측은 종전의 인문교류 성과를 높이 평가하고 향후 위원회에서 인문교류 영역 협력을 확대발전하기로 협의하여 양국 국민 간의 상호 이해와 감정적 유대를 더욱 심화했다.

2014년 7월, 시진핑習近平 주석은 한국 방문 중 서울대학 연설에서 "국가 간 교류는 국민의 친근함에 의하고, 국민의 상호 친근함은 마음이 통하는 데 있다."고 했다. 이는 한중 인문교류의 중대한 의의를 고도로 강조하고 있는 것이다. 이를 계기로 한국과 중국은 인문교류 기제를 더욱 개선하고, 인문교류공동위원회의 틀 아래서 기존에 결정한 한중 공공외교포럼, 한중 청소년교류 프로그램 등 교류 항목을 실시하였다. 2015년 1월, 한중인문교류공동위원회는 50개 인문교류 협력 프로그램을 확정하고 인문교류 협력 심화의 기초를 다졌다. 2016년 3월, 시진핑 주석은 박근혜 대통령과 함께 워싱턴에서 회담을 갖고 한중인문교류공동위원회가 역할을 더욱 충분히 발휘하여 한중 인문교류의 더 큰 발전을 이끌도록 하는 데 협의했다. 양측은 대외적으로 '2016년 한중인문교류공동위원회 교류협력 프로그램 목록2016年中韓人們交流共同委員會合作項目名錄'을 발표하는 데 동의하고 적극적으로 추진했다. 목록에는 학술교육, 지방, 청소년, 문화 등 양국 인문영역의 총 69개 교류협력 프로그램이 포함되었다.[5]

물론 앞서 언급한 몇 가지 중요한 영향 요소 외에도 한중 민간단체 또한 인문교류의 빠른 발전에 중요한 공헌을 했다. 현재, 한중 양국 간의 주요 우호단체는 한중우호협회, 중한우호협회, 한중문화협회, 21세기한중교류협회, 한중친선협회 등으로 "이들은 갈수록 한중 사회교류를 촉진하고 조직하는 과정에서 가교 역할을 하고 있다."[6]

양국 정부와 민간조직의 적극적인 추진 속에서 한중 인문교류 각 사업은 효과적으로 실현되어 양국 인적 교류 확대와 문화교류를 추진하는 데 막중한 역할을 했다.

한중 인문교류의 문제점

인문교류는 한중 공공외교의 중요 구성 부분으로 근본적인 목적은 양국 국민의 밀접한 왕래를 통해 심리적으로 감정교류를 촉진하고, 상호 이해를 바탕으로 지속적으로 인지와 신뢰를 제고하는 것으로 소위 "국민교류는 마음이 통하는 데 있다."는 것이다. 그러나 한중 인문교류의 지나온 길을 돌아보면 양국의 인문교류가 짧은 시간 안에 폭발적인 '양'적 성장을 실현했음에도 불구하고 '질'적 방면에서 적지 않은 문제가 존재함을 쉽게 발견할 수 있다.

가장 분명히 드러나는 문제는 인적 교류의 수량은 방대하지만 상호 간의 유효한 인식은 높지 않다는 점이다. 앞서 서술한 바와 같이 한중 인적 교류는 이미 연인원 천만 명의 시대에 진입했다. 양국 정부는 모두 인문교류를 고도로 중시하며 인문교류 촉진에 적극적으로 노력하고 있다. 그러나 전체적으로 보았을 때 한중 양국 간의 인적 교류는 상당 부분 단순한 인원 이동에 불과하다. 조직적이고 맞춤형 상호 소통은 여전히 부족하다. 중한 양국 국민의 상호 인식 수준은 여전히 낮다.

첫째, 한중 인적 교류 수량 성장은 경제무역 관계의 급속한 진전과 실현에 따른 것이다. 경제무역 발전에 따른 자연스러운 인원 이동은 서로 간의 감정 교류를 효과적으로 촉진하지 못했다. 양국 국민 간의 상호 이해 증진과 신뢰 향상에 있어 제한적이다. 한중 수교 이후, 양국 간의 경제무역 왕래는 급속히 발전했다. 무역규모는 60억 달러에서 2014년 약 3,000억 달러로 수직 상승했다. 이런 밀접한 경제무역 교류는 필연적으로 인적 교류를 빈번하게 하며 한중 인문교류의 빠른 발전을 도왔다. 그러나 경제무역에 종사하는 그룹은 기본적으로 분명한 상업적 목적으로 한중 양국을 왕래하는 것이지 상호 이해 증진이나 공통 인식의 확대 증진이 그 목적은 아니다. 이런 목적의 인적 교류는 효과적으로 상호 신뢰를 증진하지 못하고 "이익이 있으면 상호 교류하고, 이익이 다하면 흩어진다以利相交, 利盡則散."

둘째, 관광객은 양국 인적 교류에서 큰 비중을 차지한다. 그들은 양국 인적 교류 확대에 중요한 공헌을 했다. 그러나 관광객의 왕래 목적은 기본적으로 자연경관을 감상하고 현지 풍토와 풍습을 이해할 수 있을 뿐, 안타깝게도 현지인과 심도 깊은 소통을 할 조건이 되지 않는다. 한중 수교 이후, 양국 민중은 '금지가 해제된 후의 새로움과 신기함'으로 상대 국가를 방문하면서 인적 교류의 부단한 확대 발전을 촉진했다. 최근 몇 년간 중국 경제가 발전하면서 갈수록 많은 중국인들이 해외로 나가기 시작했다. 한국은 거리가 가깝고 비용이 저렴해서 중국 여행객의 인기 관광지이다. 특히 2013년부터 한국을 방문한 중국인 수는 중국을 방문한 한국인 수를 넘어섰고 2014년 한국을 방문한 중국 여행객은 연인원 600만 명을 넘었다.[7]

셋째, 유학생은 상대 국가의 주요 역량을 깊이 이해할 수 있어야 한다. 그러나 인적 구성의 측면에서 보면, 상대적으로 많은 유학생이 치열한 입시 경쟁에서 열세에 놓인 집단으로, 상대 국가로의 유학은 종종 피동적인 선택이다. 상대 국가에 도착한 후, 주관적·객관적인 이유로 일반적으로 자국인과의 '작은 테두리' 안에 국한되어, 현지 사회를 심도 깊게 이해하지 못한다. 따라서 정확하고 객관적으로 소재 국가의 인문, 사회 및 현지인의 사고방식을 이해하기 어렵다. 유학생 구성 측면에서도 단기 연수생이 대부분을 차지하며 하이레벨 학위 학습자와 연구원의 비율이 낮다. 2013년 한국국립교육원 통계에 따르면, 한국에서 유학 중인 5만 명이 넘는 중국인 중 박사학위 과정에 재학 중인 학생은 4%에 불과하다.[8] 중국에 있는 한국 유학생의 상황도 크게 다르지 않다.

일반적으로 높은 수준의 학위 과정의 유학생은 다방면에서 상대 국가의 사회, 문화적 집단을 깊이 이해할 수 있는 조건이 된다. 그러나 그들은 자국 유학생 중 비중이 상당히 작다. 게다가 그들이 공부를 마치고 귀국한 후 유럽, 미국에서 유학 후 귀국한 학생들과의 경쟁에서 불리한 위치에 처하기 때문에 그들의 의견이나 건의가 주류 여론에 반영되기가 어렵고 정책 수준에 반영되기는 더욱 힘들다. 때문에 상대국에 대한 일반 대중의 정확하고 깊이 있는 인식을 이끄는 데 힘이 미치지 못한다.

또한 양국 국민은 역사문화 인지에서도 큰 차이가 있으며 '반중'과 '혐한' 정서가 오랫동안 존재해 왔다. 앞서 서술한 바와 같이, 한중 인문교류는 규모 측면에서 빠르게 성장했으나 '질'적 향상은 그리 뚜렷하지 않다. 특히 상호 인식은 우발적인 사건이나 외부요소에 쉽게 영향을 받는다. 양국 간 민의의 바탕이 취약함이 드러나면서 소위 '반중'과 '혐한' 정서가 인문교류 발전에 줄곧 수반되었다.

한국 강릉단오제 유네스코 등재 신청부터 '동북공정'에 이르기까지 여러 사건들은 한중 양국 민중의 역사문화 인식상의 차이를 여실히 반영한다. 많은 중국인들이 자신도 모르는 사이 '유교문화권', '한자문화권' 안에서 역사문화적으로 우월한 위치에서 한국 문화를 인식하며 종종 문화적 공통성은 강조하고 차이성은 등한시한다. 반대로 한국인은 그들의 독특함을 강조하며 '빌린 것'을 '특유의 것'으로 여기고 문화유산 등재 신청과 같은 독점행위를 '합법화'한다. 양국 대중의 역사문화적 인식 차이와 자신의 인식을 보호하려는 행위는 한중 간 문화 오해와 모순을 야기한다. 나아가 각자의 민족주의 정서를 격발시켜 '반중'과 '혐한' 대립정서를 부각시킨다. 마늘파동, 김치파동, 올림픽 성화 봉송 등의 우발적 사건에서 '반중', '혐한' 정서는 미디어의 대대적인 과장으로 더욱 격화됐다. 특히 인터넷 보급과 개인미디어 기술이 날로 발전함에 따라 한중 국민 사이의 역사문화 인식 차이 또한 더욱 넓은 영역으로 확산되고 있고, 상호 모순 또한 증가하면서 '인터넷민족주의'가 한중 인문교류 과정에 미치는 영향이 점점 더 뚜렷하게 나타나고 있다. 이는 양국 간 대립 정서의 발화점을 지속적으로 낮추어 대립 정서를 더욱 확산시키는 등 막대한 파괴력을 갖고 있다.

한편 한중 양국 간 문화교류는 활발해졌으나 균형적으로 발전하지 못했다. 직관적으로 봤을 때, 한중 문화교류는 매우 활발하게 진행되고 있다. '한류'가 중국 땅을 휩쓸고, '한풍'이 한국 전역에서 불며 번성하는 듯 보이지만 자세히 분석해 보면, 양국의 문화교류가 균형을 이루지 못하고 있음을 어렵지 않게 발견할 수 있다. 한국의 영화, 드라마는 물론 예능 프로그램이 중국에 쏟아져 들어왔다. "런닝맨", "아빠 어디가", "나는 가수다" 등 한국의 예능 프로그램은 중국에서 큰 인기를 끌며 TV 예능 시장에서 많은 부분을 차지한다. 이와 더불어 중국 매체들은 한류를 적극적으로 홍보하고 소개하고 있다. 상대적으로 비교해 보았을 때 한국의 '한풍'은 다소 어색해 보인다. 소위 '한풍'은 중국어 학습 열풍을 가리키는데 이런 중국어 열풍은 한국 국민이 중국을 좋아해서 중국어를 배우고자 하는 것이 아니라 많은 경우 취업 경쟁에서 유리한 위치를 차지하기 위해서이다. 또 다른 한편으로 한국에서 중국 영화와 텔레비전, 문화 콘텐츠에 대한 대우는 근본적으로 중국에서의 한류와 비교할 수 없다. 한국에서의 중국 문화 전파에 있어서 한국 측의 입장은 보수적인 경향이 있고 심지어 적지 않은 반발마저 있다. 그러나 중국에서 꾸준히 성장하는 한류 현상에 대해서는 한국의 일부 미디어들은 관대한 대도를 보이며, 한국 대중문화의 선진성과 우월성이 중국에서 한류가 성공할 수 있었던 결정적 이유라고 생각한다.

한중 인문교류의 이러한 문제점의 원인은 다방면에서 찾을 수 있다. 개괄하자면 양국 인문교류의 독립된 관리기구 부족, 장기적이고 효과적인 기제 및 가치 추구의 부재가 그것이다.[9] 양국 정부는 한중 인문교류를 고도로 중시하며 적극적으로 '한중인문교류위원회'와 같은 기구를 구성했다. 이를 통해 양국 인문교류의 건강하고 지속적인 발전을 촉진하고자 했다. 그러나 이런 종류의 기구는 뚜렷한 정부 색채를 띠고 있어 마땅히 발휘해야 할 '선도'적 역할을 '주도'적 역할로 이해하면서 양국 인문교류 촉진에 불가피하게 그 한계가 드러날 수밖에 없다. 특히 이런 종류의 기구는 정치관계의 영향을 더욱 쉽게 받아 양국 관계에 기복이 나타날 때 그 업무상태 또한 달라지기 때문에 장기적이고 안정적인 인문교류 발전을 추진할 수 없다.

이뿐 아니라 한중 양국은 인문교류에 많은 정치, 경제적 함의를 부여하고 있다. 인문교류를 통해 자국의 이미지와 영향력을 향상시키고자 하는 것이다. 오랫동안 한중 인문교류는 줄곧 경제와 정치의 '조연'으로 치부되며, 양국 사회문화 발전, 지역 사회문화 발전에서의 의의가 경시됐다.[10] 게다가 분명한 정치, 경제 목적을 가진 인문교류는 쉽게 상대방의 경각심을 유발하여 진정한 '마음 나누기交心'의 경지에 이르기 어렵다.

한중 인문교류의 도전: 민족주의 정서의 대립

한중 인문교류의 급속한 발전과 함께 명백한 문제들 또한 존재한다. 이들 문제를 해결하기 위해서는 '마음으로 서로 교류以心相交'하며 꾸준히 신뢰를 쌓는 과정이 필요하다. 향후 한중 인문교류의 심화발전은 "순풍에 돛 단 듯" 순조롭지만은 않을 것이다. 각 영역에서 커다란 장애물을 맞닥뜨릴 수 있다. 정치, 안보 등 각종 요소의 직접적인 제약, 양국 민족주의 등이 그것이다. 특히 한중 민족주의는 종종 역사인식의 차이로 촉발된다. 또한 어업분쟁 등 비전통 안보영역의 분쟁이 고조될 수 있으며, 언론의 일부 부정확한 보도가 촉매제가 되어 양국 국민의 상대국에 대한 정확한 인식을 직접적으로 악화시킴으로써 한중 인문교류의 심화발전을 저해할 수 있다.

한국과 중국의 정치, 안보 영역에서의 입장 차이는 주로 한반도문제에서 드러난다. 이런 차이는 지속적으로 양국 정치관계 발전에 영향을 끼치고 나아가 양국 인문교류 발전에 직접적 제약이 된다. 한반도 통일문제에 있어서 한국은 중국에 많은 기대를 갖고 있다. 중국이 한국이 주도하는 흡수통일을 포함한 통일 모델을 지지해 주길 바라지만 중국은 '자주적, 평화적' 통일 모델을 견지한다. 한국은 꾸준히 중국이 입장을 바꿔주길 바라며 설득하고 있지만 현재까지 효과를 얻지 못했다. 북핵문제에 관해서 한국 정부는 '이란 핵 모델'을 믿기 때문에 오랫동안 미국, 일본과 긴밀히 협조하여 적극적으로 대북제재 압박을 시행했다. 반면 중국은 제재압박 방식으로 문제를 해결하는 데 동의하지 않는다. 북한이 핵, 미사일 실험을 지속적으로 밀어 붙이면서 안보의제는 점점 더 동북아 국가들이 주목하는 핵심 영역이 되고 있다. 이로 인해 냉전 종식 이래로 경제협력 의제에 밀려났던 구조적 안보 모순이 다시 한번 부각되면서 이런 구조적 모순은 한중관계에 직접적으로 영향을 미쳤다. 사드 배치가 대표적인 사례로, 이는 한중관계를 크게 훼손했다.

정치관계가 점점 냉각되면서 한중 간의 인문교류는 직접적으로 큰 영향을 받았다. 사드문제 공개 후, 정부 성격을 띤 교류 프로그램은 중단되었고 한국으로 가는 중국 여행객도 점차 감소하는 추세다. 특히 한국을 방문하는 중국 여행단이 대폭 줄어들면서 한국관광산업은 큰 타격을 받았다. 한국 중앙일보의 보도에 따르면, 2017년 8월 한국에 입국한 중국인은 모두 33.9만 명으로 전년 동기 대비 61.2% 감소했다.[11] 서울의 명동거리, 공항 면세점 등 중국 여행객으로 붐비던 곳들이 썰렁하게 변했다. 일부 점포들은 부득이하게 문을 닫고 휴업할 수밖에 없었다. 특히 중국 관광객들에게 인기가 많았던 제주도의 경우, 중국 여행객이 대폭 줄어들면서 관광산업이 큰 타격을 받았다. 이에 한국 측은 '보복' 조치로 중국으로 가는 단체여행을 줄이고 지방교육청은 해당 지역 학교에 공문을 보내 청소년교류단의 중국행을 삼가줄 것을 요청했다. 이처럼 정치·안보 영역의 문제는 양국 관계에 변화를 가져오며, 직접적으로 양국 인문교류의 진행을 저해했다.

더욱 심각한 것은 한중 정치관계가 냉랭해짐에 따라 민간의 민족주의 대립 정서가 다시금 일면서 양국 관계 건강한 발전의 바탕을 갉아먹고 있다는 것이다. 환구시보環球時報, 신화망新華網 등과 같은 언론계 주류 매체들은 한국의 사드 배치 결정을 앞다투어 비난하고 규탄했다. 그 영향으로 한국 기업들의 중국 내 사업이 중국 소비자의 강렬한 저항을 받았고, 많은 기업들이 이전해야 할 궁지에 몰렸다. 특히 한국의 주요 브랜드인 현대·기아 자동차의 중국 판매량은 영향을 받아 대폭 하락했다. 현대자동차에 따르면, 2017년 4~6월의 중국 판매량은 전년 동기 대비 10만대 이상 줄어들어 40% 감소했다. 1월에 6월을 합친 재무보고에 따르면 영업이익은 작년 동기 대비 16%

감소하여 한화 259만 5천억(약 25억 달러)이었다.[12]

중국 국내에서 나타난 이런 현상들을 한국 매체는 보편적으로 중국이 한국에 경제보복을 실행한 결과라고 생각했다. 따라서 한국에서도 중국을 규탄하는 분위기가 일면서 반중 정서가 빠르게 퍼져나갔다. 한국아산정책연구원의 최근 조사에 따르면 중국의 강경한 외교정책이 한국 내 반중 정서에 큰 영향을 미쳤다고 보고, 이를 중국의 내정간섭으로 여긴다. 이런 상황에서 60%의 응답자가 한국에 미치는 중국의 영향을 부정적으로 바라봤다. 반면 2015년 시행한 같은 조사에서는 21%에 불과했다.[13] 2017년 초, 1,000명의 한국 성인을 대상으로 실시한 국가별 호감도 조사에서 중국의 점수는 1월 4.31점(10점 만점)에서 3월 3.21점으로 하락했다. 이는 일본의 3.33점보다도 낮은 수치다.[14] 이뿐만 아니라 한국 내에서 중국 전자제품을 사지 않고, 칭다오 맥주를 마시지 않으며, 중국으로 여행을 가지 않는 등 중국산 불매운동도 벌어졌다.

요컨대, 정치·안보 영역 문제의 영향 속에서, 현재는 주로 사드의 영향을 받아 한중 양국 간의 민족주의 대립 정서는 끊임없이 상승하고 점점 더 퍼져 나가고 있다. 한중 양국 정부는 민족주의 확산을 막고 이런 정서의 부정적 영향을 해소하기 위해서 적극적으로 노력하고 있다. 그러나 이런 인식의 전환은 매우 더딘 과정이다.

한편, 경제영역의 상호 보완성이 소실되고, 경쟁이 한중 경제관계의 새로운 특징으로 대두되었다. 특히 한국이 점차 중국에서 경쟁우위를 상실하면서 심리적 '상실감'이 일종의 민족주의적 배척성으로 전환됐다. 수교 이래 한중 경제협력은 세계의 주목을 받는 큰 성과를 거두었다. 중국의 통계에 따르면 2014년 한중 경제무역 규모는 3,000억 달러에 육박하고 이후 양국 경제무역액이 감소하는 추세임에도 불구하고 여전히 2,700억 달러 정도를 유지하고 있다. 한중 무역액은 여전히 한미, 한일 무역액의 총합보다 많다. 한중 경제무역관계가 이처럼 빨리 발전할 수 있었던 이유는 양측의 경제 상호보완 효과 때문이다. 수교부터 21세기 첫 10년 동안 한국은 중국보다 자금, 기술에서 우세했다. 그러나 제조업영역에서 중국의 기술 수준이 향상됨에 따라 본래의 상호 보완형 협력 모델은 점차 경쟁으로 전환되었다. 중국의 대외무역에서 원료, 초급 가공제품, 노동집약형 등 저부가가치 상품의 수출이 차지하는 비중은 점점 줄어들면서, 산업구조가 고도화된 국가 대열에 진입하기 시작했다. 같은 시기 한국은 많은 영역에서 대對중국 우위를 점점 상실하면서 양국 무역에서 같은 영역의 상품 경쟁이 날로 뚜렷해졌다. 최근 몇 년간, 국제시장에서 한중 10대 주력산업의 수출 점유율은 한국이 중국에 비해 우위를 점하던 영역이 날로 줄어들어, 현재 자동차, 석유화학 영역에서 한국이 우위를 점하고 있는 것을 제외하고 다른 영역은 이미 중국에 밀려났다. 이런 국면의 전환은 한국이 중국보다 선점했던 우위가 끝나간다는 것을 의미하며, 경제발전에 따른 자신감과 자긍심이 큰 타격을 받았고 허탈함을 느꼈다. 이런 상실감은 특정 조건하에서 대립 정서로 쉽게 전환된다.

또한, 한국의 중국 경제 의존도가 높다는 점이 부담과 우려를 낳았다. 한중경제교역 중 한국은 매년 대중무역에서 거액의 흑자를 얻었다. 중국 상무부 통계에 따르면, 2008년 중국의 대한국 무역적자는 382억 달러, 2011년 800억 달러, 2013년에는 920억 달러로 급격히 증가했다.[15] 이는 같은 해 중국 무역 총흑자 2,600억 달러의 1/3에 달하고, 한국의 대외무역 총흑자 442억 달러의 2배이다. 그러나 한국이 대중국 무역에서 거액의 흑자를 누림과 동시에, 중국 경제에 대한 의존도도 날이 갈수록 심화되었다. 2010년 후, 한국의 대중국 무역 의존도는 25% 이상을 유지했다.[16] 경제적으로 대중국 의존도가 높아지면서 한국에서 많은 우려를 낳았다. 중국이 경제 조종 수단으로 한국의 정치, 안보 영역에서의 선택을 간섭할 것을 걱정했다. 특히 사드 문제가 발생한 후 이러한 우려가 현실화되었다. 이런 심리적 작용 속에서 한국은 동남아시아, 남아시아, 중동 등 지역의 시장 개척을 적극적으로 모색하여 중국 경제 의존도를 낮추려고 하였다. 이런 선택은 경제적으로 인문교류를 촉진하는 동력을 약화시킬 수밖에 없고, 동시에 중국의 민족주의 정서를 부추길 수 있다.

양국 간의 갈등은 끊임없이 각국의 민족주의를 자극하여 한중 인문교류의 심화발전을 심각하게 저해한다. 한중 간의 갈등은 주로 역사문화 인식 차이에 대한 것과 한중 해양경계선 분쟁이다. 역사문화 인식 차이에 있어서 양국은 이미 심각하게 정서적으로 대립하고 있다. 이 문제는 한중 인문교류 발전의 안정성을 위협할 뿐만 아니라 한중 인문교류 과정에 존재하는 가장 전형적인 문제이기도 하다. 이 문제와 관련해서 앞서 이미 설명했으므로 여기서는 다시 논술하지 않겠다. 종합적으로, 이런 역사인식 차이는 단기간 내에 해소되기 어렵기 때문에 한중관계에 장기적으로 영향을 끼칠 수밖에 없다. 상대방에 대한 정확한 인식을 저해하고, 한중 인문교류의 건강한 발전을 제약한다.

오늘에 이르기까지, 한중 간 해양경계선 문제는 여전히 해결되지 않은 채 양국 간 어업분쟁을 유발하고 특정 상황에서는 한중관계를 더욱 악화시킬 수 있다. 한중 간에 영토분쟁은 없지만 해양 배타적 경제수역 구획문제가 있다. 1996년 이래로 양국은 배타적 경제수역 중첩문제로 15차례에 달하는 획정 담판을 거쳐, 2000년 '한중어업협정'을 체결했다. 그러나 황해에서 잠정조치 수역과 과도수역을 나누었을 뿐 양측의 해역경계는 확정하지 못했다. 양측은 구획 기준에 관한 이견을 좁히기 어려워 이 문제는 지금까지 해결되지 않고 있다.[17]

해역경계는 한중관계에 적지 않은 불편을 가져왔다. 하나는 끊임없는 어업분쟁이고 다른 하나는 이어도분쟁이다. 한국은 중간선 원칙에 따라 이어도를 자기 해역으로 귀속하고 관할권을 행사하는데 중국은 이를 인정하지 않는다. 이어도분쟁은 방공식별구역문제로 확대되었다. 2013년 11월, 중국이 동해방공식별구역CADIZ을 선포한 뒤 한국의 반응은 격렬했다. 한국은 빠르게 자신이 설정한 식별구역KADIZ을 선포했다. 결과적으로 양국이 설정한 방공식별구역에는 중첩구역이 나타났다. 이와 비슷한 문제들은 한중 정치관계가 양호하게 발전할 때는 일반적으로 냉정하게 처리되지만 한중 정치관계가 순조롭지 않을 때는 한중관계의 잠재적 위험이 될 수 있다.

어업분쟁은 양국이 고도로 중시하는 사항으로 문제를 해결하기 위해 적극적으로 협상하고 있다. 오랫동안 한국이 중국 어선을 '불법조업' 혐의로 폭력적으로 제압하거나 억류하는 사건이 때때로 발생했다. 그 과정에서 많은 사람들이 다치고 죽기도 했다. 특히 제4차 북한 핵실험 후, 한국과 중국이 대북제재 문제에서 다시 명확한 입장 차이를 드러내면서 양국 관계가 악화되었다. 이런 상황에서 한중 어업분쟁은 더욱 부각되어 한국은 계속해서 무력단속을 강화하고, 해양경찰 순시선에 화력을 갖추었으며 심지어 군함을 파견해 법 집행을 강행했다. 2016년 11월 두 차례 한국 해경이 중화기 기관총을 중국 어선에 발사한 사건이 발생했다. 어민의 생명과 안전을 고려하지 않은 중화기 사격 행위는 중국 언론의 격렬한 불만을 야기했고 나아가 양국 국민정서의 대립을 촉발하여 양국 관계에 심각한 부정적 영향을 초래했다. 이처럼 특정 상황에서 이러한 사건들은 언론의 홍보에 따라 큰 파괴력을 갖는다.

어업분쟁과 이어도 문제를 해결하는 가장 좋은 방법은 가능한 조속히 해양 경계를 획정하는 것이다. 그러나 한중 해양경계선 문제는 해양 주권과도 관련 있어 양측 모두에게 매우 민감한 사안이다. 담판이 이미 수차례 진행됐음에도 불구하고 오늘까지 실질적인 진전을 이루지 못하고 있다. 특히 양국 정치관계가 악화된 상황에서 해양경계선 문제는 해결에 필요한 정치 환경이 더욱 줄어들 수밖에 없다. 따라서 한중 경계선 담판은 여전히 갈 길이 멀고, 그 과정에서 계속 어업분쟁이 발생할 가능성이 있다. 매번 이런 사건이 나타날 때마다 한중 민족주의가 나타나고 이런 정서는 양국 신뢰를 훼손하여 민간교류가 '마음으로 교류'하는 단계로 격상되기 어렵다.

한중 인문교류 공동 노력의 방향

한중 인문교류는 양국 공공외교의 중요 구성 부분으로 양국 관계 발전의 바탕이다. 향후 한중관계의 지속적인 심화발전을 보장하기 위해서 한중 양국은 성심성의껏 협력하고, 양국 간의 정치, 경제, 안보 영역의 모순을 적절히 처리해야 한다. 국민을 역사문화인식의 오해로부터 선도하여 민족주의가 격화되는 것을 방지해야 한다.

먼저, 정치, 안보 영역에서 한국과 중국은 통일문제와 한반도 비핵화문제에서의 입장 차이를 계속 조율해야 한다. 지속적인 공감대를 통해 양국 대립 분위기를 해소해야 한다는 의미이다. 한반도 통일문제와 관련해서 양국 정부 간 대화를 진행하고 싱크탱크, 고등교육기관, 인문교류 등 공공외교를 강화하여 한국 국민들이 다음을 주지하도록 해야 한다. 대북관계 발전은 장기적이고 안정적인 전략이 필요하다. 한반도 통일은 긴 역사적 진행과정이며, 현재 가장 중요한 것은 한반도 위기 국면을 잘 관리하여 통일에 유리한 환경을 조성하는 것이다. 평화적인 상태에서 통일을 실현하는 것이야말로 조선민족의 근본이익에 부합한다. 대북관계 개선은 평화 통일의 기초를 실현하는 것이다. 중국은 한반도 남북의 자주 평화 통일을 적극적으로 지지한다.

북핵문제에서 한국과 중국은 소통, 협력을 강화하고 비핵화, 제재, 대비책 방면에서 합의를 증진함으로써 한반도 비핵화과정을 촉진해야 한다. 한중 양국은 한반도의 전쟁 발생을 원하지 않으며 조속히 북핵문제가 해결되길 바란다. 이는 북핵문제에 있어 양국의 기본적 합의이다. 향후 한국과 중국은 계속해서 합의를 바탕으로 역사적 경험을 거울삼아 북핵문제 처리방식 선택에서 새로운 합의를 이룰 수 있도록 노력해야 한다. 이렇게 할 때 한국과 중국은 비핵화과정에서 효과적으로 협력하고 힘을 합칠 수 있다. 물론 이런 과정은 한중 신뢰 재건의 과정이며 정치, 안보 영역의 대립 정서를 해소하는 과정이다.

현재, 사드문제는 한중 간 격렬한 민족주의 정서를 야기하여 한중관계의 바탕을 심각하게 손상시켰기에 시급한 단속과 완화가 필요하다. 이를 위해서는 양국이 다양한 수준에서 지속적으로 소통하고 문제를 해결할 출구를 찾아야 한다. 비공개, 꽉 막힌 대화 통로는 한중관계를 막다른 골목으로 몰아넣을 수밖에 없다. 적극적인 대화와 협상과정을 통해 한국 국민들이 다음을 인식하게끔 해야 한다. 사드는 미국 MD 구축의 중요한 한 걸음으로 한국의 안보 방위 효과는 매우 제한적이다. 사드 배치는 자신의 이익을 손상시키고 타인에게 이익이 되는 행위다. 사드의 중국에 대한 위협은 북핵문제가 중국에 미치는 위협에 뒤지지 않는다. 중국은 이 문제에서 양보할 수 없으며 사드는 현재 한중관계를 훼손할 뿐만 아니라 한국은 중국의 '잠재적 시장 기회'를 상실할 것이다. 사드 배치는 한국 국내 일부 정치 세력의 요구를 만족시켰을지 몰라도 장기적으로 손해를 보는 것은 한국 국민의 이익이다. 사드문제에 관한 객관적 인식이 형성되어야 한국 국내 '반중' 정서가 완화되고, 양국 모두 받아들일 수 있는 방안을 모색하여 사드의 그림자에서 벗어날 수 있을 것이다.

다음으로, 경제영역에서 최근 몇 년 동안 한국이 중국에 대한 기술우위가 점차 줄어들면서 양측 경제관계에도 큰 변화가 나타났다. 그러나 이는 구조적 조정이지 전략적 변화가 아니다. 한중 양측은 호혜의 중요성과 이익 기초가 여전히 존재한다. 한국과 중국은 적극적으로 협력 모델을 혁신하고 양국 경제의 진일보한 협력 발전에 새로운 동력을 제공하고, 경쟁으로 인한 부정적 감정을 해소해야 한다. 무역과 투자에서 양측의 불균형을 조정하고 협력과 공영을 핵심 가치로 견지하며 산업협력을 적극적으로 심화해야 한다. 상자 관계를 넘어선 지역경제협력 틀을 구축하여 한국과 중국이 손잡고 제3의 시장을 개발해야 한다. 이를 통해 양국의 경쟁 압박을 협력 동력으로 바꿔 경쟁으로 인한 부정적 심리를 신뢰를 쌓자는 공감대로 전환해야 한다.

또한 양국의 분쟁을 적절하게 처리하여 국민 대립 정서를 점차적으로 해소해야 한다. 이를 위해 세 가지 방면을 중점적으로 처리할 필요가 있다. 첫째, 조속히 한중 경제해역 경계를 확정하여 한중 해양 권익 분쟁을 근본적으로 제거해야 한다. 2015년부터 양측은 중첩된 배타적 경제수역 관련 담판을 진행하고 있으나 정치관계의 변동 때문에 담판 효과가 미미하다. 이후 해양 경계선 문제에서 진전을 얻기 위해서 가장 중요한 전제조건은 양호한 한중 정치관계 회복이다. 둘째, 고구려 역사 귀속문제 해결이 시급하다. 이는 근본적으로 국민 인식 차이와 대립 정서를 해결하는 데 도움이 된다. 지속적인 학술교류를 통해 객관적이고 정확하게 상대방 입장을 전달하여 국민들이 역사문제 인식에 있어 이성을 회복하도록 해야 한다. 더불어 중국과 한국을 막론하고 공통점을 갖고 있는 역사와 문화를 '전유화'하지 말아야 한다. 문화의 '지역 특성' 관점에서 고구려 역사문제를 인식하도록 노력하고 역사문화 '공공상품'을 함께 누리며 역사분쟁으로 인한 민족주의 대립을 해소해야 한다. 셋째, 현재 상황에서 각자 국내 매체가 분쟁문제를 공정하고 적합하게 보도하도록 이끌어 과격한 민족주의가 촉발되지 않도록 해야 한다. 이로써 인문교류가 규모의 확대에서 질적 향상으로 나아갈 수 있도록 노력해야 한다.

마지막으로 상술한 장애 요인을 제거하기 위해 한중은 소통기제 구축을 강화해야 한다. 다년간의 노력을 거쳐 양국은 효과적인 고위층 소통기제를 구축했다. 양국 정상회담 기제, 외교안보 대화협상 기제, 외교장관 정기회담 기제 등이 그것이다. 과거 경험은 한중 정상회담 등 정부 고위급 대화 기제가 직접적이고 효과적인 소통 채널임을 증명한다. 양국이 입장을 조율하고 분쟁을 처리하는 데 중요한 역할을 하며 양국 관계 발전에 양호한 정치적 분위기를 조성했다. 향후 한중관계의 방해물을 처리하는 과정에서 정부 간 고위급 대화와 소통을 강화하고 갈등을 일정 범위 내로 제어하도록 노력한다면 외교적 분쟁으로 확대되지 않을 것이다. 아울러 반정부, 민간 등의 교류를 적극적으로 추진하여 상호 이해를 점차적으로 증진하고 한중관계 발전의 기초를 닦아야 한다.

맺는 말

인문교류는 한중 공공외교의 중요 구성 부분으로 그 근본적인 목적은 양국 국민의 밀접한 왕래를 통해 감정교류를 촉진하고 상호 이해를 바탕으로 인식과 신뢰를 향상하는 데 있다. 한중 수교 25년 동안 양국은 인문교류 영역에서 뚜렷한 성과를 거두었다. 인적 교류 천만인 시대에 접어들었고, '한류'와 '한풍'은 양국 각지를 휩쓸었다. 그러나 이와 동시에 양국 인문교류 영역에는 많은 문제들이 산재해 있다. "광범위하지만 깊지 않고, 많으나 정교하지 않다廣

而不深, 多而不精."'혐중'과 '혐한'은 인문교류와 더불어 오랫동안 존재했다. 양국 인문교류는 활발해졌지만 발전은 불균형하다. 독립적으로 추진하고 관리할 수 있는 기제가 결여되어 있다. 이런 문제들은 양국 관계의 기초 체력이 여전히 취약한 만큼 꾸준히 양국 인문교류를 심화하면서 해결할 필요가 있다.

그 원인은 정치, 경제, 문화 등 영역에서 양국의 비교적 큰 입장 차이가 야기한 각자의 민족주의가 한중 인문교류에 막대한 저항을 초래했기 때문이다. 이런 장애물을 해소하기 위해서 양국은 정치, 안보 영역에서 다양한 채널을 강화하여 소통하고 조속히 사드의 그림자에서 벗어나 핵문제가 야기한 민족 대립 정서를 완화해야 한다. 경제 분야에서는 협력과 윈윈을 지도 이념으로 양자 관계를 초월한 지역 경제협력 틀을 적극적으로 구축하여 새로운 협력 모델을 만들고, 경쟁이 초래한 부정적 심리를 신뢰 구축과 합의로 바꿔야 한다. 양국 분쟁을 해결하기 위해서는 양호한 정치관계를 전제로 적극적으로 해양경계선을 완성해야 한다. 양국의 역사분쟁은 문화의 '지역특성' 관점에서 역사문제를 바라보고 문화공공상품을 함께 나누며 대립 정서를 해소해야 한다. 그 외에도 인문교류 강화를 촉진하는 기제와 관리 기제를 만들어 인문교류를 정확한 방향으로 이끌고 양국 관계 발전에 끊임없는 동력을 제공해야 한다.

1 한국관광공사와 중국국가여행국 데이터를 정리. 門洪華·李熙玉 編, 『中韓關係的再建構』, 中國經濟出版社, 2016年 第一版, pp.233-234.
2 "中韓人員往來進入'千萬時代", 人民日報, 2015年1月17日 第2版.
3 "在華居住韓國人達百萬 北京人數最多達二十萬", 環球網, 2009年10月8日. http://china.huanqiu.com/roll/2009-10/596705.html (검색일: 2017-08-13)
4 邢麗菊, "關於加強中韓人文交流的思考", 『東北亞論壇』, 2014年 第6期, pp.119-120.
5 "中韓雙方發佈2016年中韓人文交流共同委員會合作項目名錄", 中國經濟網, 2016年4月2日. http://www.ce.cn/culture/gd/201604/02/t20160402_10079503.shtml (검색일: 2017-08-13)
6 "中韓社會交往22年: 成就與問題", 門洪華·李熙玉 編, 『中韓關係的在建構』, 中國經濟出版社, 2016年 第一版, p.132.
7 Ibid, pp.233-234.
8 "IN China Brief", 仁川發展研究院, Vol.271(2014.7.), p.8.
9 王曉玲, "薩德摩擦之後的中韓人文交流", 『成均中國觀察』, 2017年 第3期, p.57.
10 Ibid, pp.57-58.
11 "中國遊客減少 海外旅遊增加 8月履行收支赤子14億美元", 中央日報, 2017年09月29日. http://news.joins.com/article/21984033 (검색일: 2017-09-29)
12 "文在寅改曖昧立場追加部署薩德: 被指無異朴槿惠", 環球網, 2017年8月2日. http://war.163.com/17/0802/10/CQR1GQIA000181KT.html (검색일: 2017-08-25)
13 "香港回歸中國20年映襯漢中建交25周年的阴影", 朝鮮日報, 2017年6月30日. http://biz.chosun.com/site/data/html_dir/2017/06/30/2017063001616.html (검색일: 2017-08-22)
14 "民調: 韓國民眾最討厭中國 超50%支持薩德", 鐵血網, 2017年3月26日. http://bbs.tiexue.net/post_12511921_1.html (검색일: 2017-08-23)
15 中國駐韓國大使館商務處, 中韓關係. http://www.chinaemb.or.kr/chn/zhgx/shuangbian/t720117.htm (검색일: 2017-08-02)
16 韓國貿易協會統計數據, http://stat.kita.net/stat/world/major/KoreaStats06.screen (검색일: 2017-09-30)
17 한중 간 해역은 너비가 최대 280해리로, 200해리 배타적 경제수역은 필연적으로 겹칠 수밖에 없다. 중국 측은 줄곧 대륙붕 원칙을 주장하며 전체 해양선 길이의 비율에 따라 해역을 나눈다. 반면 한국 측은 중간선 원칙에 따른 구획을 요구한다. 그러나 주목할 점은 한국과 일본이 분쟁 중인 해역구획문제에서 일본에게는 대륙붕 원칙을 주장하고 있다는 것이다.

PART 4

한중 공공외교와 싱크탱크

chapter 15 김태환(국립외교원)
　　　　　지식외교와 싱크탱크의 역할

chapter 16 양갑용(성균관대)
　　　　　학술싱크탱크와 한중 공공외교

chapter 17 왕츄빈(화차오대)
　　　　　중국 특색의 싱크탱크와 공공외교

지식외교와 싱크탱크의 역할

김태환 국립외교원

공공외교의 한 유형으로서의 지식외교

금세기 들어 공공외교의 중요성이 가중됨과 더불어 나타나는 두드러지는 현상 중의 하나가 '소프트파워 정치politics of soft power'의 가속화이다. 미국이나 중국과 같은 강대국을 비롯한 세계 여러 나라들은 자국의 소프트파워를 자산으로 외국 국민들을 대상으로 경쟁적으로 매력 경쟁을 펼치면서 자국의 국가이익을 극대화시키기 위해 노력하고 있다. 그렇다면 공공외교 역시 군사력과 경제력을 자산으로 하는 국가 간 경쟁의 또 다른 얼굴에 다름 아닌 것인가? 현실주의가 바라보는 국제정치realpolitik에서처럼 공공외교 역시 소프트파워를 매개로 경쟁하는 또 다른 '제로섬 게임'으로서 헌팅턴Samuel P. Huntington이 예견한 바와 같은 '문명의 충돌'을 가속화시킬 것인가?[1] 공공외교가 국지적 국가이익을 넘어서서 국제사회의 집단적인 '공공재public good'를 창출할 수는 없는가? 이 글은 이러한 문제의식하에 공공외교의 한 유형으로서의 지식외교, 그리고 지식외교에서 싱크탱크의 협력적 역할에 대한 이론적 근거를 제시하고자 한다.

오늘날에는 적어도 세 가지 상이한 종류의 외교가 존재한다. 전통적인 '정부 간 외교', 20세기에 시행되던 '구舊공공외교old public diplomacy', 그리고 21세기 들어서 구舊공공외교와는 전혀 다른 새로운 양상으로 전개되고 있는 '신新공공외교new public diplomacy'가 그것이다. 외교정책의 집행과정을 구성하고 있는 다섯 가지 구성 요소, 즉 공공외교의 주체와 대상, 자원과 자산, 그리고 공공외교의 메시지를 듣고 전달하는 매체 또는 미디어라는 다섯 가지 요소에 초점을 맞추어 세 가지 외교를 구분할 수 있다.[2] 이들 요소의 차이점에 주안하여 신공공외교를 "물리적 강제력이나 물질적 보상에 의하지 않고 소프트파워 또는 소셜파워social power[3]를 비롯한 새로운 관계의 힘을 사용하여 쌍방향적인 열린 소통의 과정을 통해서 타 국민들을 이해하고, 자국에 관한 정보를 전달하며, 타 국민들을 포용engage함으로써 그들에게 영향력을 행사하고 궁극적으로 국가이익을 제고하고자 하는 외교행위"로 정의할 수 있다. 이러한 정의하에 공공외교는 다시 어떤 구체적인 '자산soft power assets'을 사용하느냐에 따라서 다음 〈표 1〉과 같은 하부 유형으로 구분할 수 있다.

〈표 1〉 공공외교의 하부 유형

공공외교의 하부 유형	소프트파워 자산
지식외교	정보 및 지식 자산(특정 국가의 역사적 경험, 가치, 제도, 정책, 학문적 자산 및 인적 자산(human capital) 등)
문화외교	문화자산(문화적 유산, 대중문화, 언어 등)
미디어외교	미디어자산(국제방송 등)
기업외교	기업자산(기업의 진출 국가 현지 사회적 활동(CSR)을 포함하여 영리를 목적으로 하지 않은 기업 활동)
스포츠외교	스포츠자산(국제적 스포츠 대회, 스포츠인의 국제적 활동 등)
관광외교	관광자산

출처: 필자 작성

이 중 지식외교는 지식을 자산으로 하는 공공외교로서, "역사적 발전경험을 통해서 축적된 아이디어, 가치, 제도, 정책 등을 주 자산으로 사용하는 외교knowledge for diplomacy"라고 정의할 수 있다.[4] 특히 지식의 국가 간 공유는 창의성과 소통, 그리고 협력을 증진하는 매개가 될 수 있다. 교육이나 역사적 경험을 통해서 축적된 지식을 외교적 자산으로 사용함으로써 국제적인 지식공동체epistemic community의 구축을 촉진할 수 있고, 국가 간 또는 국제적 공통 이슈나 의제를 평화적인 방법으로 해결할 수 있는 가능성을 높일 수 있는 것이다. 따라서 지식외교는 지식의 공유와 전파를 통해서 국제사회의 새로운 규범과 질서를 창출할 수 있는 잠재력을 지닌다. 국제사회가 당면하고 있는 주요 이슈들에 대해서 국지적인 국가이익을 넘어서 공동체적 선을 추구하고 이의 실현을 위해서 구체적인 가교 역할을 수행하는 것은 중견국 지식외교의 중요한 측면을 구성한다.

지식외교는 사용되는 지식자산, 대상, 매체 등의 차원에서 세분될 수 있다. 〈표 2〉는 대표적인 지식외교의 종류를 예시하고 있다.

〈표 2〉 지식자산에 따른 지식외교의 범주 예시

지식자산	지식외교의 범주 예시
역사적 경험공유	경제발전 등 특정 국가의 성공적인 역사적 경험을 지식자산화 (예컨대, 한국의 KSP(Knowledge Sharing Program))
교육 및 인적 교류	교육 및 인사 교류를 통해서 상대국에 대한 직접적인 이해 제고
회의체(convention)	국제회의를 주관함으로써 공통의 이슈에 대한 어젠다 세팅 및 프레이밍 등
틈새 이슈(niche issues)	국제사회에서 틈새 이슈의 선정과 이에 대한 논리 개발 및 확산
과학기술외교	과학기술자산을 기반으로 한 공공외교 활동
정책 커뮤니티를 대상으로 하는 지식외교	싱크탱크 등이 주체가 되어 상대국 정책 커뮤니티를 대상으로 하는 지식외교 활동

출처: 필자 작성

지식외교에서 싱크탱크의 역할

싱크탱크, 특히 정책지향적 싱크탱크는 "국내 및 국제적 이슈들에 관한 정책지향적 연구와 분석 및 조언을 통해서 정책결정자들과 일반 대중들에게 이들 공공정책 이슈들에 대한 정보를 제공하고 그들로 하여금 결정을 할 수 있게 도와주는 연구기관"으로 정의될 수 있으며, 그 주요 기능으로서는 정책조언의 제공, 정책 이슈에 대한 해석framing, 정부정책의 평가, 아이디어의 교환과 네트워킹, 정부에 대한 전문 인력 공급 등을 포함한다.[5] 싱크탱크는 이러한 역할 수행을 통해서 의도적으로 또는 비의도적으로 지식외교를 수행하는데, 이들의 활동은 특히 다음의 세 가지 차원에서 공공외교적 중요성을 갖는다.

공공외교의 5대 요소 포함

싱크탱크의 활동은 앞서 언급한 공공외교를 구성하는 다섯 가지 요소들을 망라한다. 싱크탱크는 연구 활동을 통해서 지식을 가공하고 산출하며, 전문성expertise과 축적된 지식계와의 네트워크라는 지적 자산intellectual assets을 보유하고, 수행하는 다양한 사업과 프로그램들을 통해서 이러한 지적 자산을 전달하고 전파하는 매체의 역할을 한다. 또한 싱크탱크가 지식외교의 대상이 될 경우, 그 파급효과는 일반 대중을 대상으로 하는 공공외교와는 달리 지속적이고 지대할 수 있다. 아래 〈표 3〉에 적시한 것처럼 일반 대중을 대상으로 하는 공공외교는 그 대상의 범위에서는 넓으나wide 효과의 측면에서는 상대적으로 얕은 데shallow 반해, 싱크탱크를 포함한 지식계층을 대상으로 하는 지식외교는 그 대상의 범위에서는 좁으나narrow 이들의 현지 사회의 영향력으로 인해 그 파급효과는 지대deep하다는 특징을 갖기 때문이다.

〈표 3〉 공공외교와 지식외교의 대상 범위와 효과

		대상의 범위(width)	
		Wide	Narrow
파급효과 (depth)	Shallow	문화외교를 비롯한 일회성 일반 공공외교	일회성 지식외교
	Deep	문화외교를 비롯한 지속성 일반 공공외교	여론선도층 대상 지속적 지식외교

출처: 필자 작성

'공적 영역(public sphere)'으로서의 활동 영역

싱크탱크가 공공외교에서 중요한 또 다른 이유는 싱크탱크의 활동 영역과 기능이 한편으로는 국가를 포함하는 '공공 권위의 영역sphere of public authority'과 다른 한편으로는 시장과 시민사회를 포괄하는 '사적 영역private sphere'의 중간에 위치한 '공적 영역public sphere'에서 이들 두 영역 간의 가교 역할을 한다는 데에 있다.[6] 싱크탱크, 특히 정책지향적 싱크탱크의 활동은 특정 국가의 정책 형성에 영향력을 행사할 뿐만 아니라 언론과 시민사회에도 영향력을 미친다. 특히 인터넷과 뉴 미디어, 디지털 네트워크의 발달로 이제는 공적 영역이 특정 국가 내부에 국한되는 것이 아니라 국제사회에서도 '인터넷 공적 영역', '글로벌 공적 영역'이 형성되고 있으며, 따라서 싱크탱크의 활동은 국내 및 국제적 공적 영역에서 어젠다 세팅은 물론 어젠다 프레이밍과 확산의 기능을 수행함으로써 지대한 영향력을 가질 수 있는 것이다.

[그림 1] '공적 영역'과 싱크탱크의 역할

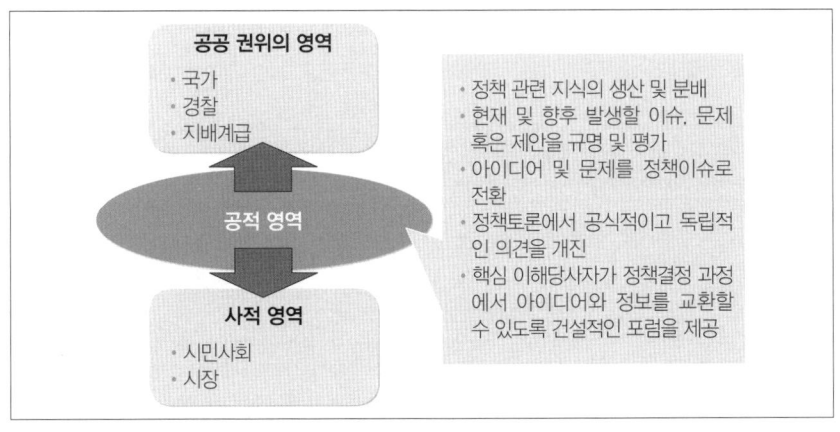

출처: 필자 작성

공공외교의 세 가지 모드 수행

정보통신기술의 발달과 함께, 공공외교의 소통 양식 또한 지난 세기를 지나며 독백monologue에서 대화dialogue로 진화해 왔다.[7] 독백 양식의 소통은 발신자가 수신자에게 일방적으로 정보와 메시지를 전달하는 것을 의미한다. 이 경우 공공외교의 주체는 자신의 아이디어, 비전이나 시각을 연설, 논설, 보도자료, 문화사업, 국제방송 등의 형태로 전달하지만, 이 과정에서 정보 수신자의 목소리에는 귀를 기울이지 않는다. 독백 양식은 본질적으로 공공외교 수행국가가 자국의 정책, 정체성, 또는 가치에 대한 인식을 대상에게 고취하기 위한 옹호수단a tool for advocacy이다.

새로운 세기에 접어든 이래 양방향, 다방향 통신기술의 비약적 발전은 인터넷과 새로운 디지털 미디어의 확산과 더불어 대화형 공공외교 양식을 촉진해 왔다. 대화형 공공외교는 아이디어와 정보의 일방적 전파보다 교환에 주안점을 둔다. 정보 수신자의 목소리를 경청listening하는 것은 옹호advocacy와 더불어 공공외교의 주요 구성 요소로 자리매김하게 되었고, 따라서 대화형 공공외교 양식에서는 공공외교의 주체와 대상 간에 아이디어 및 정보의 교환과 더불어 상호적이고 다각적인 커뮤니케이션이 이루어진다.

하지만 네트워크화된 글로벌 사회에서 외국 대중의 마음을 사로잡는 데 있어 협력적 공공외교collaborative public diplomacy가 대화형 양식에 못지않게 중요한 역할을 할 수 있으며, 경우에 따라서는 오히려 더 효과적인 접근법이 될 수 있다.[8] 협력은 다양한 형태의 국가 간 협력을 의미하며, 공통의 문제 또는 갈등 해결에 초점을 맞춘 협력, 공통 비전의 발전에 초점을 둔 협력, 물리적 프로젝트의 완성에 초점을 둔 협력 등이 이에 포함된다. 특히 사업 시행에 있어서 상대방에 대한 일방향적 전달 형식을 지양하고, 상대방을 사업의 파트너로 참여시키는 '참여형 및 협력형 지식외교'를 시행함으로써 공공외교의 효과성을 극대화할 수 있다.

싱크탱크는 이러한 세 가지 커뮤니케이션 양식을 동시에 수행한다. 연구와 분석에 기반해서 그 결과와 정책 입장을 설파할 뿐만 아니라, 세미나와 같은 매체를 통해서 상대방의 입장을 청취하고 상대방과의 '차이'를 인정하며 나아가서는 차이의 극복을 위한 지적·정책적 해결책을 제시함으로써 세 가지 공공외교 양식을 모두 포괄하는 것이다.

협력적 지식외교의 한 형태로서 싱크탱크 네트워크

세 가지 공공외교 양식 중 특히 협력적 공공외교, 협력적 지식외교 분야에서 싱크탱크의 역할이 두드러진다. 코원Cowan과 아르세노Arsenault는 협력적 공공외교를 "서로 다른 국가 소속의 행위자들이 명확하게 정의된 공동의 목표하에 공동 프로젝트joint venture or project에 함께 참여하는 이니셔티브"[9]라고 정의하고 있다. 이에 따르면 정부와 시민사회 공히 협력적 공공외교 프로그램의 주체가 될 수 있고, 두 주체를 어떻게 조합하느냐에 따라 아래 [그림 2]와 같이 협력적 공공외교를 네 가지 형태로 구분할 수 있다.[10]

[그림 2] 협력적 공공외교의 형태

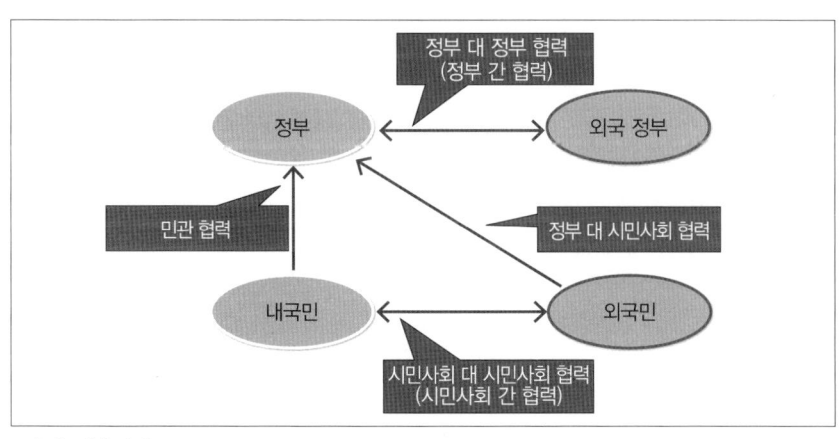

출처: 필자 작성

양국 간 또는 그 이상의 국가들의 싱크탱크들이 상호 네트워크를 형성하고 공동 프로젝트를 수행함으로써 국제적 공공재를 창출할 수 있다. 협력적 공공외교는 무엇보다도 네트워크 참여자들이 기여할 수 있는 집단적 공동의 목표를 설정하는 데에서 시작하며, 참여자들 간 협상의 과정은 이들의 상호 인식과 이해의 차이를 좁히는 데 기여한다. 네트워크에 참여하는 싱크탱크들은 다른 협력 파트너들의 의견과 입장을 존중하며, 이에 따라 네트워크 내에서 공동의 목표를 함께 집단적으로 설정해 나가고 공동의 메시지를 만들어 낼 수 있는 것이다.

협력을 통해서 생성되는 힘collaborative power은 "혼자서는 할 수 없는 일을 함께함으로써 성취할 수 있는 다자의 힘"을 지칭하며, 이러한 힘은 상대방에 대한 명령을 통해서가 아니라 행동을 촉구call to action하고, 공통의 목표하에 가능한 한 많은 행위자들과 연계함으로써connection 행사되며, 이 과정에서 참여자들은 다른 참여자들에게 자신의 선호를 강요하기보다는 자신의 선호를 다른 이들과 맞추어 조정adapt한다는 점에서 전통적인 힘과는 구분된다(〈표 4〉참조).[11] 싱크탱크들 간 네트워크 구축은 지식에 근거하여 바로 이와 같은 '협력의 힘'을 만들어 낼 수 있고 이는 다시 '네트워크 승수효과'를 통해서 국내외적으로 반향될 수 있다.

〈표 4〉 '협력적 힘'의 세 가지 요소

요소	정의
행동의 촉구 (mobilize)	명령이 아니라 행동을 촉구함으로써 행사되는 힘
연결 (connect)	가능한 많은 행위자들을 상호 간, 또한 공동의 목표에 연결시키는 힘
상호 선호 조정 (adaptation)	타인의 선호를 자신의 선호와 맞추는 것이 아니라 자신의 선호를 타인의 선호와 조화할 수 있도록 조정하는 힘

출처: 필자 작성

싱크탱크 네트워크 커뮤니케이션의 승수효과(乘數效果)

협력적 공공외교는 양자 관계에서 시작할 수 있지만, 특히 오늘날과 같은 '글로벌 커뮤니케이션 시대'에는 이러한 협력 이니셔티브가 다중적이고 다방향적인 네트워크 내에서 일어날 수 있다.[12] 싱크탱크 네트워크는 소수의 전문 발신자가 소통하는 네트워크 커뮤니케이션 환경의 특성으로 인해서 매스

미디어나 뉴 미디어를 통한 다자 커뮤니케이션과는 뚜렷하게 구별되는 효과를 갖는다. 매스미디어 커뮤니케이션은 기본적으로 매스미디어 주체가 다수의 청중에게 메시지를 송달하는 '일 대 다자one-to-many'의 형태를 띠는 데 반해서, 소셜미디어와 같은 뉴 미디어를 이용하는 커뮤니케이션은 '다자 대 다자many-to-many'[13]의 형태를 띤다([그림 3] 참조).

[그림 3] '일 대 다자', '다자 대 다자' 커뮤니케이션

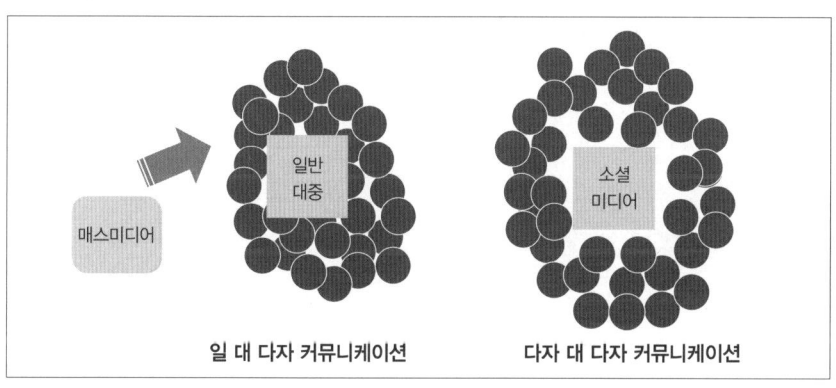

출처: 필자 작성

그러나 싱크탱크 네트워크에서의 커뮤니케이션은 [그림 4]에서 예시한 것과 같이 싱크탱크들이 네트워크를 구성하여 '소수 대 소수'의 형태로 소통하게 되며, 이는 앞서 언급한 바와 같은 각 싱크탱크들의 '공적 영역'이라는 국내 활동 영역과 기능으로 인해서 싱크탱크 소속 국가와 시민사회에까지 이들의 네트워크 활동이 파급효과를 갖게 된다. 이는 곧 국제적 싱크탱크 네트워크를 통해서 네트워크를 구성하는 국가들의 구성원을 대상으로 하는 지식공공외교의 효과와 더불어 국제사회에 글로벌 공적 영역이 형성되는 것을 의미한다. 일단 네트워크가 형성되면 싱크탱크들의 네트워크를 통한 활동은 특정 국가에서의 국내적 효과는 물론, 이를 넘어서 네트워크 참여 국가, 나아가서는 네트워크의 지역적 규모에 따라서 지역이나 글로벌 레벨까지 확산되는 승수효과를 가질 수 있게 되는 것이다.

[그림 4] '소수 대 소수' 커뮤니케이션

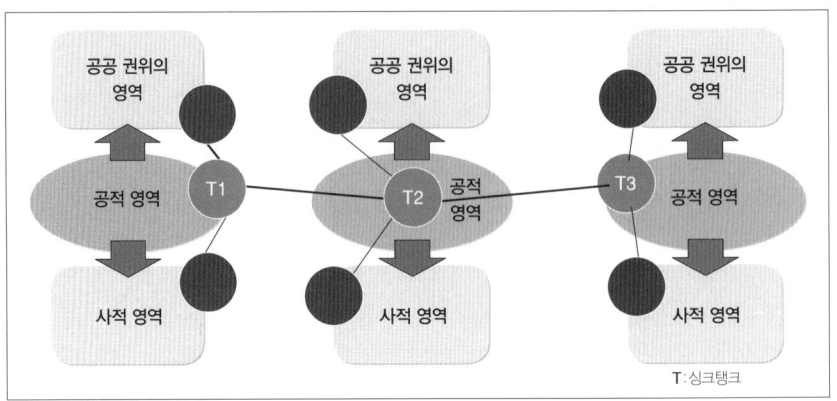

출처: 필자 작성

　이와 같은 '소수 대 소수' 커뮤니케이션 양식은 싱크탱크들을 주 허브로 국제사회에서 정부나 비국가 행위자들을 아우르는 복합적인 네트워크를 구축할 수 있는 잠재력을 지닌다. 즉 싱크탱크를 주축으로 하는 초국가적, 범지역적 또는 범세계적 지식외교의 네트워크와 공동체가 형성될 수 있는 것이다.

협력적 싱크탱크 네트워크 구축의 세 가지 요소

　싱크탱크 네트워크 구축을 통한 협력적 지식외교의 실행과정에는 핵심적인 세 가지 요소가 있다. 첫 번째는 협력 네트워크의 구성원이 될 싱크탱크 간의 관계형성relation-building이다. 싱크탱크 간 관계형성의 핵심은 정보와 지식의 양자 및 상호 교환과 인적 교류이며, 따라서 정보와 인적 교류를 위한 제도적 경로를 마련하는 것이 중요하다.

　다음으로 양자적 관계형성에 기반한 네트워크 구축network-weaving을 들 수 있는데, 이를 통해 관계형성 당사자들은 다른 행위자를 공공외교 프로그램의 주체이자 객체로서 끌어안고 받아들이면서 자신들의 양자적 관계를 확장시킨다. 네트워크의 중심node을 구성하는 '공공외교 기획가public diplomacy entrepreneurs'는 네트워크 안팎에서 대화 및 교류를 촉진하는 역할을 한다. 이들은 네트워크 내에서 의제를 설정하고, 설정한 이슈에 대해 관점을 제시하는 역할을 수행한다.

협력적 공공외교의 세 번째 핵심 요소는 협력의 당사자들이 함께 설계하고 실행하는 공동 프로젝트 및 프로그램이다. 구성원 간의 상호 관계와 네트워크는 당사자들의 공통적 속성과 특징에 기반하고 있으며, 이는 반복적이고 지속적인 상호 작용을 통해서 공고해진다. 따라서 공동 프로젝트와 프로그램은 협력 당사자들을 하나의 집합체collective로 묶는 접착제와 같은 역할을 하는 것이다. 아래 〈표 5〉는 한중일 삼국 싱크탱크 간의 협력적 지식외교 네트워크 프로그램을 예시하고 있다. 특히 과거사문제와 같이 평행선을 달리고 있는 이슈들에 대해서 한중일 싱크탱크 간의 공동 연구 및 각국에서의 출판과 메시지 확산과 같은 프로그램들은 어떤 한 국가의 주관적 시각을 벗어나서 상호 간 입장의 차이에 대한 이해, 그리고 이러한 차이를 극복하기 위한 공동의 노력을 위한 의미 있는 역할이 될 수 있을 것이다. 이와 같은 공동 프로그램은 물론 일차적으로는 해당 국가의 정부 및 국민들을 대상으로 하는 지식외교의 성격을 갖는 것이지만, 나아가서는 타 지역 및 글로벌 차원에서 전 세계 시민을 협력적 지식외교의 대상으로 그 범위를 확대시킬 수 있을 것이다.

〈표 5〉 한중일 싱크탱크 공동 프로그램 예시

공동 프로그램	예시
공동 연구 및 출판	3국의 공동 관심사에 대한 이슈의 공동 연구, 정책제안 및 출판
싱크탱크 전략대화	각 국가에 전략적 의미를 갖는 사안들에 대한 1.5 트랙 대화와 소통의 채널로 역할
동북아 평화협력 지수 개발	지역의 평화를 위한 협력의 정도를 가늠하는 객관적인 지표 개발 및 출판
think tank visiting fellowship	참여 싱크탱크들 간의 인적 교류와 정보 교류
공동 온라인 정책저널	3국 공통의 관심 이슈에 대해서 보다 시의성 있는 의견 개진과 소통의 장으로서 역할

출처: 필자 작성

1 Samuel P. Huntington, "The Clash of Civilizations?," *Foreign Affairs*, Summer 1993, pp.22-49; Huntington, *Clash of Civilizations and the Remaking of World Order*, New York: Simon & Schuster, 2011.
2 세 가지 외교의 개념적 구분에 대해서는 Taehwan Kim, "Paradigm Shift in Diplomacy: A Conceptual Model for Korea's New Public Diplomacy," *Korea Observer*, 43:4, Winter 2012 참조.
3 소셜 파워는 "물리적 강제나 물질적 보상을 사용하지 않고 국제사회의 기준이나 규범, 가치를 설정하는 능력"을 의미하며, 특히 핵심적인 것은 이와 같이 제시된 기준, 규범, 가치가 상대방에 의해서 "정통성이 있고 바람직한 것(legitimate and desirable)으로 인식되어야 한다."는 점이다. Peter van Ham, *Social Power in International Politics*, New York: Routledge, 2010.
4 David Johnston, "The Diplomacy of Knowledge," *The Globe*, February 17, 2012 at http://www.theglobeandmail.com/commentary/the-diplomacy-of-knowledge/article546590/
5 James McGann and Richard Sabatini, *Global Think Tanks: Policy Networks and Governance*, New York: Routledge, 2011.
6 Jürgen Habermas, *The Structural Transformation of the Public Sphere: An Inquiry into a Category of Bourgeois Society*, tr. By Thomas Burger, Cambridge Massachusetts: The MIT Press, 1989. 하버마스는 '공적 영역'의 조건으로서 여론의 형성, 시민들의 접근성, 일반적 이익에 관련된 제한되지 않은 형태의 대화의 장, 사회적 관계를 형성하는 법규와 제도에 대한 토론 등을 적시하고 있다.
7 Geoffrey Cowan and Amelia Arsenault, "Moving from Monologue to Dialogue to Collaboration: the Three Layers of Public Diplomacy," *The ANNALS of the American Academy of Political and Social Science*, 616, March 2008, pp.10-30.
8 협력적 공공외교를 비롯한 공공외교에 대한 접근법의 최근의 추세에 대해서는, R. S. Zaharna, Amelia Arsenault, and Ali Fisher(eds.), *Relational, Networked, and Collaborative Approaches to Public Diplomacy: The Connective Mindshift*, New York: Routledge, 2013 참조.
9 Cowan and Arsenault, "Moving from Monologue to Dialogue to Collaboration."
10 이에 대한 세부 논의는 김태환, "한국형 중견국 공공외교: 자유주의적, 구성주의적 접근," 「국립외교원 외교안보연구소 2014년 정책연구과제 2014-03」, 2014 참조. http://www.ifans.go.kr/knda/ifans/kor/pblct/PblctView.do.
11 Anne-Marie Slaughter, "A New Theory of the Foreign Policy Frontier: Collaborative Power," *The Atlantic*, November 30, 2011; "America's Edge: Power in the Networked Century," *Foreign Affairs*, January/February 2009.
12 이에 대해서는 R. S. Zaharna, *Battles to Bridge: U.S. Strategic Communication and Public Diplomacy after 9/11*, London: Palgrave Macmillan, 2010.
13 카스텔스는 특히 소셜미디어 시대의 '다자 대 다자' 커뮤니케이션을 "mass self-communication"의 개념으로 설명하고 있다. Manuel Castels, *Communication Power*, New York: Oxford University Press, 2013.

16

학술싱크탱크와 한중 공공외교

양갑용 성균관대 성균중국연구소

들어가는 말

공공외교는 정부나 공공기관이 상대국 구민을 대상으로 직접 활동을 전개하는 것을 가리킨다. 학술활동은 상대국 전문가를 직접 상대하는 활동인만큼 공공외교 차원에서 학술활동은 매우 중요한 사업이기도 하다. 공공외교가 증가하면서 학술활동도 함께 증가한다. 그리고 학술활동의 증가는 공공외교의 외연을 넓히고 심화하는 데 기여한다. 따라서 학술활동과 공공외교는 상보적인 관계를 갖고 함께 발전한다. 학술활동은 학술교류, 학술회의, 학술행사 등을 모두 포괄한다.

학술교류는 교류의 내용에 따라 학술대회, 학술포럼, 학술심포지엄 등이 있다. 또한 특정 주제에 관련된 공동연구, 협업연구 등도 학술교류의 내용이 될 수 있으며 인적 교류(교원, 학생, 언론인 등 상호 방문), 학술교류 지원사업 등을 포함하기도 한다. 학술행사는 학술교류의 내용을 채우는 학술 성과를 드러내는 이벤트를 말한다. 예컨대 전문가초청 세미나, 간담회, 강연회, 출판기념회 등이 이에 해당한다. 학술회의는 일반적으로 주제가 특정 영역에 한정되어 있는 매우 높은 수준의 지적 활동이다. 주최 단위가 있으며 이 단위 주도로 회의를 진행한다. 회의 진행을 위한 상호 간 연계활동도 학술교류활동으로 볼 수 있다.

학술교류는 참여주체에 따라 정부 간 교류, 대학 간 교류, 학자 간 교류, 학술단체 간 교류, 타국학자 학술연구 지원 등 매우 다양하다. 다양한 형태의 학술교류는 대부분 학술행사와 학술회의 형태로 치러진다. 이러한 학술 관련 활동을 전문적으로 특화하여 추진하는 기관을 학술싱크탱크라고 한다. 학술싱크탱크는 학술이 주된 논의 주제가 되는 회의나 행사, 연구활동을 전문적이며 정기적으로 개최한다. 그래서 교류 대상과의 상호 간 의제 교환과 연구자교류 등 학술 관련 특화된 기구라고 할 수 있다.

일반적으로 싱크탱크는 정책결정에 직접 참여하지는 않지만 결정에 영향을 주는 자문의 성격을 가진다. 학술싱크탱크 역시 행사나 회의를 통해서 학문의 흐름을 주도하고 또한 특정 사안에 대한 의견을 정부나 공공기관 등에 제공하고 자문을 하기도 한다. 그리고 학술계 내에서 특정 이슈에 대한 논의를 집대성하고 인식을 공유하기도 한다.

한중 공공외교 차원에서 언급하는 학술싱크탱크는 한중관계와 동북아 등 한국과 중국이 상호 참여하는 양자 간 학술활동을 주된 활동영역으로 가지고 있는 싱크탱크를 말한다. 이 글은 한중 공공외교에 영향을 미치는 혹은 한중 공공외교를 잘 드러내는 학술활동에 주목하고 있다. 이들 학술싱크탱크들의 활동이 한중 공공외교에 주는 함의와 시사점에 천착하고 있다. 따라서 학술싱크탱크 범위를 한국의 중국 관련 연구 기관이나 기구로 한정하고 중국이 포함된 사업 추진 관련 일로 활동의 범주를 제한하고 있다.

한중 학술교류의 규범 기초

한국에 존재하는 세 가지 규범이 한국 내 중국 관련 학술 기구나 단체의 대중국 학술교류를 규정하고 있다. 먼저 1992년 수교와 농시에 발표된 '한국과 중국 간의 외교관계 수립에 관한 공동성명'이다. 공동성명 ①항은 한국과 중국이 대사급 외교관계를 수립하여 정식 국가 간 관계가 되었음을 규정하고 있다. 한국과 중국의 학술교류가 국가 간 합법적인 승인과 지원하에 추진되는 것임을 분명히 했다. ②항에서는 양국 간 항구적인 선린우호협력관계를 발전시켜 나갈 것임을 천명했다. 이는 한국과 중국이 제 분야에서 교류와 협력을 시작하게 되었음을 명문화한 것이다.

다음으로 1992년 9월 30일에 맺은 '중화인민공화국 정부와 대한민국 정부 간의 과학 및 기술협력에 관한 협정'이다. 이 협정은 ① 과학자 · 연구원 · 기술요원 및 전문가의 교류, ② 과학 및 기술적 성격의 연구결과 · 기자재 · 간행물 및 정보의 교환, ③ 과학기술 분야에서의 공동세미나, 심포지엄, 기타 회의 및 훈련사업 개최, ④ 상호 관심사항에 대한 공동연구사업 수행, ⑤ 과학기술공동위원회와 한중과학기술협력센터 설치 등을 규정하고 있다. 이 협정을 통해서 한국과 중국은 과학기술공동위원회와 한중과학기술협력센터를 설치할 수 있게 되었으며 상호 관심사에 대한 공동연구사업도 수행할 수 있게 되었다.

마지막으로, 1994년 3월에 한국과 중국이 '대한민국 정부와 중화인민공화국 정부 간 문화협력에 관한 협정'을 체결했다. 교육, 과학, 문화, 예술, 신문, 방송, 영화, 체육 등 각 분야 교류 활성화를 추동하고 한중포럼, 학술 심포지엄, 공동연구 등 한중 학술교류 내용을 구체화하였다. 위 세 가지 협정을 기반으로 해서 한국과 중국은 학술방면의 교류와 협력을 체계적으로 진행했다. 아울러 학술싱크탱크의 활동 또한 이러한 제도 지원 속에 성장의 기반을 다지는 계기가 되었다.

주요 학술싱크탱크 현황과 활동

학술싱크탱크는 교육과 연구에 기반을 두고 학술을 목적으로 하는 학술교류, 즉 학술행사와 학술회의를 주 활동 내용으로 하는 전문 기관이나 기구를 말한다. 특히 이 글에서 다루고자 하는 학술싱크탱크는 주된 연구 대상이나 연구 방향이 중국과 관련되기 때문에 중국을 전문적으로 연구하는 기관이나 기구를 말한다. 따라서 개인의 학술활동이 중국과 관련을 맺고 있다고 할지라도 여기서는 개인을 싱크탱크로 포함하지 않는다. 또한 연구기능과 학술기능이 없는, 즉 자문이나 정책 생산이 주된 업무영역이 아니라 연구지원 업무를 주로 맡는 기관이나 기구 역시 학술싱크탱크로 포함하지 않는다. 예컨대, 한국연구재단이나 한국국제교류재단, 한국학중앙연구원 등이 여기에 해당한다. 이 기관은 중국 관련 연구활동이나 연구사업 지원을 주요 업무로 하기 때문에 기관의 성격 자체가 연구지원 기능에 해당한다. 따라서 성격상 학술싱크탱크에 포함되기보다는 학술 지원기관으로 볼 수 있다. 이러한 분류 기준에 따라 대략적인 중국 관련 학술싱크탱크의 분포는 다음과 같다.

먼저 관방 학술싱크탱크이다. 대표적으로 국립외교원 외교안보연구소 중국연구센터, 통일연구원 국제관계연구센터, 국방연구원 안보전략연구센터, 국가안보전략연구원, 대외경제정책연구원KIEP 아시아태평양실 중국 권역별 성별연구단과 중국팀 등이다. 민간 학술싱크탱크로는 세종연구소 지역연구실 중국연구센터, 아산정책연구원 중국연구센터 등이 대표적이다. 중국을 전문 연구 대상으로 하는 학회, 예컨대 현대중국학회, 한중사회과학회, 중국학연구회 등도 학술싱크탱크에 포함된다. 그 밖에 각 대학 중국연구소, 예를 들어 성균관대 성균중국연구소, 고려대 아시아문제연구소 중국연구센터, 아주대학 중국정책연구소, 한국외대 중국인문사회연구소, 서울대학 중국연구소 등이다. 이들 기관들은 주로 학술활동(세미나, 워크숍, 포럼, 학술회의 등)과 대외협력 및 네트워크 활동, 출판 등을 통해서 학술싱크탱크 역할을 수행하고 있다.

통일연구원은 국제관계연구센터에서 중국의 한반도 정책과 북중관계를 주로 다루고 있으며 북한연구센터에서 북중 경제협력문제 등을 다루고 있다. 통일연구원은 주로 중국 현대국제관계연구원과 전문가 세미나, 지린대 동북아연구원과 전문가 워크숍, 중국개혁개방논단과 대화, 중국국제문제연구소,

중국공산당 대외연락부 등과 정례 간담회를 진행하고 있다. 통일연구원의 중국 관련 교류 프로그램은 주로 전문가 간담회, 세미나, 학술회의, 상호 방문, 공동연구 등으로 구성되어 있다. 게다가 정기, 부정기 간행물 발간을 통해서 공공 협력과 소통을 추진하고 있다.

　한국국방연구원의 경우 안보전략연구센터에서 중국을 다루고 있다. 연구원 특성상 주로 중국에 대한 군사협력 및 동북아 다자안보 이슈 등을 주로 담당하고 있다. 예를 들어 한중 국방학술회의, 한중 국방싱크탱크 회의 등을 추진하고 있다. 국립외교원 산하 중국연구센터는 중국 외교 현안에 대한 전문가 워크숍 및 학술회의, 한중 전략대화, 연례 정세보고서 발간 및 해외조사를 진행하고 있다. 국가안보전략연구원은 주로 학술회의와 정책간담회를 진행하고 있으며 중국현대국제관계연구원과 정기적인 학술교류를 하고 있다. 대외경제정책연구원은 신흥지역연구센터 중국팀과 중국권역별성별연구단에서 주로 중국을 다루고 있다. 특히 성별연구단은 중국 31개 성급 단위의 차별화된 연구를 진행하고 있다. 중국 베이징에 현지 사무소를 설립하여 현지 전문가 네트워크 운영 및 연구교류 거점으로 활용하고 있다. 주로 중국 경제 관련 싱크탱크로 알려져 있다. 경기개발연구원과 인천발전연구원, 충남연구원 등도 지방정부 차원이지만 중국 연구를 특화하고 있다. 특히 지자체 차원의 특성을 살려 접경지역, 물류, 농업 등 특화 연구에서 성과를 보이고 있다.

　민간 학술싱크탱크로는 세종연구소의 활동이 주목받고 있다. 세종연구소는 미·일·중·러 동북아 4강을 연구하는 지역연구실을 중심으로 중국 관련 연구를 진행하고 있다. 중국현대국제관계연구원과 정기 학술교류를 진행하고 있으며 다양한 중국 관련 학술회의를 개최하고 있다. 아산정책연구원은 중국연구센터에서 중국을 다루고 있고 주로 초빙연구원 제도를 활용하여 네트워크를 추진하고 있다. '아산중국포럼', 컨퍼런스, 전략대화, 라운드테이블 등 다양한 학술활동을 추진했으며 현재도 몇몇 프로그램을 진행 중이다. 대학의 중국 연구기관도 활발하게 학술활동을 전개하고 있다. 예를 들어 성균관대 성균중국연구소의 활동이 주목을 받고 있다. 성균중국연구소는 정책, 학술, 네트워크, 대외협력 등 전방위적인 활동을 통해서 한국의 중국 연구 저변을 확대했다는 평가를 받고 있다. 이 외에도 중국 관련 학회에서도 중국을 다루고 있으나 대부분 학회가 주도적으로 이슈를 다루기보다는 정기적인 학술회의 개최를 통한 플랫폼 기능에 머무르고 있다.

학술싱크탱크와 한중 공공외교의 현재

한국의 중국 연구 관련 학술싱크탱크의 활동은 기관의 성격에 따라 많은 차이를 보인다. 먼저 조직을 운영하기 위한 독립적인 재정 지원에서 제약을 받고 있다. 관방 연구기관이나 대형 민간 연구기관은 재정 지원이 비교적 안정적으로 이루어지고 있다. 따라서 이들 조직의 중국 연구 인력은 비록 소수이기는 하나 안정된 연구 환경에서 중국 연구를 추진하고 있다. 그러나 학회나 대학연구소는 학술싱크탱크의 본원적 역할에 가장 부합하는 조직적 위상을 갖고 있음에도 불구하고 취약한 재정구조 때문에 존립의 위기에 놓여 있다는 약점을 가지고 있다.

특히 학회의 경우 중국 관련 종합적이고 입체적인 전략을 만들어 내는 인적 조건을 구비하고 있음에도 불구하고 회원의 회비에 기반을 둔 취약한 재정 유인은 이슈 생산을 제약하는 요인으로 작용하고 있다. 대학연구소 역시 이 부분에서는 자유롭지 못하다. 대부분의 중국 관련 대학연구소는 미약한 재정 지원을 극복하기 위하여 외부 펀딩에 기대는 경우가 많다. 이러한 현상은 안정적인 인력수급으로 연결되지 않아 연구 및 교육 기능을 충족시키는 데 부정적인 요인으로 작용하고 있다.

연구기관 간 소통의 부재도 중국 연구의 활성화에 적잖은 영향을 미치고 있다. 또한 중국 연구 기관별 특징에 따라 주요 의제에 대한 연구 내용 및 방향 또한 분산적이다. 이는 자료와 정보의 단절과 연구기관 간 중복 연구라는 의도하지 않은 결과를 만들어 내기도 한다. 따라서 기관 고유의 특성이 연구 방향에 개입하는 사례가 적지 않다. 특히 이러한 문제는 관방에서 두드러지게 부각되는 특성을 보이고 있다. 현안문제에 치중하는 점도 학술싱크탱크로서의 역할에 제약을 주고 있다. 이는 학술싱크탱크들의 재정 취약성과 기관 특성을 모두 반영하는 결과이기도 하다. 그럼 학술싱크탱크가 한중 공공외교 차원에서 어떠한 방향으로 나아가야 하는가? 이 문제에 대한 문제의식의 공유를 제안한다.

먼저, 단기적인 성과 위주의 평가에 기반을 두고 진행되는 지원체계 구조를 바꿔야 한다. 물론 학술싱크탱크가 현안에 대한 정책 판단에 필요한 정보를 생산, 가공, 분석하여 정책결정자들에게 제공하는 일은 기본적인 업무 가운데 하나이다. 그러나 긴 호흡으로 현안을 꿰뚫어 보지 않고 단기간의 이슈에 매몰되는 풍조는 반드시 개선되어야 한다. 이를 극복하기 위해서는 안정적인 재정 지원이 있어야 하고 또한 긴 호흡이 필요한 어젠다를 다양하게 발굴해야 한다. 다양한 이제 개발을 위한 연구기관 간 장벽과 울타리를 낮추는 노력, 예컨대 정보와 자료의 공유도 활발하게 이루어져야 한다. 정보가 차단된 상황에서 특정 연구기관의 네트워킹 확산효과를 기대할 수 없기 때문이다.

이러한 단기적인 성과 위주 지원체계와 현안에 집중하는 연구풍조는 학술싱크탱크의 내공을 강화하지 못할뿐더러 지속가능한 연구의제를 설정하는데도 매우 취약하다. 따라서 공공외교 차원에서 학술싱크탱크가 제대로 기능하기 위해서는 공공외교 의제설정 권한을 정부에서 민간으로 대폭 이양하고 특정 연구기관의 대표 브랜드를 확대, 강화하는 노력이 필요하다는 인식의 공감대가 만들어져야 한다. 미국이나 여타 선진국의 대표적인 학술싱크탱크는 대부분 관방 부문이 아니라 반反관방이나 민간 부문의 싱크탱크들이다. 이들 기관은 정부 간 대화에 참여할 뿐만 아니라 민간트랙의 대화에도 자유롭게 참여하여 자신들의 조직적 위상을 높이고 있다. 학술싱크탱크 본연적 기능인 정책자문이나 조언에서 비교적 자유로운 상상력에 기반을 둔 아이디어를 창출하고 있다는 점을 되새겨 봐야 한다.

그러나 한국의 관방 학술싱크탱크들은 대부분 의제생산에는 소홀한 편이다. 정부의 정책용역 발주에서 자유롭지 못하기 때문에 정보의 흐름이 역행되는 현상이 자주 목격된다. 예컨대 상대적으로 독립적인 싱크탱크의 역할보다는 정부정책의 논리를 매우 정교하게 포장하거나 가공하는 역할에 집중되고 있기 때문이다. 그러므로 이들 학술싱크탱크들은 정책의 생산자나 조언자라기보다는 정부의 외부 용역기관의 지위에 머무르는 경우도 대부분이다.

이러한 정부용역의 관방 정책기관 집중화 현상은 민간의 재정적인 취약성과 맞물려 건강한 학술싱크탱크의 발전을 저해한다고 볼 수 있다. 예컨대 공공외교 자체가 상대국 국민들에게 직접 다가가는 매력공세라는 점에서 매우 민간 친화적인 의제경쟁이 선행되어야 한다. 그럼에도 불구하고 의제가 bottom-up 방식이 아니라 top-down 방식으로 전달되기 때문에 민간은 외교의 주체가 아니라 늘 대상이라는 문제에 봉착하게 된다. 이것은 대부분 단기적인 성과에 치중하는 학술풍조의 영향이기도 하다.

둘째로 이러한 성과위주 평가에 기반을 둔 지원 시스템은 공공외교의 핵심 의제인 상대국 국민들과의 접점을 형성하는 데 어려움을 초래하는 경우도 있다. 즉 평가위주 지원체계는 성과가 미비한 경우 지원 대상에서 제외되기 때문에 '반드시' 필요한 일도 우선순위에서 밀릴 수 있기 때문이다. 이는 연구인력의 부족과 맞물려 공공외교의 확산에도 도움이 되지 않는다. 민간에서는 재정이 부족하고 관방에서는 중복 투입이 이루어지는 현실은 건전하고 선진적인 공공외교의 틀을 재구성하는 데도 취약하다는 점이다. 국가 전체 차원에서 제한된 자원을 효율적으로 배분하는 노력이 필요하다.

이러한 노력은 공공외교의 큰 축을 담당하는 학술싱크탱크들의 안정적인 존립기반이 지속적으로 확대 강화되는 결과를 가져올 것이며 한중 공공외교의 장기 전략을 국가적 차원에서 준비하는 데도 매우 긍정적으로 역할을 할 것으로 기대되기 때문이다. 따라서 기관 고유 특성을 강화하고 발전시켜 나가되, 한중 공공외교라는 특정 목적에 부합하는 장기 비전에 기초한 특화 사업을 강화하거나 기관 간 장벽을 허물고 협업과 공동연구 및 협력연구를 강화하는 노력이 요구된다. 즉 종합적인 융합 연구체계가 필요하다는 것이다.

학술싱크탱크와 한중 공공외교의 미래

　한국과 중국의 공공외교 확대 필요성은 이미 충분히 공감대를 넓혀가고 있는 중이다. 그리고 이러한 공감대는 사드 배치를 둘러싸고 벌어진 양국의 첨예한 갈등에서 마음의 상처를 입은 양국 국민들의 마음을 추스르는 데도 도움이 된다. 양국 간 정상의 만남에서부터 위에서 언급한 다양한 학술싱크탱크들의 여러 활동에서도 이러한 공감대의 형성 필요성은 확인 가능하다. 문제는 이러한 단기적이고 독립적으로 진행되고 있는 한중 공공외교 의제를 종합적이고 입체적으로 묶어서 한다는 점이다.

　따라서 한중 공공외교의 효과를 극대화하는 더 큰 효과기 있기 위한 노력이 더욱 병행 추진되어야 한다는 사실이다. 연구기관별 특성상 기관 대 기관, 학회 대 학회, 부문 대 부문 등 다양한 차원에서 상호 맞대응식 교류가 이루어져 왔다. 성과도 적지 않다. 그러나 이러한 교류가 상호 융합되어 학제 간 교류와 협력으로 이어지도록 하는 인식이 확산되어야 한다. 공공외교는 현재 다양한 사업의 형태로 나타나고 있으며 구체적인 실행방안은 여러 가지로 나뉠 수 있다.

　한중 공공외교는 그 자체의 목적과 방향성, 미래비전을 가져야 한다. 그러나 학술싱크탱크 대부분은 구체적인 정책대안이나 실행방안 연구에만 집중하고 있다. 건별 지원이라는 재정적 유인에 따른 필연적인 결과이다. 그러므로 개별 교류를 승화시켜 종합적인 한중 공공외교의 마스터플랜을 만들어 내야 한다. '왜' 우리가 한중 공공외교에 나서야 하는지에 대한 목적론적인 문제의 공감대가 먼저 선행되어야 한다. 그렇지 않고 '어떻게'라는 것에 집중하게 되면 학술싱크탱크의 역할이 수단이나 사업을 고민하는 실무자들의 시선에서 머물게 되고, 오히려 조직적 위상을 추락시키는 결과를 만들어 낼 수 있다.

따라서 한중 공공외교 확대와 강화 차원에서 학술싱크탱크들은 '어떻게'라는 문제보다는 '왜'라는 문제에 집중해야 한다. 이는 한중 공공외교가 '위에서 아래로' 이루어지는 사업의제를 내는 것에만 머물러서는 안 되는 이유이기도 하다. '왜'가 방향성, 목적지에 관련된 문제라면, '어떻게'는 그곳에 가기 위한 수단, 예컨대 '탈 것'에 관한 문제이기 때문이다. 그동안 한중 공공외교는 '탈 것'에는 많은 아이디어를 제공했다고 생각한다. 그러나 문제의 핵심은 '왜' 그곳에 가야 하는지에 대한 문제의식, 즉 목적성에 기반하지 않고 자꾸 '어떻게'란 문제에만 천착하지 않았느냐는 자기 질문이 필요한 시점이다. 이러한 문제를 풀어낼 수 있는 주체는 정부나 개인이 아니라 오롯이 학술싱크탱크 자신들이어야 한다는 소명의식을 되새겨야 한다.

이러한 연장선 위에서 학술싱크탱크들은 매우 '예의 바른' 공공외교의 수행자들일 필요는 없다. 공공외교의 기본 전제가 상대국 국민들을 대상으로 하기 때문에 상대국 국민과 싱크탱크 파트너의 이해가 하나일 필요는 없다는 점을 분명히 인식해야 한다. 우리의 공공외교 대상은 상대국 국가나 정부가 아니며 상대국 싱크탱크 관계자가 아닌 바로 상대 국가의 국민이라는 점을 분명하게 인식해야 한다. 따라서 비교적 교류와 협력이 잦은 학술싱크탱크 간 의제교환이 매우 예의바르게 이루어진다고 해서 해당국 국민들이 직접 그 성과를 가져가는 것은 아니다. 따라서 우리가 한중 공공외교를 본궤도에 올리고 그 성과를 해당국 국민들에게 직접 전파하기 위해서는 이슈가 부딪히는 것을 주저해서는 안 된다. 상대국 학술싱크 너머에 있는 국민들에게까지 우리 의사가 전달될 수 있도록 해야 한다.

그러기 위해서는 싱크탱크들의 문호를 과감히 개방하여 전문가집단 간 아이디어 공유뿐만 아니라 일반 국민들도 참여하는 아이디어 팩토리를 만들어 운영해야 한다. 정보와 통신이 발달하고 실시간 소통이 가능한 21세기에 중국 관련 싱크탱크의 오피스가 한국에만 뿌리를 내릴 필요는 없다. 상대국 싱크탱크 너머 상대국 국민들에게 직접 다가서기 위해서는 학술싱크탱크들의 현지화 전략이 필요하다. 중국금융연구소가 굳이 한국에 있을 필요는 없다는 의미이다. 예컨대 대외경제정책연구원의 현장 사무소가 현지에서 직접 중국인들을 상대하는 모습을 상상해 보라. 공공외교는 고독한 수행자들도 필요하지만 현지와 호흡하는 활동적인 아이디어맨도 필요하다. 그들에게 공간을 열어주는 노력이 학술싱크탱크들이 기울여야 하는 노력이고, 정부 또한 학술싱크탱크의 현지화 전략에 힘을 실어줘야 한다. 브루킹스연구소Brookings Institution와 청화대학의 협업 프로그램도 참고할 만한 좋은 소재가 될 수 있다.

이러한 노력을 통해 학술싱크탱크들은 장기 학술 의제 세팅 노력에 힘을 기울여야 하고 특화된 연구 영역과 역량을 함께 제고하는 투 트랙 전략을 만들어 가야 한다. 앞서 언급한 대로 한중 공공외교라는 큰 틀에서 '왜'라는 문제에 답을 내놓을 주체는 바로 학술싱크탱크들이기 때문이다. 여기에서 민간과 대학의 노력이 요구된다. 정부와 관방싱크탱크들은 '왜'라는 문제에 집중하지 못하는 구조적 제약에 노출되어 있기 때문이다. 항상 전략에 기반을 둔 정치적 판단의 범주에 묶여 있기 때문에 자유로운 상상력을 발휘할 수 없다. 따라서 민간이나 대학 영역에서 활동하는 학술싱크탱크들이 협업적 차원에서 이 부분의 대안을 제시해야 한다. 이것이 민간과 대학이 한중 공공외교의 장기 의제, 즉 '왜'라는 문제에 답을 내놓아야 하는 이유이다.

이를 가능하게 하려면 성과와 실적 위주의 지원체계를 변화시켜 과감하게 자원을 배분하는 노력이 필요하다. 특히 대학연구소는 연구와 교육에 높은 자율성을 가지고 있다. 안정적인 재정 지원과 인력 수급이 보장된다면 단기간에 큰 성과를 낼 수 있다. 예컨대 한중 공공외교 연구거점을 분야별로 조직하여 지원하는 것도 하나의 방법이다. 맥락은 다르나 중국이 난징(南京)대학에 남해연구소를 건립한 것도 시사점을 찾을 수 있다. 예컨대 중국 정책 관련 의제는 아주대학 중국정책연구소에 집중 지원하고, 조직적 체계를 세우도록 재정과 인력을 투입한다. 한중관계나 중국국가대전략 연구는 성균중국

연구소에 특화 지원하여 거점화하는 노력이 필요한 것과 같은 이치이다. 이를 한중 공공외교 차원에서 보면, 한중 공공외교 '왜'라는 문제와 '어떻게'라는 문제를 집중 연구하는 특화된 의제 관련 프로그램이 만들어져야 하고 이를 대학에서 활동하는 학술싱크탱크에 집중 지원하여 고사되어 가는 역량을 복원해 내야 한다.

결론을 대신하여

이 글은 학술싱크탱크의 개념, 구체적인 사례, 한중 공공외교를 잘할 수 있는 구체적인 대안 마련 등에 집중하지 않는다. 한중 공공외교 관련하여 개별 사례에 집중하기보다는 보다 근본적이고 본질적인 문제, 즉 학술싱크탱크들이 한중 공공외교 관련하여 어떤 역할을 수행해야 하고 국가는 어떻게 이를 조직해내야 하는지에 대한 아이디어를 제공하고 있다. 한중 수교 25년을 지나면서 다시 공공외교가 필요한 시점이 되었기 때문이다. 특히 사드 갈등으로 촉발된 양국 국민의 인식 변화를 제대로 감당해 낼 공공외교만의 역할이 필요한 시기이다. 한중 공공외교 심화발전을 위한 아이디어와 혜안이 다시 필요한 시점이다.

한중 공공외교 차원에서 학술싱크탱크의 역할이 지나치게 제한되어 있지 않나 하는 생각이다. 제한된 자원을 차지하기 위한 학술싱크탱크들의 과제 수주에 매달리는 현실을 근본적으로 바꿔나가야 한다. 특히 국가는 자원을 집중투자하여 '왜'라는 문제에 답할 수 있는 조건을 만들어야 한다. 아이디어가 '어떻게'라는 방법의 문제에만 집중되는 안타까운 현실을 극복하기 위해서는 '왜'라는 목적과 방향에 관련된 문제에 답을 낼 수 있도록 환경을 만들어 줘야 한다. 개별 학술싱크탱크들의 본연의 역할은 계속되면서도 향도의 길잡이가 될 수 있도록 그리고 우리가 왜 공공외교에 집중해야 하는지에 대한 근본 성찰이 널리 확산될 수 있도록 환경을 바꾸는 노력을 국가와 개인연구자, 관방과 민간이 모두 나서야 할 때다. 이를 통해서 이제 한국에서도 학술싱크탱크의 현지화 노력이 확산되어야 하고, 특히 '학술'에 집중하는 학술싱크탱크들이 온전히 성장할 수 있는 토양이 조성되어야 한다. 그래야 한중 공공외교가 방향성을 갖고 장기 항해에 나설 수 있기 때문이다.

학술싱크탱크가 한중 공공외교의 '왜'라는 문제에 답하기 위해서는 몇 가지 사고 전환이 요구된다. 먼저, 의제설정에 있어서 시간 조급성을 버려야 한다. 장기 로드맵을 가지고 의제를 설정해야 한다. 설정된 의제를 바탕으로 어떤 차원에서 어떤 방식으로 결합할 것이지도 고민해야 한다. 필요한 경우 민간이 주도하고 관방이 참여하는 협력 모형도 고려해 볼 수 있다. 예를 들어 중앙당교 국제전략연구소와 성균중국연구소 어젠다 논의에 관방이 옵서버로 참여하는 문제도 고려할 수 있다. 둘째, 집단지성에 기초하여 '왜'라는 문제의 답을 조직적으로 찾아내는 노력이 필요하다. 이 과정에서 집단의 참여가 보장되는 제도기반이 구축되어야 한다. 협업연구와 공동연구의 허브 조성이 필요하다. 경우에 따라서는 민간의 플랫폼 기능도 활용할 필요가 있다. 마지막으로 이러한 노력이 성과를 낼 수 있도록 국가의 성과 기반 지원체계를 발전시켜 민간, 특히 대학연구소의 실제적인 재정 여력을 확대해 줘야 한다.

17 중국 특색의 싱크탱크와 공공외교

왕츄빈(王秋彬) 화챠오(華僑)대 국제관계학원

　싱크탱크는 지식과 사상을 축적한 곳으로, 관련 분야 전문가로 구성된 공공연구기관이다. 싱크탱크는 정책결정자에게 정책결정과 관련된 자문을 하며, 지식이론의 혁신과 대중의 정책 이해 제고에 종시하기도 한다. 나아가 정부의 정책결정에 영향을 미쳐 사회발전을 실현하는 중요한 기능을 담당한다. 지난 수십 년 동안 서방국가의 정책결정 과정에서 싱크탱크는 중요한 역할을 해 왔고, 미국에서는 그 역할이 매우 두드러진다. 2013년 말, 중국은 '중국 특색의 신형 싱크탱크' 설립이라는 전략적 목표를 제시하였다. 중국의 싱크탱크들이 발전할 수 있는 천재일우의 기회를 맞이하였지만, 중국의 싱크탱크 앞에는 수많은 도전도 기다리고 있었다. 싱크탱크는 관련 분야에 대한 전문 연구인력, 정부와의 밀접한 관계, 그리고 해외 싱크탱크와의 교류 채널 등 다양한 면에서 장점이 있기 때문에 공공외교를 전개할 수 있는 비교적 좋은 환경을 가지고 있다. 따라서 싱크탱크 외교가 공공외교에서 중요한 역할을 담당할 수 있다.

중국 특색의 싱크탱크

　최근 중국에서는 싱크탱크가 이전에 없었던 관심을 한몸에 받게 되면서 이전보다 더욱 발전할 수 있는 좋은 기회를 갖게 되었다. 2013년 11월 중국 공산당 제18차 3중 전회에서 통과된 「전면적 개혁 추진을 위한 몇 가지 중대 문제에 관한 중국 공산당 중앙의 결정」은 "중국 특색의 신형 싱크탱크 설립을 강화하고 건전한 정책결정 자문제도를 마련한다."고 강조하였다. 공산당 중앙 문서에서 '싱크탱크'의 개념이 제기된 것은 이때가 처음이었다. 2014년 10월 27일, 중국 공산당 중앙의 개혁 심화 영도소조 제6차 회의는 「중국 특색의 신형 싱크탱크 설립에 관한 의견」(이하 「의견」)을 심의하였고, 2015년 초, 중국 공산당 중앙판공청과 국무원 판공청은 공동으로 이 「의견」을 공포하였다. 이 문서는 중국 특색의 신형 싱크탱크 설립의 의의와 목표, 그리고 제도 마련 등을 제시함으로써 '중국 특색의 신형 싱크탱크' 설립이 국가의 전략적 차원임을 분명히 하였다.[1] 중국 싱크탱크가 발전할 수 있는 동력이 마련된 것이다.

　중국 싱크탱크는 최근 몇 년 동안 높은 관심 속에서 시대의 총아寵兒로 거듭났다. 여기에는 몇 가지 이유가 있는데, 우선 정책결정에 있어서 질적 제고의 요구가 많아졌기 때문이다. 싱크탱크의 핵심 사업은 공공정책 연구와 그 구체적인 대안 마련이라고 할 수 있는데, 오늘날 중국은 일련의 개혁 조치로 인해 갈수록 많은 복잡한 문제들에 봉착하고 있고, 그로 인해 전문적이고 공정한 분석의 요구가 나날이 늘어나고 있다. "30여 년간의 개혁개방을 통해 리스크가 비교적 낮은 지역이나 혹은 난관이 비교적 적은 지역에서는 개혁이 이미 마무리된 상태이지만, 심도 있는 개혁을 진행하기 위해서는 정책결정자들이 독립적인 싱크탱크 등의 외부 지혜를 신뢰할 필요"가 있었다.[2] 두 번째로 싱크탱크는 국가통치에 있어서 중요한 역할을 하기 때문에, 싱크탱크를 국가 거버넌스 체계와 거버넌스 능력의 현대화 차원에서 끌어들일 필요가 발생한 것이다. 「의견」의 표현을 빌리자면, "오늘날 세계 각국의 현대화

과정을 살펴보면 싱크탱크가 국가 거버넌스 차원에서 중요한 역할을 발휘하였음을 알 수 있다. 싱크탱크는 국가 거버넌스 체계에서 필수 요소가 되었고, 거버넌스 기능을 구체적으로 체현하는 중요 요소가 되었다." 셋째, 국가 소프트파워의 필요이다. 「의견」은 "싱크탱크는 소프트파워의 중요한 매개로, 계속해서 국제적인 경쟁력을 담당하는 중요 요인이자 대외 교류에서 대체 불가능한 역할"을 가진다고 하였다. 중국 특색의 싱크탱크 건설 가속화는 부상하는 중국 스스로에 대한 요구이자 전 세계에 중국의 목소리를 전달하는 중요한 플랫폼이라고 할 수 있다.

'중국 특색의 신형 싱크탱크'에서 결국 핵심은 '특색'과 '신형'이다. 그런데 과연 '특색'은 무엇이고, '새로움'은 어디에서 찾아야 할까? '특색'은 중국의 국내정세에 입각해 정부와 일정한 관계를 유지하면서 정부의 '참모' 역할을 수행한다는 의미이다. 서구와 같은 독립적인 싱크탱크가 중국에서 그 명맥을 이어가기란 쉬운 일이 아니다. 「의견」에도 '당과 정부의 싱크탱크'라는 원칙이 명확히 제시되어 있다. 반면 '신형'에는 수많은 의미가 담겨 있다. 우선 혁신을 생각할 수 있는데, 대담한 탐색과 혁신적인 연구를 장려하여 수준 높은 싱크탱크를 수립한다는 의미이다. 나아가 새로운 메커니즘도 생각해 볼 수 있다. 싱크탱크는 행정적인 색채가 약하기 때문에 시장경쟁의 메커니즘을 도입한다면 그 유연성을 제고할 수 있고, 여유로운 연구 및 토론 분위기를 조성해 고급 인재의 확보와 지적 만족감의 향상을 도모할 수 있다. 또한 '신형'에는 새로운 모델이라는 의미도 있다. '문제 해결'을 위한 연구 모델을 수립하고, 현실 문제 및 장기 문제에 초점을 맞춰 그 대책 마련에 나서는 것이다. 나아가 데이터 분석이나 케이스 분석, 모델 분석을 강화해 목표를 명확히 하고, 이를 통해 정책결정자에게 가치 있고 실현가능한 정책을 건의할 수 있다.[3] 네 번째 의미는 새로운 방법이다. 정부는 정책결정 자문 서비스 구매 제도를 마련하여 민간 싱크탱크가 정책결정에 참여할 수 있는 경로를 개척하고자 한다. 정부에 정책자문을 제공할 수 있는 체제 밖 민간 싱크탱크가 나타날 수 있는 것이다.

중국 싱크탱크 발전의 주요 특징

현재 중국의 싱크탱크는 당黨 · 정政 · 군軍 · 관官의 싱크탱크, 사회과학원 계통의 반半관방 싱크탱크, 대학 싱크탱크, 그리고 민간 싱크탱크 등 4개 부문으로 분류가 가능하며 체제 내 싱크탱크와 체제 밖 싱크탱크가 상호 보완적으로 공동 발전하고 있다. 현 상황에서 중국의 싱크탱크는 다음과 같은 몇 가지 특징을 가지고 있다.

양적 규모와 질적 수준의 불균형

양적으로만 보면 중국은 이미 싱크탱크 대국이라고 할 수 있다. 통계에 따르면, 중국에는 2,500여 개의 연구기관이 있고, 전문 연구인력만도 약 27만 명에 이른다. 그중에서 정책연구에 특화되어 직·간접적으로 정부에 정책 서비스를 제공하는 '싱크탱크' 유형의 연구기관은 약 2,000여 개이다.[4] 그러나 국제적으로 인정받는 기구는 400여 개에 불과하다. 2016년, 미국 펜실베이니아대학의 '싱크탱크와 시민사회 프로그램Think Tanks and Civil Societies Program'이 발표한 "2016년 세계 싱크탱크 순위GGTTI"에 따르면, 2014년 전 세계 6,846개 싱크탱크 가운데 북미 지역의 싱크탱크가 1,931개로 가장 많았으며 유럽(1,770개)과 아시아(1,262개)가 뒤를 이었다. 미국은 전 세계에서 가장 많은 싱크탱크를 보유한 국가로, 1,835개의 싱크탱크가 설립되어 있다. 전 세계 10대 싱크탱크 가운데 6개가 미국의 싱크탱크로, 거대한 영향력을 행사하고 있다. 중국은 미국에 이어 두 번째로 많은 싱크탱크를 보유한 국가로, 435개의 싱크탱크가 설립되어 있다. 영국과 인도가 각각 288개와 280개로 뒤를 이었다.

2016년도 전 세계 175대 싱크탱크 가운데 중국 싱크탱크는 9개가 포함되었다. 중국현대국제관계연구원이 33위를 차지했으며 중국사회과학원과 중국국제문제연구원이 36위와 39위를 차지하였다. 이 밖에도 국무원 발전연구센터, 상하이국제문제연구원, 베이징대 국제전략연구원, 중국과 글로벌화

싱크탱크, 중국런민대 총양重陽금융연구원이 순위에 포함되었다. 이들 싱크탱크의 선정 기준은 싱크탱크 연구 인력과 연구 성과, 그리고 정책결정자 및 미디어, 대중에 대한 영향력 등이다.[5] 다른 대국들과 비교해, 중국은 영향력이 크거나 국제적인 지명도가 높은 싱크탱크가 매우 적다. 이는 세계 2위의 경제대국이자 증대되는 영향력에 부합하지 못한다고 할 수 있다.

관방과 민간의 불균형

현재 중국 싱크탱크의 발전 정도는 상이하고 각자가 가지고 있는 장단점이 비교적 뚜렷한 편이다. 'Horizon' 산하 'hi-GDP_{Horizon Institute Of Global Development Power}'와 국무원 판공청 산하 'China.com'이 공동 발표한 '중국 싱크탱크 종합 영향력' 순위를 살펴보면, 상위 18개 싱크탱크에서 관방 싱크탱크가 절대적인 우위를 차지한 반면, 대학 싱크탱크는 2개에 불과한 것으로 나타났다. 싱크탱크들의 대대적인 발전이 있었음에도 불구하고 2014년 5개가 포함된 민간 싱크탱크는 오히려 감소하였다.[6] 이는 관방 싱크탱크가 민간 싱크탱크에 비해 많은 부분에서 비교불가한 우위를 확보하고 있기 때문이다. 관방 싱크탱크는 정부 내부 자료와 정보에 대한 접근이 비교적 자유로울 뿐만 아니라 연구 성과 역시 정부의 정책결정 과정에서 쉽게 제공되기 때문에 영향력이 클 수밖에 없다. 그러나 정부에 종속되는 한계를 가지고 있다. 연구 주제의 선정, 깊이, 혁신 면에서 자율성을 확보하기가 어려운 것이다.

반면 대학 싱크탱크는 그 수가 비교적 많을 뿐 아니라 다양한 학과에서 각 영역의 전문가를 쉽게 모집할 수 있기 때문에 중장기적인 연구 과제를 선정하고 추진하는 데 용이한 측면이 있다. 그러나 대학은 인재를 양성해야 할 본연의 임무가 있고, 따라서 싱크탱크 업무에 모든 자원을 집중시키기가 쉽지 않다. 게다가 대학의 빈번한 대외 교류는 연구 과제의 보안 유지를 어렵게 만들고, 다양한 제약 요인으로 인해 대학 싱크탱크의 보고서는 학술 차원에 지나치게 편중되거나 혹은 '오래된 문제'에 천착하는 경우가 많다. 현실적인 정책결정에 사용하기에는 그 한계가 있는 것이다.

마지막으로 민간 싱크탱크는 비교적 강한 자율성과 독립성을 가지지만, 체제 밖에 있다는 한계로 인해 그 생존 공간이 좁은 편이다. 중국 법률규정에 따르면, 민간 싱크탱크는 소재 지역 민정부문에 반드시 등록을 해야 하고, 따라서 사업 단위로 신분을 확보한 정부 및 반+정부 싱크탱크와 비교해 그 수준이 낮은 편이다. 게다가 소속될 주관 부문도 반드시 찾아야 하는 불편도 있다. '체제 밖' 싱크탱크는 '자구책을 강구'해야 할 필요가 있기 때문에 아무래도 그 비중이 낮아질 수밖에 없다.

〈표 1〉 2016년 중국 싱크탱크 종합 영향력 순위

순위	싱크탱크	2015년 순위	순위	싱크탱크	2015년 순위
1	중국사회과학원	1	10	국가행정학원	—
2	국무원발전연구센터	2	11	중국현대국제관계연구원	—
3	중공중앙당교	7	12	중공중앙문헌연구실	—
4	중국과학원	5	13	중국군사과학원	—
5	중국거시경제연구원	12	14	중국국제경제교류센터	14
6	중국공정원	10	15	칭화대 국정연구원	—
7	베이징대 국가발전연구원	—	16	중국사회과학원 발전전략연구원	—
8	중국국제문제연구원	11	17	국방대학	—
9	상하이사회과학원	8	18	중공중앙편역(編譯)국	—

출처: 2016年中國智庫報告.

국내정세 연구와 국제관계 연구의 불균형

중국의 싱크탱크를 살펴보면, 국내정세를 연구하는 싱크탱크의 역량과 영향력은 비교적 강한 편이지만 외교 및 국제관계 분야의 싱크탱크는 비교적 약한 편이다. "2016년 세계 싱크탱크 순위GGTTI"의 상위 10대 싱크탱크에는 미국의 브루킹스연구소, 외교관계위원회CFR, 국제전략문제연구소CSIS, 영국의 국제전략연구소IISS, 스웨덴의 스톡홀름 국제평화연구소SIPRI 등 대부분 외교 및 국제관계에서 유명한 싱크탱크들이 그 이름을 올리고 있다. 이 연구소들이 발표하는 연구 성과는 언제나 국제사회가 주목하는 경우가 많고, 특히 수많은 글로벌 의제를 선정하는 데 영향을 미치곤 한다. '중국 싱크탱크 종합 영향력' 순위에서 상위권에 이름을 올린 외교 분야 싱크탱크는 중국국제문제연구원과 중국현대국제관계연구원에 불과하고, 대다수의 싱크탱크는 경제, 정치, 사회 등 국내정세 분야에 편중되어 있다. 이는 중국의 싱크탱크들이 주로 중국 자체의 발전문제에 더 많이 집중하고 있음을 방증한다. 국내 공공정책의 연구에만 몰두할 뿐, 능동적이고 자각적으로 국제 및 세계 문제에 중국의 관점을 전파하지는 못하고 있으며, 그로 인해 국제적인 영향력도 제한되고 있다.

싱크탱크가 갖는 공공외교의 기능

중국은 싱크탱크와 공공외교에 대해 거의 비슷한 시기에 그 중요성을 인식하고 관심을 갖기 시작하였다. 중공 제18차 전국인대 보고는 "공공외교와 인문교류를 착실히 추진"할 때 "싱크탱크의 역할을 중시해야"한다고 역설하였다. 「의견」 역시 "중국 특색의 신형 싱크탱크가 정부 자문에 응답 및 건의, 이론 혁신, 여론 주도, 사회서비스, 공공외교 등 중요한 기능을 충분히 수행"해야 한다고 명시한다. 싱크탱크의 공공외교 기능은 다음과 같은 면에서 중시될 필요가 있다.

공공외교의 주체

전통적인 공공외교는 정부 주도하에서 전개되었다. 그러나 글로벌화가 지속적으로 전개되고 정보기술이 급속히 발전하면서 정부가 주도하는 전통적인 공공외교는 국제정세와 발전 추세, 그리고 외교 사회화에 적절히 반응하지 못하고 있다. 특히 정부 이외에도 싱크탱크와 이익단체, 기업, 미디어, 사회 엘리트 등이 모두 공공외교에 적극 참여하고 있으며, 때로는 정부가 하지 못하는 역할을 이들이 수행하기도 한다. 새로운 공공외교의 행위주체가 시대 요구에 따라 계속 등장하고 있는 것이다.

이러한 상황에서 싱크탱크는 공공외교를 전개하기에 최적의 조건을 갖췄다고 할 수 있다. 싱크탱크는 관련 분야에 대해 심도 있게 연구를 진행할 수 있는 전문 연구인력을 확보하고 있고, 정부 정책결정과 관련된 전문적인 의견을 제시할 수 있으며, 나아가 국내외 청중들에게 정부 정책을 설명할 수도 있다. 사회 여론을 주도할 수도 있으며, 어떤 경우에는 다양한 오해를 풀어 주기도 한다. 싱크탱크는 대외교류를 통해 다른 국가 국민들에게 자국 정부에 대한 긍정적인 메시지를 전달할 수 있다. 싱크탱크는 정부 정책결정자와 특별한 관계를 형성한 상태에서 전문적인 연구자의 신분으로 공공외교를 수행할 수 있기 때문에, 싱크탱크와 공공외교 사이에는 불가분의 관계가 형성된다.

소프트파워의 핵심 통로

지적 자원은 국가와 민족이 가진 귀중한 자원으로, 싱크탱크는 국가의 소프트파워를 알리는 중요 매개체이자 확산 플랫폼의 역할을 해야 한다. 소프트파워는 국가의 종합적인 역량 중 전통적으로 중시되어 왔던 군사 및 경제 차원의 하드파워 이외의 다른 요소를 가리킨다. 문화나 가치관, 혹은 대외정책 등이 여기에 포함되는데, 강제력이 아닌 매력을 통해 그 목적을 달성한다는 점에서 주의할 필요가 있다. 이러한 매력은 결코 자연적으로 생성되는 것이 아니다. 효과적인 플랫폼이 있어야 대외적인 확산과 전파가 가능해질 수 있다. 미국은 오늘날 전 세계에서 가장 강력한 소프트파워 자원을 가지고 있다. 그리고 이는 미국이 수많은 유수의 싱크탱크를 보유하고 있다는 사실과 결코 무관치 않다.

경제가 발전함에 따라 중국 역시 국가의 소프트파워를 제고하기 위해 부단히 노력하고 있다. 국제무대에서 중국의 목소리를 내고 국제적인 발언권을 강화하며 미디어를 통해 국제여론을 주도하고자 한다면 싱크탱크가 공공외교 및 문화의 차원에서 중요한 역할을 수행해야 한다. 싱크탱크의 영향력 자체가 바로 국가의 소프트파워를 결정하는 중요한 요인이 된다. 현재 중국의 싱크탱크들은 영향력 측면에서 부족한 부분이 많다. 먼저 의제설정 능력이 부족하다는 지적을 할 수 있는데, 중국의 현행 정책에 대한 해석과 분석이 비교적 많기 때문에 혁신적인 의제선정이 상대적으로 적은 편이고, 이로 인해 능동적으로 의제를 선도하는 경우가 매우 드물다. 다음으로 정책결정에 대한 영향력이 제한적이다. 중국 정부의 정책결정 구조를 보면, 중국 싱크탱크의 영향력은 그 범위와 능력에서 여전히 부차적이라고 할 수 있다. 마지막으로 싱크탱크와 정부 간 '회전문' 구조가 상대적으로 부족한 편이다. 싱크탱크와 정책결정 과정 사이의 상호 작용이 부족하기 때문에 싱크탱크가 일방적으로 서비스를 제공하고 끝나는 경우가 많다.

정부 외교의 공간 확장

싱크탱크 외교는 대체로 두 가지 함의를 갖는다. 싱크탱크가 전개하는 싱크탱크 간 국제교류가 하나라면, 다른 하나는 외국 싱크탱크를 대상으로 진행하는 국제교류이다. 자국 정부의 관료가 외국의 주요 싱크탱크를 방문해 강연을 한다든지 혹은 외국 싱크탱크에 방문학자의 자격으로 나가는 것이다. 중요한 외교 사안의 경우에는 이를 통해 싱크탱크에 영향력을 행사하거나 혹은 다른 국가의 정부, 언론, 이익단체, 대중 등에 영향력을 행사할 수도 있다. '스마트파워'와 같은 미국의 수많은 외교정책은 싱크탱크가 제시하고 정부가 채택한 것이다. 브릭스BRICs의 개념 역시 미국의 싱크탱크 보고서에서 처음 제기되었다. 만약 각국 싱크탱크들이 사전에 관련 문제를 가지고 대화와 교류에 임한다면, 그 의제를 국가전략 차원으로 격상시킬 때 양측은 비교적 쉽게 암묵적인 합의에 도달할 수 있고, 상대방의 의도를 의심하거나 민감하게 반응하지 않을 수도 있다.

또한 미국의 경우에는 싱크탱크가 정부의 정책결정과 여론에 미치는 영향력이 지대한 편이고, 전문가 및 학자가 싱크탱크와 정부 사이를 빈번히 왕래하기 때문에 싱크탱크 외교를 통해 장기적으로 네트워크를 관리해 미래의 정책결정자에게 영향을 미칠 수도 있다. 따라서 대對미국 싱크탱크 외교는 각국이 특별한 관심을 갖는 사안이 되고 있다. 싱크탱크는 외교업무에 직접 참여하기도 하는데, 어떤 의제는 정부와 긴밀한 관계를 맺고 있는 싱크탱크가 정부 간 대화를 주도하기 때문이다. 이런 식으로 정부의 외교 공간은 넓어질 수 있고, 특히 정부 간 채널이 원활히 작동하지 않을 때 싱크탱크 외교가 그 역할을 담당할 수 있다. 나아가 정부 외교의 빈자리를 대체해 접촉하거나 소통하기도 하는데, 예를 들어 미국과 북한, 중국과 일본 사이의 정부 간 외교가 원활하지 않을 경우, 권한을 부여받은 일부 싱크탱크들이 그 대화와 교류를 전개함으로써 정부 간 교류를 위한 교두보를 마련하기도 한다.

나가며

현재 중국에서는 국가 거버넌스와 대외 교류 차원에서 싱크탱크에 대한 관심이 높아지고 있다. '중국 특색의 신형 싱크탱크' 설립 전략이 중요한 의제로 자리 잡은 데에는 이러한 배경이 존재한다. 향후 중국의 싱크탱크들은 각급 정부의 정책결정에서 그 발언권을 더 많이 갖게 될 것이고, 이를 통해 정부의 정책결정 역시 더 많이 과학성을 추구하게 될 것이다. 국가 거버넌스의 현대화 과정에서 싱크탱크의 역할이 충분히 실현되기 위해서는 싱크탱크의 건전한 자문 및 관리 메커니즘이 필요하다. 일정한 독립성을 가지고 정책결정 과정에서 '외부 인재'의 역할을 수행할 때, 싱크탱크가 더 큰 활력과 역량을 발휘할 수 있다. 동시에 싱크탱크는 공공외교의 행위 주체로서 정부와 대중, 국내외 엘리트들을 연결하는 중요 허브가 될 수 있다. 싱크댕크 외교의 중요성을 지속적으로 살펴볼 필요가 있는 이유가 여기에 있다.

1 關於加强中國特色新型智庫建設的意見.
2 和靜鈞, "從章琦創勃帕的中國發展研究院透視中國智庫", 『新民周刊』, 2014年 47期.
3 中國(海南)改革發展研究院, "智庫爲什麽能在美國繁榮昌盛?", 2015-03-20.
4 鄢來雄·李琳, "如何從智庫大國走向智庫强國?", 中國信息報, 2014-10-20.
5 James G. McGann, "2016 Global Go To Think Tank Index Report", Jan. 26, 2017.
6 張林, "全球頂級智庫排名出爐中國7家智庫上榜", 中國網, 2015-01-22.

PART

5

한중 공공외교와 대학의 역할

chapter 18 이희옥(성균관대)
대학공공외교의 모색

chapter 19 김태환(국립외교원)
정체성 정치의 시대, 대학의 역할

chapter 20 양 철(성균관대)
한중 대학공공외교의 행위주체

chapter 21 왕원치(지린대)
대학공공외교와 지역 컨센서스

18 대학공공외교의 모색

이희옥 성균관대 정치외교학과/성균중국연구소

대학공공외교의 제안

정부외교와 공공외교의 차이는 공공외교에 참여하는 행위자가 국가를 대표해 외교업무를 처리하지 않는다는 것이다. 그리고 전통적 공공외교는 어느 정부가 다른 국가의 국민들에게 자국의 국가이미지를 고양하고, 그 국가 국민의 마음hearts and mind을 얻는다는 것이다. 따라서 정부가 주도하고 타국 정부와 타국 국민을 대상으로 삼아 자국의 국가이미지 제고를 높이고자 했다는 점에서 공공외교의 주체는 정부였다.

그러나 경제 글로벌화, 정보화 시대에 접어들면서 정부외교 행위는 변화하는 세계와 조화를 이루고 협력할 수 있는 잠재력을 중시하며 모든 외교주체가 공공외교에 참여할 수 있도록 지원할 필요성이 나타났다. 이런 의미에서 '새로운' 공공외교는 국가 간 교류에 참여하는 국민들의 모든 활동을 공공외교라고 볼 수 있다. 즉 '일국 정부가 타국 국민을 상대로 한 활동', '일국 국민이 타국 정부를 상대로 한 활동', '일국 국민이 타국 국민을 상대로 한 활동' 모두를 포함한다.

이러한 새로운 변화는 지방정부, 정당, 기업, 민간 등이 새로운 공공외교의 주체로 등장시켰다. 특히 이러한 새로운 공공외교의 방향과 목표를 제시하는 지식외교가 중요해졌다. 이러한 지식외교는 정보, 정책, 제도, 가치, 과학기술 등을 자산으로 삼아 상대 국가의 정책 커뮤니티를 대상으로 한다. 따라서 "역사적 발전경험을 통해 축적된 아이디어이자 가치·제도·정책 등을 주요한 자산으로 사용하는 외교knowledge for diplomacy"로 정의할 수 있다. 그러나 이러한 지식외교를 실제로 실어나를 수 있는 핵심 주체는 지식의 산실인 대학이며, 대학이 주체가 되어 타국의 정부와 대학 그리고 타국의 국민을 상대로 하는 대학공공외교의 중요성이 대두하게 되었다.

오늘날 대학은 국민교육 제도의 일환으로 운영되면서 사회적 수요에 부응하는 역할을 요구받고 있다. 역사적으로 오랫동안 대학은 상아탑象牙塔 속에서 자유를 기본이념으로 삼아 창조적·비판적 지식인을 양성해 왔다. 이런 점에서 개인 연구의 자유와 제도적 자율성은 대학의 핵심 본령이었다. 그러나 오늘날 대학은 국가와 사회에서 요구하는 대학의 공공성이 크게 강조되고 있다. 여기에는 수준 높은 지식 문화의 전승과 발전, 현대 사회를 이끌고 가는 사회적 지도자 양성, 사회발전에 기여하기 위한 지식 활용 등을 포함하고 있다. 이런 점에서 대학공공외교는 "대학 구성원이 주체가 되어 다른 국가의 정부, 대학 그리고 일반 국민들을 상대로 자국의 이야기를 전달하고 지식을 교류하는 과정에서 다른 국가가 자국에 대한 이해를 높이고 교류를 촉진하며 국가 간 관계의 발전에 기여하는 외교행위"로 정의할 수 있다. 사실 중앙정부를 포함해 지방정부, 정당, 기업 등 다양한 공공외교의 주체들이 적극적으로 활용하는 포럼외교의 기획과 조직은 대학과 깊이 연계되어 있다. 또한 주체의 차원에서도 비록 대학university의 개념이 교사와 학자의 공동체community of teachers and scholars에서 유래했지만, 국민 고등교육시대에 살고 있는 오늘날 교수뿐만이 아니라 재학생, 동문, 학부모 등 새로운 대학공동체의 역할이 중시되고 있다. 특히 청년세대인 대학생은 국경을 넘어 생각을 공유하고 있고 사고체계가 유연할 뿐만 아니라 합리적이다.

한중 사이에도 인적 교류가 늘어나면서 단일 생활권lebensraum이 형성되고 있다. 우선 한국과 중국의 디아스포라diaspora가 해당 지역사회에 뿌리내리면서 현지 문화를 자국 문화와 융합하는 촉진자facilitator 역할을 하고 있다. 특히 중국이 소비폭발시대를 맞이하며 소비유형과 소비패턴이 변했고, 해외여행객 규모도 폭증하면서 동일 생활문화가 더욱 강화되었다.

대학공공외교의 의미

공공외교가 발전하고 진화하면서 공공외교의 대상을 명확히 하고 효율을 높여야 하는 필요성도 함께 요구되었다. 특히 제3국의 여론주도층과 지식인층에 설명the third party validation하는 것이 중시되면서 공공외교 연구의 이론적 후원後苑인 대학의 사명과 역할도 새롭게 주목되었다.

대학공공외교의 의의는 다음과 같다. 첫째, 공공외교 이론의 연구와 개발이다. 이것은 지식외교뿐 아니라 정책공공외교를 이론적·체계직으로 전달할 수 있다. 실제 대학은 새로운 정부정책과 시대정신을 발 빠르게 포착하고 이를 이론화하는 한편 학문적·정책적으로 확산한다는 점에서 공공외교 연구의 두뇌이자 엔진이다. 둘째, 다양한 주체를 보유하고 있다. 공공외교의 역할을 하는 교수와 대학생 그리고 동문회와 학부모 등 다양한 결합을 시도할 수 있는 배후지의 역할을 한다. 셋째, 개방성이다. 대학은 새로운 세계를 상상하는 공간이자 다양한 세계관을 토론하면서 상대를 배우고 학습하는 장이다. 따라서 상대적으로 민족주의의 구속이 약하고 모든 문제에 대한 '질문'을 허용하면서 '사상해방'의 공간이 될 수 있다.

오늘날 한국과 중국의 대학도 방식은 다르지만 보편적 세계시민을 양성하기 위한 교육을 강화하고 있다. 최근 유행처럼 번지는 대학의 국제화도 토착학문과 보편학문의 대화를 시도하는 한편, '가장 민족적인 것이 세계적이다.'는 점을 찾고자 한다. 이를 아시아에 국한하면 대학은 대학생들에게 아시아인Asiaticus으로 살아가게 하도록 훈련시킨다. 즉 한국인이면서 아시아인으로 살고, 중국인으로서 아시아인으로 가는 '혼성정체성hybrid identity'을 필요로 한다. 한국과 중국의 거의 모든 대학이 그물망처럼 교류하고 있고, 중국에 분교를 설립할 수 있는 수준으로 발전했으며 최근 들어 과거 비대칭성을 극복하고 규모의 균형을 이루고 있다. 이것은 대학공공외교를 실어나를 수 있는 후속세대가 양성되는 것을 의미하며 정보통신혁명 시대에 새로운 지식수단을 통해 공공외교 방식을 지속적으로 혁신할 수 있다는 것을 의미한다.

대학공공외교의 실천

한중 양국의 대학은 공공외교가 학문적 대상이 되면서 공공외교를 연구하는 학문 플랫폼이 만들어지고 있으며 다양한 성과들이 축적되고 있다. 그리고 공공외교를 새로운 학문정체성을 만들고 조직화하려는 노력도 등장하고 있다.

한국의 대학공공외교

한국의 공공외교는 짧은 역사에 비해 발전 속도는 매우 빠르게 발전하고 있다. 예컨대 한국에서는 2016년에 '공공외교법'이 발효되었다. 양국의 대학 공공외교의 성과는 다음과 같다. 우선 2013년 성균관대 성균중국연구소는 지린吉林대학 공공외교학원과 함께 한중공공외교연구센터를 동시에 설치해 운영하고 있다. 이것은 한중 양국 정부 차원의 '한중공공외교포럼'을 이론적으로 지원하는 기반을 갖추는 한편, 호혜의 원칙 속에서 다양한 대학공공외교의 의제를 개발하고 미래지향적 발전방향을 논의해 왔으며 한중공공외교연구포럼을 정례화하였다.

이화여대도 2016년에 공공외교연구센터를 출범시켜 다양한 이론개발과 공공외교의 평가, 한독韓獨포럼 등 양자 포럼외교를 수행하고 있다. 뿐만 아니라 각 대학의 중국연구소를 중심으로 다양한 한중 간 대학공공외교 활동을 활발하게 전개했다. 예컨대 한양대 중국문제연구소는 한중 인문교류사업의 일환으로 한중 유학생포럼을 정기적으로 개최하고 있다.

〈표 1〉 한중공공외교연구포럼 현황

구분	주제	장소
제1회	한중공공외교연구의 새로운 지평	서울(2014.09.)
제2회	한중공공외교: 비교와 귀감	장춘(2014.10.)
제3회	싱크탱크와 한중공공외교	서울(2015.05.)
제4회	공공외교와 국가이미지 수립	장춘(2016.05.)
제5회	대학공공외교의 가능성	서울(2017.02.)

출처: 필자 작성

무엇보다 대학공공외교의 대표적 사례는 '캠퍼스아시아 프로그램'이라고 할 수 있다. 이 프로그램은 2010년 5월 제3차 한중일 정상회의에서 신규 사업으로 채택되어 2011년부터 2015년까지 시범 운영되었다. 이어 2015년 11월에 개최된 제6차 한중일 정상회의, 그리고 2016년 1월 개최된 제1차 한중일 교육장관회의에서 기존 사업을 높이 평가하고 본 사업으로 확대하기로 합의했다. 이 사업은 한중일 대학생들의 상호 이해를 증진하고 차세대 한중일 지도자를 육성하기 위한 것이었다. 2017년 현재 기존 사업단과 신규 사업단 9개를 포함해 17개 사업단이 활동하고 있다. 이미 이 사업을 통해 1,900여 명의 인재를 배양했고 다양한 초국적 동창회, 문화체험활동, 학술세미나 등과 같은 교류를 지속하면서 차세대 아시아 공공외교의 엘리트를 양성하는 데 기여했다.

중국의 대학공공외교

중국의 대학공공외교도 빠르게 발전했다. 2010년 베이징외국어대학이 '공공외교연구센터'를 설치하고 『공공외교연구보고』, 『공공외교문화논총』, 『주은래 공공외교방담록放談錄』, 『공공외교와 인문교류 사례연구』 등을 연구하는 한편, 중국외교부와 중공중앙 대외연락부의 과제를 수행하기도 했다. 이어 2011년 칭화清華대학이 '중국 전략과 공공외교연구센터'를 설립했다. 2012년에는 지린대학이 단과대학의 명칭을 '공공외교학원'으로 변경하는 등 본격적으로 대학공공외교의 거점이 되었다. 현재 이 대학의 공공외교학원에 재학 중인 학생은 약 210명(이 중 외국유학생은 150명에 달함)에 달하는 등 차세대 공공외교 인력을 적극적으로 양성하고 있다. 2014년에는 중국런민人民대학이 '공공외교연구원'을 설립해 『중국공공외교발전보고』 백서를 발간하기 시작했고, 2015년에는 하이난海南대학도 '공공외교연구센터'를 설치했다. 이러한 대학공공외교의 발전은 중앙정부 차원에서 공공외교를 중요한 정부외교의 하나로 간주하면서 대학도 이를 지원할 수 있는 연구시스템을 갖추어야 한다는 정책의지의 결과라고 볼 수 있다.

중국의 가장 대표적 대학공공외교 사례는 공자학원이다. 2016년 12월 현재 세계 140개국 511개의 공자학원이 설치되었고 공자학당도 1,073개 개설되어 있으며 학생총수는 210만 명에 달한다. 한편 인터넷 공자학원은 공자학원 총부와 국가한반漢辦이 공동으로 주관하고 있고 58개 채널에 10여 국의 언어로 운영 중이다. 또한 1만 2천여 개의 과목을 개설했고 등록인원은 800만 명이며 공자학원 지출예산도 2015년 말을 기준으로 3.1억 달러에 달한다. 뿐만 아니라 2014년부터 '공자신한학新漢學계획'을 통해 중국과 외국의 공동박사 배양, 중국 박사학위 프로그램, 중국이해 프로그램, 청년지도자 프로그램, 출판협력 프로그램, 국제회의 프로그램을 운영하고 있다. 한국의 공자학원은 2004년 서울에 처음 설치한 이래 2015년 말까지 공자학원 22개소, 공자교실 11개가 운용되고 있고 여기에 등록한 인원만 약 14만 명에 달했다.

〈표 2〉 한국의 공자학원 설치대학

구분	설치대학	분포
공자학원 (22개소)	우석대, 경희대, 제주한라대, 인천대, 서울공자학원, 우송대, 충남대, 동아대, 동서대, 호남대, 충북대, 강원대, 계명대, 세한대, 순천향대, 대진대, 한국외국어대, 안동대, 연세대, 원광대, 세명대, 한양대	사단법인 1, 국립대 5, 사립대 16
		수도권 7, 충청권 6, 영남권 4, 호남권 3, 강원권 1, 제주권 1

출처: 필자 작성

중국의 공자학원은 중국과 외국 고등교육기관의 합작, 중국과 외국 중등교육기관의 합작, 중국의 고등교육기관과 외국의 공익단체의 합작, 중국의 지방정부 혹은 고등교육기관과 외국정부의 합작, 중외합자기업과 고등교육기관의 합작 등의 유형이 있다. 이 중에서 중국과 외국 대학과의 협력이 전체의 90% 이상을 차지하는 등 대학공공외교의 가장 중요한 플랫폼이 되고 있다. 세계의 모든 공자학원은 외국기관이 중국 내 기관과의 협의 속에서 공자학원 총부에 신청하고 심사와 비준을 거쳐 설치된다.

대학공공외교의 과제와 방향

대학공공외교의 과제

첫째, 정부공공외교와 독립되어 자율적으로 운영할 수 있는 여건을 만들 필요가 있다. 그 이유는 정부가 주도하고 대학이 따라오면 대학공공외교는 정책공공외교의 하위부문으로 범주화되면서 창의력이 있는 공공외교 이론을 개발하기 어렵기 때문이다. 한국은 2016년 '공공외교법'이 공표되면서 다양한 공공외교를 추진할 수 있는 근거를 제도적으로 마련했다. 따라서 정부도 대학공공외교에 대해 '지원하되 관여하지 않는 원칙'을 만들 필요가 있다.

둘째, 차세대 공공외교 연구자를 배양할 수 있는 교육 프로그램의 대혁신이다. 공공외교는 국제관계뿐 아니라 문화연구와 인문학의 핵심 영역으로 등장했다. 따라서 공공외교를 학제 간 융합연구로 발전시켜 독립된 학문영역으로 간주하고 여기에 상응하는 커리큘럼을 개발하는 것이 필요하다. 이런 점에서 지린대학이나 한국국립외교원 등에서 시도되고 있는 공공외교 영역의 교과과정 개발과 심화는 매우 선도적인 프로그램이다.

셋째, 다양한 대학공공외교 방식의 개발이다. 예컨대 번역시스템의 구비이다. 사실 상호 이해의 첩경은 상대 문화의 '결과 떨림'을 있는 그대로 보는 데에서 시작한다. 이런 점에서 우수저작을 상호 소개하고 전파할 수 있는 번역은 중요한 공공외교를 이어주는 교량이다. 이미 중국은 우수한 자국 저작의 해외 보급을 진행 중에 있고 한국국제교류재단도 공공외교 번역시리즈를 총서로 발간하면서 이를 확산하고 있다.

넷째, 정부 주도 공공외교와의 협력이다. 한중 양국은 정상회담의 결과물로 인문교류 사업을 적극적으로 추진해 '인문유대'를 강화해 왔다. 그러나 이 사업은 대부분 공연 등 문화 활동이나 지방 중심의 초청프로그램이 중심이 되어 상대적으로 대학공공외교의 내용은 부족하다. 이런 점에서 인문교류를 확대하는 과정에서 대학을 제도적으로 더욱 편입시킬 필요가 있다.

다섯째, 유학생 정책의 획기적 개선이다. 2016년 현재 재在한국 중국인 유학생은 4.8만명, 재在중국 한국인 유학생은 6.3만명에 달한다. 이들은 상호 국가 이미지의 형성과 전파에 크게 기여했다. 그러나 구미歐美에 유학하는 경우보다 유학국가에 대한 선호가 떨어지는 문제가 발생했다. 여기에는 양국 정부의 유학생 정책의 근본적 한계가 있기 때문이다. 이런 점에서 한중 대학이 이들을 흡수하고 적응할 수 있도록 교육과정과 취업지도 등 다양한 프로그램을 제도화할 필요가 있다. 왜냐하면 양국 유학생들이 각국의 주류사회에 진출할 수 있을 때, 대학공공외교도 질적으로 높아질 수 있기 때문이다.

여섯째, 공공외교학회의 수립이다. 중국에서는 차하얼학회察哈尔学会 등 이미 다양한 공공외교학회가 설립되어 있다 그러나 이들 대부분은 전직 외교관, 정치협상회의 출신 퇴직간부들이 중심이 되어 있기 때문에 상대적으로 정부 주도형 정책공공외교의 성격이 강하다. 이런 점을 지양하기 위해서는 공공외교의 지역연구 기반을 강화할 필요가 있고, 학제 간 융·복합적 교류도 필요하다. 이런 점에서 연구기관인 대학이 중심이 된 '공공외교학회'를 설치해 공공외교 연구를 질적으로 높이고 양국 간 학회교류의 새로운 모범을 찾을 필요가 있다.

대학공공외교의 방향

대학공공외교는 다른 어느 주체보다 개방적이고 역동적이며 차이를 이해하고 여기에 근거한 실사구시實事求是적 태도를 견지한다. 이것은 일종의 화이부동和而不同정신이다. 역설적으로 한중 양국의 공공외교의 독창성도 통일성이 결여될 때 만들어진다. 이것은 주권을 중시해 온 역사적 현상을 '있는 그대로what it is' 수용하는 현실적 경로이다. 따라서 한중 간 대학공공외교의 교류를 단번에 이루겠다는 생각보다 점진적이고 증량적인 장기기획이 필요하다.

사실 오늘의 유럽통합을 이룰 수 있었던 것은 공항, 항만 그리고 정보시스템의 역할이 있었지만, 가장 중요한 것은 높은 정신적 인프라였다. 독일과 프랑스가 '엘리제 합의'에 이르기 전까지 수백 개 도시가 교류하고 사람들의 왕래가 있었다. 제도에 선행하는 것이 개인의 자발적 결사이고 비제도적 네트워크를 통해 제도의 기반을 구축할 수 있다. 이러한 현상을 일상에서 경험하고 있는 것이 바로 대학이다. 따라서 한중의 대학공공외교의 방향을 생각할 때, 몇 가지를 고려할 필요가 있다. 첫째, 지속가능성이다. 교류는 장기적 과정을 통해 이루어지지 않으면 '라포rappo'를 형성하기 어렵다. 둘째, 체감형이다. 성과 위주의 다양성 부족을 극복하고 창업, 취업, 학습, 세대단절 등이 다양한 주제영역을 개발하고 실천할 필요가 있다. 셋째, 개방성이다. 끊임없는 토론과 논쟁이 일상화된 대학의 기능을 유지하고 발전시키는 것이다. 왜냐하면 지식세계는 궁극적 차원에 이르면 화학적 결합을 통해 상호 이해를 촉진할 수 있기 때문이다. 넷째, 쌍방향성이다. 교류의 핵심은 소통이다. 호혜에 기반을 둔 공동연구와 공동기획을 모색할 필요가 있다. 다섯째, 융합과 확장이다. 정책공공외교와 지식공공외교를 결합하는 한편 양국 공동외교를 궁극적으로는 아시아 공공외교로 동심원을 넓혀갈 필요가 있다. 여섯째, 대학공공외교 추진주체들의 선택과 집중이다. 한국과 중국의 중국 연구와 한반도 연구 현황을 볼 때, 자산과 부담liabilities이 모두 존재하는 상황에서 근본적으로는 모든 연구영역을 포괄할 수 없다. 따라서 선택과 집중을 통해 한국형 대학공공외교의 새로운 가능성을 모색할 필요가 있다.

19
정체성 정치의 시대, 대학의 역할

김태환 국립외교원

정체성 정치(identity politics)의 시대

세계는 다시금 격변의 시대에 접어들고 있다. 길게는 냉전의 종식 이래, 보다 가깝게는 2008년 세계금융위기 이래 세계정치를 뒤흔드는 현상은 크게 두 가지로 압축될 수 있다. 그 하나는 '전통 지정학의 귀환'이다.[1] 중동에서는 이라크로부터 리비아, 예멘, 시리아에 이르기까지 폭력적인 극단주의와 전쟁이 기승을 부리고 있고, 유럽에서는 러시아의 크림반도 합병과 우크라이나 사태로 과거 냉전기 동서 대립을 방불케 하는 '신냉전'의 양상이 모습을 드러내고 있으며, 아시아에서는 미중 간 전략적 경쟁이 심화되면서 다시금 대립적인 국가 블록이 형성될 조짐을 보이고 있다.

또 다른 현상은 포퓰리스트populist 민족주의의 부상이다. 유럽연합EU 탈퇴를 결정한 영국의 브렉시트Brexit와 더불어 프랑스, 독일, 폴란드, 헝가리 등 유럽 곳곳에서 민족주의와 포퓰리즘populism이 기승을 부리고 있다. 도널드 트럼프Donald Trump의 미국 대통령 당선과 취임은 기성 정치와 세계화에 반기를 드는 포퓰리스트 민족주의 부상의 정점을 찍는 것으로 평가되고 있다.

일견 상관성이 없어 보이는 두 가지 현상에 공통되는 것은 양자 모두 '정체성 정치identity politics'의 발현이라는 점이다. 18세기 이래 민족국가nation-state의 전 세계적 확산과 민족주의의 발흥은 정치적 집단 정체성에 '영토' 요소가 결합된 결과이며, 이는 국가주권sovereignty 개념과 더불어 현대 세계체제의 세 가지 사회공간적 핵심 요소sociospatial triad of the international system[2]를 구성해 왔다. 그러나 민족/국가 정체성은 국가나 민족의 집단적 결속력을 강화하는 한편, '자신Self'과 '타자Other'의 이분법적 구분이 지나치게 배타적일 경우, 국수적·배타적 민족주의, 그리고 갈등과 폭력으로 표출되기도 한다. 2차 세계대전까지는 인종적 우월주의가 제국주의와 식민주의를 정당화하는 근거가 되었고, 극단적으로 나치 독일의 유태인 대학살이라는 비극을 초래하였다. 냉전기에는 이데올로기적 가치, 그리고 이에 기반한 정치경제체제의 차이가 서로 다른 진영에 속하는 민족국가의 정체성을 구성하는 중요한 요소로 포함되었고, 상이한 진영 간 갈등과 대립을 야기하였다.

20세기 후반기 세계화와 자유주의적 국제질서하에서 정체성에 기반을 둔 갈등과 대립, 폭력의 정치가 주춤하는 듯 했으나, 세계화에 대한 누적된 불만을 기화로 정체성의 정치가 이제 다시금 고개를 들고 있다. 오늘날 발현되고 있는 정체성의 정치는 다시금 세계를 갈등과 대립, 폭력으로 몰아갈 것인가? 이러한 세계적 맥락에서 공공외교의 역할은 무엇인가? 공공외교는 정체성의 정치에 대한 단순한 보조적 수단인가? 공공외교, 특히 지식공공외교의 중요한 주체로서 대학의 역할은 무엇이어야 하는가?

주창형(主唱型) 공공외교의 부상

공공외교의 핵심 문제 중 하나인 국제사회에 우리의 '무엇'을 보여주고 대변할 것인가에 초점을 맞출 때, 개념적으로 구분되는 두 가지 유형의 공공외교를 상정할 수 있다. 첫 번째는 국가 이미지 및 브랜드 제고를 위해서 국제사회에서 자국의 속성과 특징을 투사하는 데에 초점을 맞추는 '투사형投射型

공공외교projection public diplomacy'로서 문화외교가 그 대표적인 예이다. 또 다른 하나는 국제사회에서 보다 논리적으로 자국이 추구하는 정책, 가치, 아이디어를 설파하는 '주창형主唱型 공공외교advocacy public diplomacy'로서 정책공공외교policy advocacy가 대표적인 예이다. 투사형 공공외교는 주로 이미지나 언어, 문화적 특징 등 정체성의 본원적 요소들essentialist elements을 강조하는 반면, 주창형 공공외교는 지정학적 현실인식이나 정책이 추구하는 가치와 같이 정체성의 구성적인 요소들constructivist elements에 초점을 맞추고 있다. 금세기 들어 주요 강대국들의 공공외교의 두드러지는 특징 중 하나는 바로 이와 같은 주창형 공공외교가 부상하고 있다는 점이다.³

'미국 예외주의American exceptionalism'는 역사적으로 미국의 정체성에 핵심적인 요소였다. 미국은 이에 근거하여 자유, 민주주의, 인권과 같은 이른바 '보편적 가치'의 수호와 확산을 표방해 왔고, 2차 대전 후에는 적극적인 대외개입정책을 통해서 '자유주의적 국제질서liberal internationalism'를 구축하는 데에 중추 역할을 해 왔다. 미국의 전후 공공외교는 이러한 정체성, 특히 가치를 주창하는 데에 초점을 맞추어 왔다. 아직 예단하기는 이르지만, 대통령 선거기간 중 드러난 트럼프의 언행으로 미루어 볼 때, 트럼프 행정부의 미국은 '미국 예외주의'와 자국의 전통적인 '국제적 역할'에 대한 재규정하에 과거 70여 년의 외교정책과는 상당히 다른, '적의적인 고립주의bellicose isolationism'와 민족주의적인 입장을 취할 것으로 예견되고 있다.

중국은 '부상하고 있는 신흥대국'이자 동시에 '개발도상국가'라는 이중적 정체성 사이에서 1980년대 이래 국내 경제성장을 위해서 낮은 자세low profile를 견지해 왔지만, 최근, 특히 2008년 금융위기와 베이징올림픽 이래 중국의 힘이 가시화되면서부터는 동중국해나 남중국해 문제에서처럼 보다 적극적인 외교행태를 보이고 있다. 중국의 정체성의 재규정은 대표적인 공식 담론의 변화에 그대로 반영되고 있다. 중국의 대표적 외교 담론은 덩샤오핑의 도광양회韜光養晦로부터 1990년대의 화평굴기和平崛起로, 2000년대에 들어서는 대국굴기大国崛起, 적극외교積極作爲 및 신형대국관계新型大國關係로 변화해 왔으며, 이는 문화외교와 더불어 중국의 주창형 공공외교의 핵심 내용을 이루고 있다.

러시아는 소련의 붕괴 후 지난 25년간 새로운 국가형성과정에서 정체성을 둘러싼 세 가지의 전통적 견해, 즉 '서구주의Westernism', '국가주의Statism', '문명주의Civilizationism'가 경합을 벌여 왔고, 이에 따라서 외교정책이 변화해 왔다.[4] 푸틴Vladimir Putin 대통령 3기, 특히 크림반도 합병, 우크라이나 사태와 더불어 러시아는 국가주의를 넘어서 문명주의를 지향하고 있는 것으로 평가되고 있으며, 이것이 보다 강경하고 단호한 대외행태로 가시화되고 있다. 이러한 변화를 반영, 최근 러시아의 공공외교는 서구의 '보편적 가치'에 대해 러시아의 '전통적 가치traditional values'를 강조하는 대안적 가치지향형 공공외교를 전개하고 있는 것이다.

2012년 이래 아베 신조安倍 晋三 총리 집권 2기에 들어서 일본의 외교정책은 중국의 부상과 중일관계의 악화, 북한의 핵 및 미사일 실험으로부터 촉발된 새로운 지정학적 현실 인식에 기인하는 수정주의 경향을 보이고 있고, 이는 세 가지 차원에서 나타나고 있다. 첫째는 과거사 수정의 차원으로서 일본 정부는 국민들의 '올바른 역사관', '역사적 자긍심 고취'를 강조하고 있고, 바로 이러한 측면이 역사 수정주의의 형태로 일본의 공공외교에서 표면화되고 있다. 두 번째는 일본 헌법에 반영된 전후 평화주의의 수정으로서, 아베 총리는 '집단적 자위권' 행사를 통한 '적극적 평화주의proactive pacifism'와 일본의 '정상국가'화를 표방하고 있다. 마지막으로 샌프란시스코 체제의 수정 차원으로서, 일본은 미일동맹의 틀 내에서 일본의 군사적 역할을 강화함으로써 전후 동아시아 지역질서의 새로운 변화를 모색하고 있다. 전통적으로 문화외교를 강조해 왔던 일본은 특히 아베 총리 집권 이래 이와 같은 세 가지 차원에서 수정주의적 정체성과 가치를 강조하는 주창형 공공외교에 노력을 기울이고 있다.

간과할 수 없는 경향은 이들 국가들이 정체성을 대변하는 주창형 공공외교를 자국 외교정책의 도구적 보조물로 사용하고 있다는 점이다. 그러나 정체성의 정치가 지나치게 타자와의 차이와 배타적 구분을 강조하는 외교행태와 정책으로 표현될 경우, 그리고 공공외교가 이와 같은 배타적 외교정책의 보조수단으로 사용될 경우, 이는 헌팅턴Samuel P. Huntington이 예견했던 '문명의 충돌'과 같은 갈등과 폭력의 세계정치를 조장할 가능성이 높아지는 것이다.

갈등과 대립의 정체성 정치에 대한 대항력으로서의 공공외교

국제정치의 새로운 패러다임으로서의 공공외교는 지정학적 경쟁, 현실주의적 힘의 정치power politics, 배타적인 민족주의와 같이 정체성의 정치가 초래하는 대립적이고 갈등적인 효과를 희석시키는 대항력countervailing forces으로서 역할을 할 수 있으며, 이러한 의미에서 공공외교는 국지적인 국가이익을 넘어서는 국제적 공공재public goods 창출에 기여할 수 있다.[5] 공공외교의 대항력으로서의 역할과 기능을 위해서는 정체성에 관한 다음과 같은 몇 가지 고려가 필요하다.

첫째, 국제적 공공재 창출을 지향하는 공공외교는 무엇보다도 자신과 타자를 배타적으로 구분하는 정체성보다는, 정체성의 다원성plurality of identities 및 타자와의 차이를 인정하고 이를 포용하는 '포용적 정체성inclusive identity'[6]에 기반을 두는 것이어야 한다. '자신'과 '타자'의 구분은 정체성의 가장 본질적 요소이기는 하지만, 자신과 구분되는 '타자' 또는 '그들'이 함께 공존할 수 없는 '적'으로 치환될 필연성은 없으며, 타자와의 차이를 인정하고 포용할 때 비로서 타자는 경쟁자나 친구로서 공존할 수 있는 것이다.

둘째, 타자와는 구별되는 자기 국가 또는 민족의 속성과 소속감 이외에도 특정 국가나 민족이 국제사회에서 수행하는 역할에 정체성을 자리매김할 수 있고, 이는 '역할 정체성role identity'으로 개념화되고 있다.[7] 역할 정체성의 가장 기본적인 차원은 자신과 타자와의 차이와 관계를 인식하고 규정하는 것이며, 국제정치에서 이는 곧 상대방을 적enemy, 경쟁자rival, 또는 친구friend로 인식하고 관계를 설정하는 문제에 다름 아니다. 예컨대 냉전 시대 미국과 소련은 명백히 '적'의 역할관계에 있었으며, 냉전 후 특히 9·11 테러사태 이후 미국은 부시George W. Bush 행정부하에서 테러리스트 집단과 이들의 지원 국가들을 '적'으로 설정하였다.

역할 정체성의 두 번째 차원은 국제사회에서 공유하는 속성(예컨대 민주주의나 권위주의와 같은 정권의 속성)이나 이익(예컨대 군사동맹)에 따라 형성되는 상이한 국가집단에 대한 소속감과, 이들 구별되는 집단들 사이에서 어떠한 역할(예컨대 패권자, 균형자, 규제자, 조정자, 중재자 등)을 수행할 것인가에 대한 자기 인식이다. 이와 같은 두 가지 차원의 역할을 바탕으로 특정 국가는 국제사회에서 추구하는 가치나 아이디어를 설정하고, 이는 흔히 그 국가의 외교정책 비전이나 목표, 담론으로 표현되며, 국가이익을 구성하게 된다.

역할 정체성의 두 차원(관계 및 그룹 차원)에서 포용성inclusiveness과 배타성exclusiveness은 정체성 정치의 결과를 가르는 핵심 요소가 된다. 정체성이 포용적이냐 배타적이냐에 따라서, 즉 자신과 구분되는 타자가 공존할 수 없는 적인지, 상호 공존하는 경쟁자인지, 또는 상호 협력하는 친구인지에 따라서 국제정치에서 행위의 선택과 그 결과는 대립과 갈등, 폭력적 분쟁 및 전쟁, 경쟁, 협력 등으로 결정되기 때문이다.[8]

마지막으로 초국가적 집단 정체성supranational collective identity의 문제이다. 집단 정체성에 근거한 국가 그룹은 공유할 수 있는 집단적 이익을 생성하고, 이는 집단에 속한 국가들의 정책 선택이 상호 의존적일 뿐만 아니라, 이익 자체가 상호 의존적이라는 것을 의미한다. 물론 이러한 의미에서의 국가이익은 현실주의 주류 국제정치학에서 가정하고 있는 '이기적인 자기이익egoistic self-interest'과는 확연히 구분되는 개념이다. 예컨대 동북아시아에서의 다자협력체는 집단 정체성collective identity에 기반하는 것이어야 하며, 이는 '자신'의 경계를 넓힘으로서 타자를 '우리'라는 집단으로 동질화하는 과정identification을 의미한다. 물론 동북아 국가들이 공동의 집단 정체성에 기반한 '포괄적 공동체 comprehensive community'를 구축하는 것은 현실성이 극히 희박하다. 그러나 전통적 안보를 포함한 개별이슈영역에서 공통의 이해를 기반으로 하는 집단 정체성을 구성하는 것은 어렵기는 해도 불가능한 일은 아니다.

포용성에 기반한 역할 정체성, 그리고 이로부터 형성될 수 있는 초국가적인 집단 정체성에 기반을 두는 공공외교는, 배타적 갈등과 대립이 아니라 공존과 화해를 지향하는 공공외교, 지정학적 경쟁과 국수적 민족주의에 대한 대항력으로서의 공공외교의 핵심 요소를 구성한다.

'내재화 공공외교(embedded public diplomacy)'의 주체로서 대학

대학은 연구와 교육, 그리고 인적 교류라는 기능을 통해서 포용적 공공외교의 핵심 요소들을 배양할 수 있는 실천의 장이자 주체로서 역할을 할 수 있다. 첫째, 고등교육 분야의 인적 교류는 포용적 정체성을 내재화할 수 있는 기회를 제공한다. 2016년 말을 기준으로 한국에서 수학하고 있는 학위 및 비학위 과정의 외국인 유학생 수는 10만 명을 넘어서고 있으며, 그중 약 60%가 중국 유학생이다. 또한 중국 대학과 연구기관 등에서 유학하고 있는 40만 외국인 유학생 중에 한국 유학생이 7만여 명으로 가장 많은 것으로 나타나고 있다. 이들 한국과 중국 유학생들은 상대국 사회에 내재화되어 생활하면서 경험을 통해서 상대방과의 차이를 인정하고 받아들일 수 있는 기회, 특히 교육을 통해서 상대방에 대한 인식과 이해를 심화시킬 수 있는 기회를 갖게 된다.

둘째, 한국과 중국 대학 학자 및 연구자들 간의 공동 연구는 하버마스 Jürgen Harbermas가 말하는 바와 같은 '공론의 장public sphere'[9]을 제공한다. 대학들의 공동연구 활동이 한편으로는 국가를 포함하는 '공공 권위의 영역 sphere of public authority'과 다른 한편으로는 시장과 시민사회를 포괄하는 '사적 영역private sphere'의 중간에서 이들 두 영역 간의 가교 역할을 하면서 한중 양국의 국가정책 형성에, 또한 언론과 시민사회에도 영향력을 미칠 수 있다.

국제사회에서 한중 양국이 수행하는 역할, 또한 상대방에 대한 역할이 대학들 간 공동연구라는 공론의 장에서 어젠다가 되는 것은 지극히 자연스러우며, 이는 곧 양국의 협력적·포용적 역할 정체성에 대한 규정과 인식을 촉진할 수 있다.

마지막으로, 한국과 중국 대학들 간 연구와 교육, 인적 교류의 네트워크는 곧 양국을 아우르는 초국가적 지식공동체epistemic community의 형성으로 이어지고, 이는 특정 이슈들에 대한 공동의 이해에 기반하는 초국가적 집단 정체성을 촉진하는 매개체가 될 수 있다. 한나 아렌트Hannah Arendt는 인간이 협력하여 관계를 형성하고 새로운 현실을 만들어 내는 '협력의 힘power as action in concert'을 강조한 바 있다.[10] 그녀에 의하면, 힘이란 단순히 물적 자원에 의존하는 것이 아니라 인간이 협력하여 공통 목표를 개발하는 과정에서 소통을 통해서 생성되는 것이다. 또한 카스텔스Manuel Castels는 오늘날 정보화 사회에서 구체적인 협력의 힘의 형태로서 '네트워크 파워'와 '커뮤니케이션 파워'의 중요성을 강조하고 있다.[11] 모든 네트워크에는 한 가지 공통점이 있는데, 네트워크 내에서의 협력 프로그램은 공통의 아이디어, 비전, 프로젝트 및 프레임을 반영하고 이를 통해서 집단적인 네트워크 파워를 창출한다는 것이다.

공공외교 기관으로서, 주체로서 대학이 지니고 있는 긍정적인 잠재성과 가능성은 바로 이와 같은 '함께 만들어 내는 힘', '네트워크를 통한 커뮤니케이션의 힘'에 있다. 교육과 연구는 투사나 주창을 넘어서 공동의 이익과 목표, 가치를 내재화시킬 수 있는 기회를 제공한다. 그러나 이것이 당연히 보장되는 것은 아니다. 양국의 대학 주체들이 함께 기획하고 실행하는 공동의 '협력적 공공외교collaborative public diplomacy' 이니셔티브가 필요한 이유이다.

1 '전통 지정학(classical geopolitics)'의 특징에 대해서는 김태환, "냉전 후 지정학의 새로운 요소들과 한국의 통일외교: 함의와 정책방향," 『국립외교원 외교안보연구소 정책연구시리즈 2016-09』, 2016.11. 참조.
2 Gearóid Ó Tuathail, *Critical Geopolitics*, London: Routledge, 1996.
3 Taehwan Kim, "National Identity in Public Diplomacy: Recent Trends in the United States, Japan, China and Russia," *IFANS Focus*, IF 2016-86E, November 30, 2016.
4 이러한 견해는 Andrei P. Tsygankov, *Russia's Foreign Policy: Change and Continuity in National Identity*, 4th ed., New York: Rowman & Littlefield, 2016.
5 지정학에 대한 대항력, 국제적 공공재 창출의 공공외교에 대한 논의는 Taehwan Kim, "Korean Public Diplomacy as Counter Geopolitics," 영국 King's College London-SOAS Korean Speakers Series에서의 강연(2016.10.13.) 참조.
6 Amartya Sen, *Identity and Violence: The Illusion of Destiny*, New York: W. W. Norton, 2006.
7 Peter J. Burke and Jan E. Stets, *Identity Theory*, New York: Oxford University Press, 2009.
8 Alexander Wendt, *Social Theory of International Politics*, New York: Cambridge University Press, 1999.
9 Jürgen Harbermas, *The Structural Transformation of the Public Sphere: An Inquiry into a Category of Bourgeois Society*, translated by Thomas Burger, Cambridge, MA: MIT Press, 1989.
10 Hannah Arendt, *The Human Condition*, Chicago, IL: University of Chicago Press, 1975; *On Violence*, San Diego, CA: Harvest, 1970.
11 Manuel Castells, *Communication Power*, New York: Oxford University Press, 2013.

20

한중 대학공공외교의 행위주체
- 서울소재 대학의 대중국 교류를 중심으로

양 철 성균관대 성균중국연구소

행위주체 연구의 필요성

외교는 변화를 관리하는 것으로, 수세기 동안 외교제도는 빌진하며 국세사회의 다양한 변화에 성공적으로 적응해 왔다.[1] 이러한 외교적 특성에 부합하듯, 21세기에 들어서며 전통적 외교와는 별개로 공공외교에 대한 중요성이 부각되면서 공공외교의 개념, 구조 및 특성 등 이론 정립에 관한 다양한 연구가 진행되고 있다. 이러한 연구를 통해 다양한 견해가 나타나고 있으나 공공외교에 대한 학계의 공통된 이해는 문화, 이념, 가치관, 제도, 매력 등 소프트파워를 타국의 정부, 사회, 대중에게 전달하여 자국의 정책을 이해하고 지지하게 함으로써 궁극적으로 국가이익(national interest)을 추구하는 것으로 귀결된다.

외교의 방법이 하나의 형태로 통일되지 않은 것과 같이 공공외교 역시 다양한 형태의 방법으로 추진된다. 외교정책을 수행하는 구성요소를 주체와 대상, 자원과 자산, 이를 전달하는 매체로 규정할 경우, 공공외교의 자산(assets)에 따라 공공외교를 지식외교, 문화외교, 미디어외교, 기업외교, 스포츠외교 등의 형태로 분류할 수 있다.[2] 또한 외교가 지금까지 외교의 목적이나 주요 행위자, 주요 기능 등으로 정의되어 왔다는 점에서 공공외교 역시 목적에 따라 통일공공외교, 경제공공외교, 틈새공공외교 등으로 분류할 수 있다.[3]

그러나 외교를 정의하는 또 다른 중요한 요인 중 하나인 행위자들에 따른 형태 분류는 명확하지 않다. 협회, 학회, 대학, 기업, 언론, 시민단체(NGO 포함) 등 다양한 민간부문의 행위주체들이 존재하며, 이들의 공공외교 활동이 각기 다른 활동 방향과 목표가 있음에도 불구하고 보다 세밀한 분류 기준과 활동 전략에 대한 연구는 미비한 실정이다. 이에 본 글에서는 공공외교 연구의 주요 어젠다인 자산이나 목적으로 분류한 공공외교 활동과 별개로 행위주체들의 역할과 활동방향에 대한 연구도 필요하다는 사실을 기반으로 행위주체, 특히 대학의 공공외교 활동을 분석하고자 한다.

대학공공외교는 "역사적 발전경험을 통해 축적된 아이디어, 가치, 제도, 정책 등을 자산으로 사용하는 외교"[4]로 정의되는 지식외교의 하위범주에 포함된다고 할 수 있다. 또한 지식자산의 범주와 행위주체가 가진 기능에 의거하여 교육 및 인적 교류, 회의체, 정책 커뮤니티 등[5]의 사업을 전개할 수 있는 기반을 가지고 있는바, 공공외교에서 일정한 역할을 수행한다. 이에 본 연구는 한중 양국 대학들의 교류 현황을 통해 공공외교 활동에서 대학만이 가진 역할과 활동방향의 특징을 살펴봄으로써 대학공공외교의 방향성을 도출해 보고자 한다.

대학공공외교의 행위주체

대학공공외교의 특성을 살펴보기에 앞서, 대학이 가진 공공외교의 행위주체를 확인할 필요가 있다. 대학은 학생과 교수, 연구소, 졸업생과 학부모 등 다양한 행위주체를 가지고 있지만 이 중 학생과 교수가 가장 중점적인 역할을 수행한다. 교육부에 따르면, 2016년 7월을 기준으로 전국에 설립된 424개의 대학 가운데 96개 대학에 116개의 중국 관련 학과가 개설되어 있다. 대체적으로 한 학교에 한 개의 학과가 개설되어 있지만 강남대, 계명대, 국민대, 영남대 등 13개 대학에는 2개의 학과가 개설되어 있고, 부산외대와 한국외대는 각각 3개와 6개의 관련 학과가 개설되어 있다. 한 학과당 평균적으로 5명의 전임 교수와 160~200명의 학생이 재학한다고 가정하면 약 600명의 교수 인력과 2만 명의 학생이 공공외교의 행위주체로서 역할을 수행할 수 있다.[6]

이러한 행위주체들은 27개 단과대학에서 중국통상학, 중국학, 중국어, 중국비즈니스, 중국문화 등 다양한 명칭으로 구성된 학과에 소속되어 중국의 언어, 문화, 정치, 경제 등 전반적인 정보를 습득하고 있다. 과거에는 중어중문학과로 대변되는 학과에서 언어와 문학을 위주로 편성된 교육과정을 중점적으로 이수하는 것이 특징이었다면 학제 간 융·복합 추세를 반영하여 중국학, 중국지역학, 중국통상학 등 인문학과 사회과학이 통합된 교육과정을 이수하는 경향이 나타남으로써 중국에 대한 정보의 외연성을 확장하고 있다. 중국 관련 학과 이외 학과들의 대중국 교류가 증가되고 있으며 어학연수, 교환학생, 복수학위 등의 프로그램에 참여하는 학생 역시 증가됨에 따라 더 많은 학생들이 공공외교의 행위주체에 포함된다. 한편 지역별로 보면, 서울, 경기 등 수도권과 경북, 부산 등에 집중적으로 분포된 특징이 나타나고 있다.

대학공공외교의 또 다른 행위주체 중 하나인 연구소 현황을 조사한 결과, 전국에 약 20여 개의 중국 관련 연구소가 개설되어 있는 것으로 나타났다. 대다수의 연구소가 서울을 비롯한 수도권에 집중되어 있고, 자체적인 설립 목적에 따라 인문학과 사회과학의 다양한 분야를 연구하기 위해 중국 대학들과 세미나, 포럼, 간담회, 초청강연 등의 학술교류를 도모하고 있다. 뿐만 아니라 전문 학술지, 계간지, 서적(저서 및 역서 포함), 이슈 리포트 등을 지속적으로 발간함으로써 중국 연구의 외연성 및 연구 성과 확산을 위한 역할을 수행하고 있다.

〈표 1〉 한국 내 대학의 중국 관련 학과 분류

단과대학명	소속학과명
경상대학	중국통상학과
경영행정학대학	중국학과
국제문화대학	중국학과
글로벌경영대학	중국어과
글로벌문화융합대학	중국학전공
글로벌비즈니스대	중국어전공, 중어중국학전공, 중국학전공, 중국비즈니스학과
글로벌비즈니스외국어대	중어중국학과
글로벌융합대	중국어과
글로벌협력대	중국학과
문과대학	중어중문학과, 중국학과, 중국문화전공, 중국언어문화학과
문리과학대	중국학부
사범대 / 제2대학	중국어교육과
사회과학대학	중국학전공, 중국학과, 중국통상학과, 중국학과
아시아대	중국학부(언어문화콘텐츠전공, 지역통상전공, 커뮤니케이션중국어전공)
어문대학	중국어문학과
외국어대학	중국어학과, 중국어과, 중국어문화학과
인문과학계열(대학)	중어중문학과, 중국어학과, 중국통상학전공, 중어중문학전공
인문국제학대학	중국학전공, 중국어문학전공
인문대학	중어중문학과, 중국학부, 중국어중국학과, 중국어문화학과, 중국어학과, 중국학과
인문사회과학대학	중국학전공, 중국학과, 중어중문학과
인문사회대학	중국어학과, 중어중문학과, 중국어과
인문예술대학	중어중문학과, 중국어과
인문융합대학	중어중국학전공
중국어대학	중국언어문화전공, 중국외교통상전공
통번역대학	중국어통번역학과
한중문화산업대학	중국어문화학과
단과대 구분 없음	중국어과, 중어중국학과, 중국듀얼디그리학과, 중국언어통상학과, 중국학과

출처: 교육부, "2016년 학교별 학과 현황"을 재구성. 2016.07.19.

[그림 1] 한국 내 중국 관련 학과 개설 대학의 지역별 분포

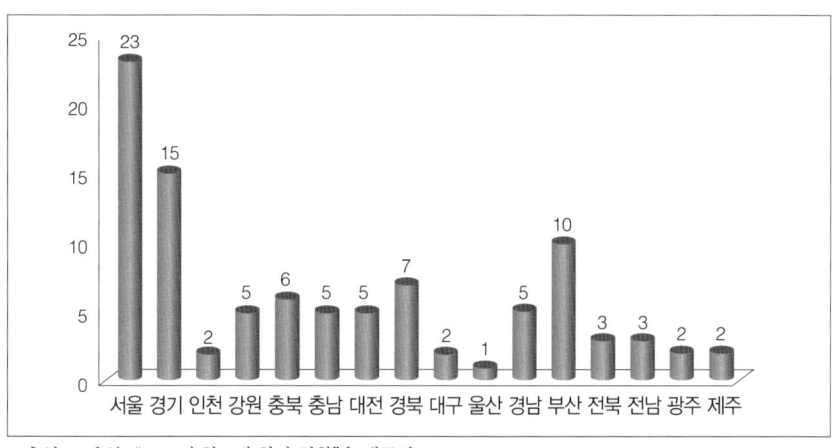

출처: 교육부, "2016년 학교별 학과 현황"을 재구성. 2016.07.19.

〈표 2〉 한국 내 주요 대학 부설 중국연구소 현황

	대학명	연구소명	소재지	설립연도	주요 연구 방향
1	건국대	중국연구원	서울	1981	경제통상, 문화, 과학기술
2	경남대	극동문제연구소	서울	1972	정치, 국제관계
3	고려대	아세아문제연구소	서울	2009	정치경제사회, 역사사상문화
4	고려대	중국학연구소	서울	1997	언어, 문학, 문화
5	국민대	중국인문사회연구소	서울	2009	정치, 사회, 지식인
6	동국대	중국학연구소	서울	2016	문화, 사회
7	동덕여대	한중미래연구소	서울	2012	문화, 민족, 디아스포라
8	동서대	중국연구센터	부산	2015	정치외교
9	부산대	중국연구소	부산	2006	한중관계
10	서강대	중국연구소	서울	2016	중국인의 사유구조, 문화 트렌드
11	서울대	중국연구소	서울	2004	정치외교, 사회문화
12	성균관대	성균중국연구소	서울	2012	정치외교, 사회, 소비, 도시
13	성균관대	현대중국연구소	서울	1989	상업문화, 시장문화
14	연세대	연세중국연구원	인천	2015	인문학적 중국학
15	원광대	한중관계연구원	익산	2012	법률, 통상산업, 정치외교, 역사문화
16	인천대	중국학술원	인천	2014	중국관행연구, 화교

17	인하대	중국학연구소	인천	2007	인문학, 연해지역 연구
18	한국외대	중국연구소	서울	1972	지역연구
19	한밭대	중국통상전략연구소	대전	1994	중국통상
20	한양대	중국문제연구소	서울	2008	정치, 경제, 사회, 역사, 문화
21	아주대	중국정책연구소	수원	2014	외교, 안보

출처: 각 대학 및 연구소 홈페이지.

대학공공외교 행위주체의 활동 분석: 서울 소재 대학을 중심으로

중국 관련 학과가 개설된 서울 소재 23개 대학의 대중국 교류 현황(단과대별 교류 제외)을 분석한 결과, 242개 중국 대학과 660여 건의 교류 협정을 체결하고 복수학위, 교환학생, 어학연수, 예과반 등의 프로그램을 운영하고 있는 것으로 나타났다. 이 중 한양대가 가장 많은 83개 대학과 교류협정을 체결한 것으로 조사되었으며 숙명여대, 국민대, 성균관대 등이 뒤를 이었다. 이들 대학은 주로 중국 동부 지역에 위치한 대학들과 교류협정을 체결하였으며 세부적으로 보면 베이징, 산동성, 상하이, 지린성 등 한국과 전반적으로 교류가 활발한 지역과의 교류협정이 많은 것으로 나타났다.

[그림 2] 서울 소재 중국 관련 학과 개설 대학의 중국 대학과의 교류협정 체결 현황

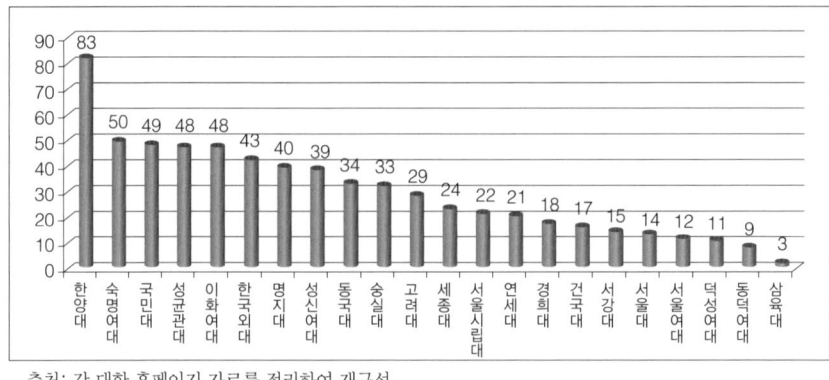

출처: 각 대학 홈페이지 자료를 정리하여 재구성.

[그림 3] 서울 소재 중국 관련 학과 개설 대학의 중국 권역별 교류협정 체결 현황

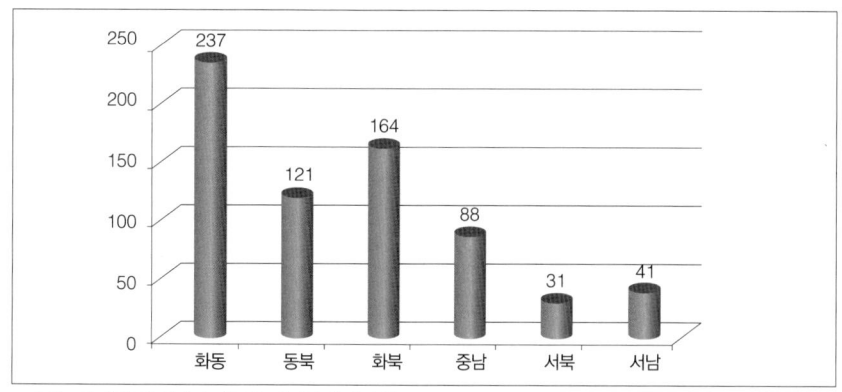

250
200
150
100
50
0
237
121
164
88
31
41
화동
동북
화북
중남
서북
서남

출처: 각 대학 홈페이지 자료를 정리하여 재구성.

[그림 4] 서울 소재 중국 관련 학과 개설 대학의 중국 지역별 교류협정 체결 현황

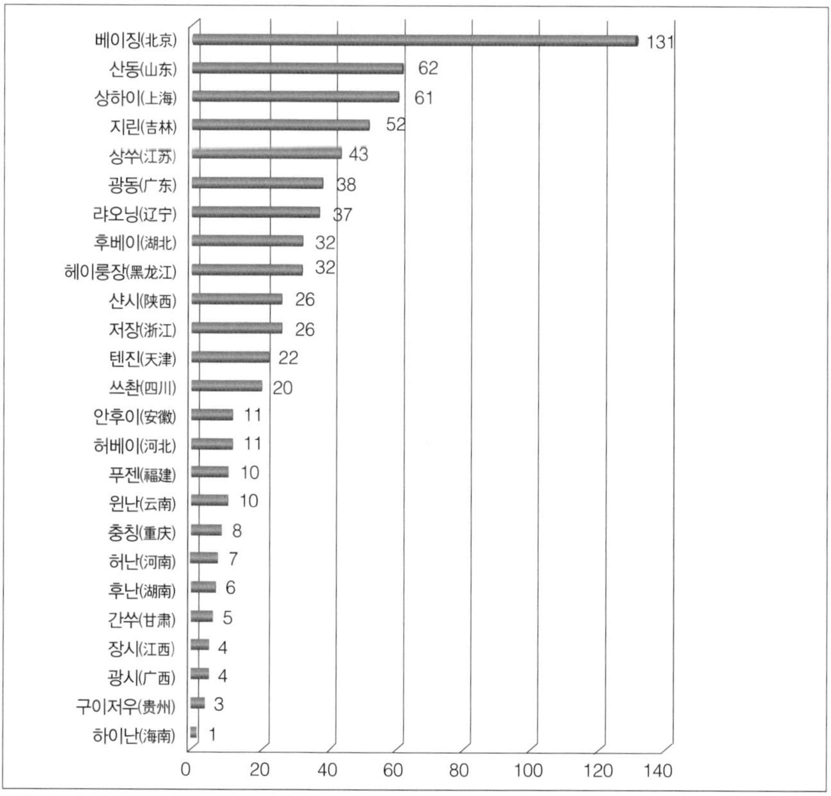

베이징(北京) 131
산동(山东) 62
상하이(上海) 61
지린(吉林) 52
장쑤(江苏) 43
광동(广东) 38
랴오닝(辽宁) 37
후베이(湖北) 32
헤이룽장(黑龙江) 32
산시(陕西) 26
저장(浙江) 26
텐진(天津) 22
쓰촨(四川) 20
안후이(安徽) 11
허베이(河北) 11
푸젠(福建) 10
윈난(云南) 10
충칭(重庆) 8
허난(河南) 7
후난(湖南) 6
간쑤(甘肃) 5
장시(江西) 4
광시(广西) 4
구이저우(贵州) 3
하이난(海南) 1
0
20
40
60
80
100
120
140

출처: 각 대학 홈페이지 자료를 정리하여 재구성.

[그림 5] 서울 소재 중국 관련 학과 개설 대학과 교류협력을 체결한 중국 대학

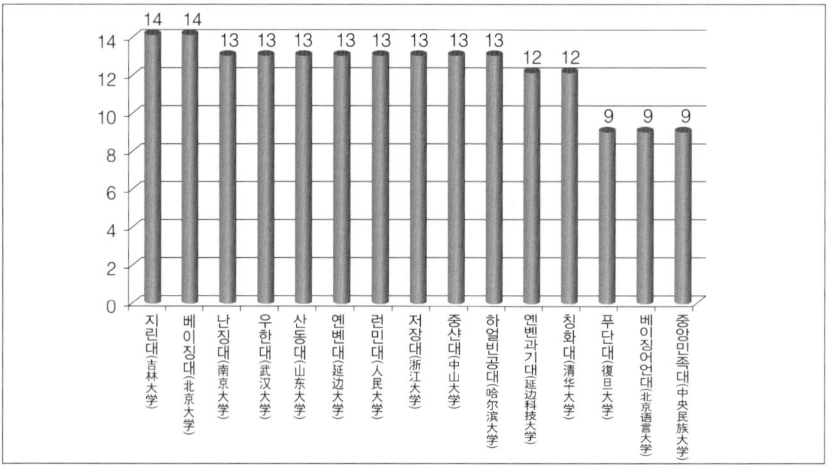

지린대(吉林大学)	베이징대(北京大学)	난징대(南京大学)	우한대(武汉大学)	산동대(山东大学)	옌볜대(延边大学)	런민대(人民大学)	저장대(浙江大学)	중산대(中山大学)	하얼빈공대(哈尔滨科技大学)	옌볜과기대(延边科技大学)	칭화대(清华大学)	푸단대(复旦大学)	베이징어언대(北京语言大学)	중앙민족대(中央民族大学)
14	14	13	13	13	13	13	13	13	12	12	9	9	9	

출처: 각 대학 홈페이지 자료를 정리하여 재구성.

학생 교류 이외에도 대학 내 중국 연구소들의 활동은 크게 학술회의, 서적 출간, 네트워킹 사업으로 분류할 수 있다. 학술회의는 특별강연(명사초청 강연 등), 워크숍, 세미나, 국제공동연구, 컬로퀴엄, 심포지엄, Research Cluster 등의 형태로 전개되고 있으며 각 연구소를 대표하는 학술지나 계간지, 연구총서, 중국 관련 역·저서 등을 발간하고 있다. 또한 중국 각 대학과의 지속적인 학술교류를 위한 네트워킹 사업도 진행되고 있다.

이러한 공통적인 활동을 기반으로 각 연구소들은 각각의 특성을 가지고 있다. 이러한 특성은 연구소 책임자의 학문적 기반과 연계된다. 예를 들어, 성균 중국연구소, 한양대 중국문제연구소, 고려대 중국연구센터 등은 대표자가 정치학을 전공함에 따라 정치외교 분야에서 두각을 나타내고 있으며 성균관대 현대중국연구소(경영학)는 중국 시장, 고려대 중국학연구소(중어중문)와 동국대 중국학연구소(중어중문)는 중국 사회문화와 문학, 동덕여대 한중미래연구소(사회학)는 디아스포라 등을 중점적으로 연구하고 있다.

[그림 6] 각 대학 연구소의 중국 대학 교류 현황

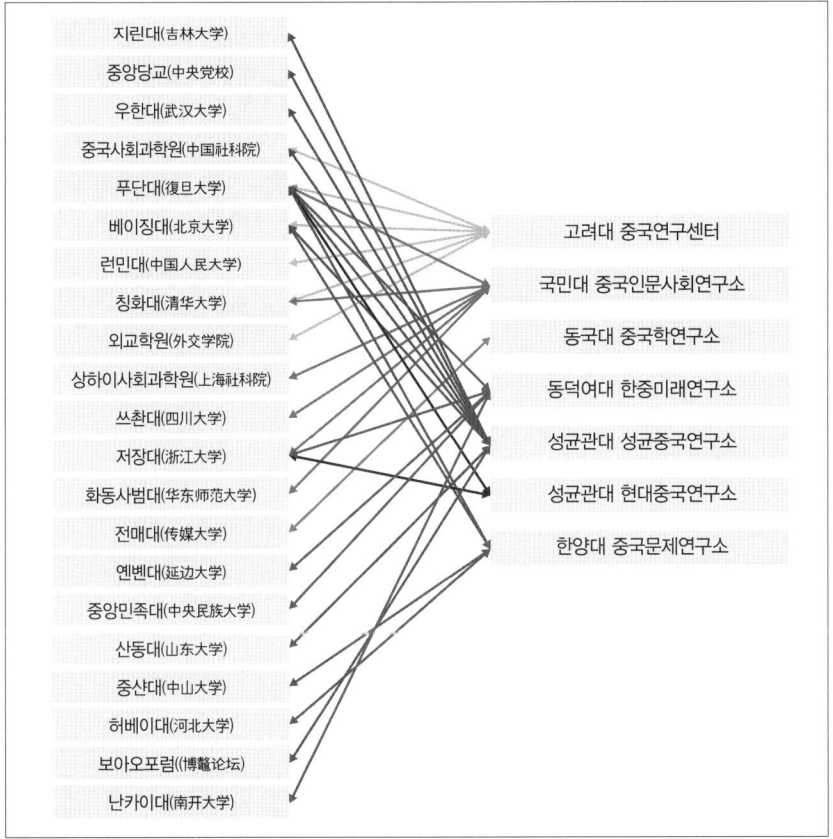

출처: 각 연구소 홈페이지 자료를 재구성.

결론 및 시사점

 이상으로 살펴본 바와 같이, 한중 양국의 대학 간 교류는 교환학생 프로그램, 복수학위, 어학연수 등 학생이 중심이 되는 학생교류와 연구 활동, 네트워킹 사업 등 연구소가 중심이 되는 학술교류가 주로 전개되고 있다. 이와 함께 한중 인문유대 사업의 일환으로 진행 중인 한중 대학총장 포럼, 한중 대학생교류, 한중 청년교류, 정부초청장학생, 대학 간 우호협력(제주-하이난)

등 교류사업 역시 주관하는 주체만 정부기관과 지방자치단체, 영사관, 재단(한국연구재단, 국제교류재단 등) 등으로 바뀔 뿐, 활동을 전개하는 근본적인 행위주체는 대학에 소속되어 있는 학생과 교수들이다.

문제는 한국 대학들이 240여 개의 중국 대학들과 660여 건에 이르는 교류협정을 체결하였으나 실질적으로 진행되고 있는 프로그램은 매우 제한적이라는 사실이다. 중국과 교류협정 체결 횟수가 많은 상위 10개 대학의 경우, 중국 대학들과 30~80여 개의 교류협정을 체결하였으나 교환학생 신청이 가능한 대학은 학기당 10~20개 대학에 불과했고, 복수학위프로그램 역시 각 대학별로 1~2개 수준에 머물고 있는 실정이다. 또한 연간 한 대학당 수십 명의 학생들이 교환학생 프로그램으로 중국 대학에 가거나 자비로 어학연수를 진행하고 있음에도 이들이 실질적으로 공공외교 활동을 전개할 수 있는 교육이나 사전정보 제공이 거의 없다는 한계도 나타나고 있다. 따라서 이들이 공공외교의 행위주체임을 자각하고 한국의 다양한 정보를 제공할 수 있는 교육체계와 정보제공 프로그램이 선결적으로 마련될 필요가 있다.

또한 중국 대학들과의 교류가 일부 지역에 편향된 모습을 개선할 필요가 있다. 연구소의 경우, 공공외교 활동의 대상을 중국의 오피니언 리더 등 지식인들로 선정하고 이들에게 한국 공공외교의 수행 목적에 부합하는 활동을 하기 위해 특정 지역에 소재한 대학의 관계자들과 지속적인 교류를 전개할 필요가 있다. 그러나 학생교류의 경우, 물론 학생들의 선호지역에 따라 교류의 지속성이 유지될 수 있으나 보다 광범위한 지역에서 다양한 사람들과의 교류를 통해, 특히 한국에 대한 기본적인 정보나 한국의 매력이 잘 알려지지 않은 지역을 전략적으로 파견하여 공공외교의 역할을 수행할 필요가 있다.

이와 함께 한국에 있는 중국 유학생들을 대상으로 한 공공외교 활동 방안을 고려할 필요가 있다.[7] 2015년을 기준으로 한국으로 유학 온 중국 학생은 전체 유학생의 60%에 가까운 약 6만여 명에 이른다. 이들은 일상생활에서 가장 쉽고 지속적으로 접촉할 수 있는 공공외교의 대상이다. 각 대학마다 이들의 생활과 학업을 돕는 프로그램이 마련되어 있기는 하지만 수혜 대상이 제한적일 뿐만 아니라 이들을 돕는 한국 학생들의 적극성과 의지에 따라 이들의 유학생활이 달라진다. 따라서 한국 생활을 경험한 이들이 한국에 우호적인 인상을 가지고 중국으로 돌아가 지속적으로 친한국적인 정서를 유지할 수 있도록 보조하기 위해서는 각 대학의 프로그램에만 의존하는 것이 아니라 공공외교 활동의 일환으로 정부 차원에서의 협조와 체계적인 관리 방안이 마련되어야 한다.

마지막으로 지금까지 한중 대학교류와 관련된 선행연구는 고등교육기관이 가지고 있는 기능 중 하나인 인재 양성이라는 교육적 기능에 우선하여 공자학원, 유학생 등 교육협력과 관련된 연구가 주를 이뤄왔다. 그러나 고등교육기관의 보다 본질적인 기능인 학술활동이라는 학문적 기능에 관한 연구는 미비한 실정이다. 따라서 대학공공외교의 중요한 행위주체인 연구소들의 체계적이고 실질적인 대학공공외교 활동 기반을 뒷받침하기 위한 연구와 제도적 지원이 병행되어야 한다.

1 얀 멜리센(Jan Melissen) 저, 박종일 역, "신공공외교: 이론과 실제," 『신공공외교』, 인간사랑, 2008년.
2 김태환, "지식외교와 싱크탱크의 역할: 이론적 접근," 『성균차이나브리프』 제3권 제3호, 2015년.
3 2016년 8월 제정된 '공공외교법'에서도 공공외교를 "국가가 직접 또는 지방자치단체 및 민간부문과 협력하여 문화, 지식, 정책 등을 통하여 대한민국에 대한 외국 국민들의 이해와 신뢰를 증진시키는 외교활동"으로 정의한 바와 같이, 주체(국가, 지방자치단체 및 민간부문)와 대상(타국 국민), 자산(문화, 지식, 정책 등)이 명시되어 있다.
4 David Johnston, "The Diplomacy of knowledge," *The Globe,* February 17, 2012.
5 김태환, "지식외교와 싱크탱크의 역할: 이론적 접근," 『성균차이나브리프』 제3권 제3호, 2015년.
6 재학생의 학부모, 졸업생 등을 포함하면 행위주체의 수는 수십만에서 수백만 명까지 확대될 수 있으나 본 연구에서는 현재 대학에 소속되어 있는 행위주체들로 그 수를 한정하였음.
7 미국은 일명 스미스-문트 법(United States Information and Educational Exchange Act of 1948, Smith-Mundt Act)을 제정하여 전통적으로 국내에 있는 외국인을 대상으로 한 공공외교 활동을 추진할 수 없도록 제한해 왔다. 그러나 2012년 동 법안을 개정 (Smith-Mundt Modernization Act of 2012)함에 따라 국내에 있는 외국인을 대상으로 한 공공외교 활동을 시행할 수 있는 법적 기반을 마련하였다. 관련 내용은 https://www.state.gov/documents/organization/177574.pdf; https://www.gpo.gov/fdsys/pkg/BILLS-112hr5736ih/pdf/BILLS-112hr5736ih.pdf를 참조. (검색일: 2017-02-11)

대학공공외교와 지역 컨센서스

왕원치(王文奇) 지린(吉林)대 공공외교학원

동북아시아(이하 '동북아')는 특정한 어휘로, 일반적으로 동북아 지역을 의미한다. 본문에서는 동북아를 지역으로서의 동북아, 지식으로서의 동북아, 세계관으로서의 동북아 등 상대적으로 다양하게 해석하였다. 이외 연관되이, 동북아의 지역 컨센서스 역시 전략 컨센서스, 이념 컨센서스, 인문 컨센서스 등으로 다원화되어 있다. 동북아의 지역 컨센서스 구축에 참여하는 주체도 각기 다르고, 이들이 지향하는 방향성도 다르다. 오늘날에는 정부가 전략 컨센서스 구축에 중심이 되지만 기업, 대중, 언론매체 등도 전략 컨센서스와 이념 컨센서스에서 일정한 역할을 수행하고 있다. 고등교육기관인 대학 역시 자신만의 우위를 가지고 있다. 대학 간 공공외교는 국가의 중요한 상호 작용을 보완할 뿐만 아니라 역내 인문 컨센서스 구축, 조금 더 포괄적으로 보면, 지식의 동북아와 세계관의 동북아를 재건하는 데 중요한 역할을 수행할 수 있다.

다원화에 직면한 동북아

지역으로서의 동북아는 중국, 한국, 북한, 일본으로, 지리적으로 인접한 이웃국가이다. 국가는 스스로 대외정책을 선택할 수 있으나 인접국을 선택할 수 없다. 이는 객관적인 사실이다. 지정학적으로 인접한 국가로서 동북아 역내 모든 국가들의 국내정세나 외교정책, 정치경제 등의 변화는 필연적으로 주변국에 영향을 미친다. 동시에, 이들 국가는 더 많은 상호 작용의 기회를 결정할 수 있고, 이러한 빈번한 상호 작용은 지역 컨센서스의 형성에 객관적인 가능성을 제공한다.

지식으로서의 동북아는 지정학적 근접성을 기반으로 역사와 현실을 함께 만들어 왔다. 역사적으로 중국, 한반도, 일본과 류큐는 정치, 경제, 문화 등 다양한 분야에서 교류가 있었다. 지역을 공유하는 지식체계로서 유가儒家의 지식과 이념은 동북아 국가들의 가정윤리를 형성하고 국가조직을 구성하는 데 중요한 역할을 해 왔다. 현대화 과정에서 일본은 탈아시아를 부르짖으며 한반도와 중국을 침략했고, 이로 인해 각국은 일정 부분에서 서방의 지식을 받아들였다. 그러나 동양의 전통은 지식체계의 중요한 구성요인으로 여전히 남아 있다. 인정할 수밖에 없는 사실은, 현대화 과정에서 전통과 상대적으로 일치하는 동북아의 지식에 서방의 다양한 요인들이 추가되었다는 것이다. 그러나 전 세계적으로 서방의 현대화 과정에서 기인한 현대 사회를 돌이켜 보는 추세가 나타나고 있다. "현대성에서 가장 쉽게 빈번하게 제기되는 지적은 서방사회와 그들의 문화적 체험에만 적합하다는 것이다."[1] 오늘날, 동북아의 각국이 서방의 지식을 참고할 때, 이를 수용하는 방면에 차이가 존재한다. 이는 지금의 동북아가 공유하는 지식도 있지만 서로 다른 지식을 가지고 있기 때문이다. 그러므로 전통과 현대성에 대해 모두 다시 한번 생각해 볼 필요가 있지 않을까?

지식으로서의 동북아보다 더욱 발전한 개념이 세계관으로서의 동북아라고 할 수 있다. 역사적으로 동북아는 이미 세계관으로서의 동북아를 형성하였다. 동북아 국가들은 자국의 예의범절과 규범을 형성하였고, 상호 인정할 수 있는 가치관을 가지고 있었으며 세계를 보거나 시비是非를 가리는 유사한 관념을 공유해 왔다. 이러한 세계관이 역내 각국에 내재화되면서 지역, 인구,

국력에 관계없이 만약 공유하는 세계관을 위반할 경우 역내 다른 국가들에게 질책을 당하거나 배척되었고, 심지어 스스로 부끄러워했다. 이는 1368~1840년까지의 역사에서 수많은 사례로 확인할 수 있다. 물론 이 시기는 시대적으로 근대와 현대의 상호 작용이 진행되는 시기였기 때문에 오늘날 동북아 각국이 처한 국제정세와는 명백한 차이가 있다. 그럼에도 불구하고, 동북아, 심지어 동아시아 전체로 범위를 확대하더라도 현대 역사의 발전 과정은 서방의 특색과 구별된다. 동아시아의 종합적인 구도는 서방의 계몽운동과 다른 가치관을 기반으로 형성되었기 때문이다.[2] 우리는 세계관으로서의 EU, 세계관으로서의 ASEAN 등이 존재한다고 말할 수 있다. 상대적으로 긴밀한 지역공동체가 설립되면 단일국가의 범위가 아니라 지역적 범위로 세계를 보고, 이는 세계관의 변화를 유도하기 때문이다. 물론 EU든 ASEAN이든 관계없이, 그 세계관의 동일한 정도는 근현대 동북아 지역의 수준에 한참 미치지 못한다.

현 상황으로 볼 때, 단기간 내에 동북아공동체가 현신화되기 쉽지 않다. 지식으로서의 동북아는 발전이 더디고, 세계관으로서의 동북아는 단기간 내에 형성되기 쉽지 않기 때문이다. 그렇다고 해서 이러한 상황이 지식으로서의 동북아와 세계관으로서의 동북아를 재건하려는 노력을 저해해서는 안 된다. 아울러 지식으로서의 동북아와 세계관으로서의 동북아의 형성을 촉진하기 위해서는 동북아에서 다방면에 걸친 지역 컨센서스가 확립되어야 한다.

동북아 지역 컨센서스의 유형

현대의 국제체제에서 국가들이 고려하는 것은 전략적 컨센서스다. 이러한 전략적 컨센서스에는 경제 전략적 컨센서스와 안보 전략적 컨센서스가 포함된다. 오늘날과 같은 세계화 시대에 경제 전략적 컨센서스는 상대적으로 쉽게 형성될 수 있다. EU, ASEAN, NAFTA 등의 사례가 그렇다. 동북아 국가 가운데 중국과 한국의 경제협력은 매우 밀접한 관계를 형성하고 있다. 그러나 다른 여러 지역에서 형성되고 있는 것과 달리 안보 전략적 컨센서스를 형성하기는 상대적으로 어렵다. 북한의 핵 실험, 일본 정부의 일탈행위 등은 역내 안보 전략적 컨센서스는 물론 경제 전략적 컨센서스의 형성에도 영향을 미친다. 두 가지 모두 결국은 물질적 요인이 고려되고 있으며, 이러한 물질적 요인은 지정학적 관계를 고려하지 않을 수 없는바, 지역으로서의 동북아와 연계되어 있다.

이념적 컨센서스는 현실의 물질적인 요인 이외에, 역사적으로 축적되거나 현실 세계의 활동을 통해 형성된 어떤 문제에 대한 국가와 국가 간의 공통된 생각이자 공유하는 행동 규범이다. 이러한 이념적 컨센서스의 형성은 국제관계에서 영국학파의 국제사회, 즉 "공동의 이익과 공동의 가치를 인식하고 있는 국가들이 그들 간의 관계에서 공동의 규칙에 의해 제약을 받고 공동의 제도를 공유한다는 의미에서 하나인 국가들의 사회"와 유사한 개념이다.[3] 이러한 이념적 컨센서스의 생성은 물질적 요인으로만 좌우되지 않고, 경제적인 원윈과 안보적인 세력 균형을 확보함으로써 협력을 지속한다. 동북아 지역에 대입해 보면, 이념적 컨센서스에 대응되는 개념은 지식으로서의 동북아로 볼 수 있다. 이념적 컨센서스는 전근대 시기에 두드러졌으나 현대화 과정을 거치며 상대적으로 약화되었다. 이로 인해 전략적 컨센서스(경제 분야와 안보 분야)가 동북아 지역에서 구축된 주요 컨센서스로 자리 잡게 되었다. 그러나 오늘날과 같이 더 이상 전문 외교관만으로 외교적인 활동을 진행할 수 없는 시대에, 즉 컨센서스를 형성하는 주체가 다원화된 시대에 이념적 컨센서스는 다양한 행위주체에 의해 발전될 수 있다.

이념적 컨센서스를 기반으로 조금 더 발전된 형태가 인문 컨센서스이다. 동북아 지역으로 말하면, 인문 컨센서스에 대응되는 개념은 세계관으로서의 동북아로 볼 수 있다. 인문 컨센서스는 국가의 문화에 내재되어 있다. 이는 상호 작용의 과정에서 공동의 규범이나 규칙 문제를 이미 초월하여 국가와 국가 간에 자연스럽게 발생한 것이다. 인문 컨센서스는 경제, 사회, 외교적인 협력 혹은 양자나 다자조약의 체결에서 보는 것처럼 직관적이고 명료하지는 않지만 마치 두보의 '춘야희우春夜喜雨' 중, "좋은 비는 시절을 아네, 봄이 되니 이내 내리는구나. 바람을 따라 밤에 몰래 찾아 들어와, 소리도 없이 만물을 세세하게 적시는구나好雨知時節, 當春乃發生, 隨風潛入夜, 潤物細無聲."라는 글귀처럼 은연중에 스며든다. 오늘날 동북아가 함께 만들고 공유할 수 있는 세계관으로서의 인문 컨센서스가 아직 형성되지 않은 원인은 다양하다. 이 중 중요한 한 가지 원인은 제2차 세계대전 이후 현대화 과정에서 각국이 자국의 전통과 현실, 동양과 서양의 이념을 조정하는 과정에서, 수많은 차이점을 만들었기 때문이다. 인문 컨센서스의 형성은 지역 문화권의 형성이다. 인문 컨센서스는 심층적이며 문화적인 개념이다. 이러한 점에서 볼 때, 동북아 역내 고등교육기관, 즉 대학 간 공공외교는 다른 행위주체들 사이의 상호 작용보다 더욱 자발적이고 지속적으로 인문 컨센서스의 형성을 촉진할 수 있다.

동북아 지역 컨센서스 형성과 연관된 다양한 행위주체

정부는 의심할 여지 없이 동북아 지역 컨센서스 형성에서 가장 중요한 역할을 하는 주체이다. 정부는 경제적 이익, 안보적 위협 등의 요인을 판단하고 국가 간 관계 조성을 직접 주도한다. 따라서 정부 간 상호 작용은 지역 안보 컨센서스의 형성에 직접적인 영향을 미친다. 그러나 오늘날과 같은 시대에 정부 간 상호 작용과 컨센서스의 조성에는 다음과 같은 문제점들이 존재한다. 먼저, 정부가 국가 간 상호 작용 전체를 주도할 수 없고, 정부 간 상호 작용의 빈 공간은 공공외교의 광활한 범위에 미치지 못한다. 또한 정부 간 상호 작용이 관방화, 프로세스화, 규범화 등의 수사로 포장되면서 민간에 오해나 모호함을 초래하기 쉽다. 정부 간 상호 작용이나 정부외교를 보완한다는 측면에서 볼 때, 공공외교는 동북아 지역 컨센서스 구축을 추진할 수 있는 거대한 잠재력을 가지고 있다.

기업은 세계화와 지역통합의 선도자이자 수혜자로, 기업의 경제행위 역시 국가 경제행위의 중요한 부분이다. 때로는 심지어 기업의 상호 작용이 국가보다 더 중요한 경우도 있다. 또한 기업은 타국의 대중과 직접적인 상호 작용을 하는 중요한 행위주체이다. 기업은 더 많은 수익을 얻기 위해 지식, 문화 등 분야에서 타국 대중의 특성을 고려하고, 이에 부합할 수 있도록 스스로를 컨트롤한다. 동북아 국가들 사이에서 기업의 교류는 기업과 공공 부문의 상호 작용이며 지역 안보 컨센서스의 구축을 추진할 수 있을 뿐만 아니라 이념 컨센서스의 형성에 긍정적인 요인이 된다.

오늘날 대중들은 빈번하게 국경을 넘어 이동할 수 있기 때문에 공공외교의 중요한 참여자라 할 수 있다. 이러한 개인의 여행이나 유학 등과 같은 대중의 상호 작용은 비非관방, 혹은 민간의 자발적인 상호 작용을 의미한다. 대중의 상호 작용은 동북아 상호 작용에서 가장 빈번한 구성요인이기 때문에 대중들의 자발적인 상호 작용이 사회적인 층차에서 국가적인 층차까지 영향을 확산시킬 수 있을 것으로 기대한다. 짚고 넘어가야 할 점은, 자발적인 대중들의 상호 작용은 지역 컨센서스의 형성에 매우 중요한 역할을 하기도 하지만, 이로 인해 다음과 같은 문제점이 나타날 가능성도 배제할 수 없다. 먼저, 개인 간 상호 작용 과정에서 역사에 대한 인식이나 이국적인 감정이 충돌하여 개인의 성격이나 가치관과 연계될 경우 개인의 특성에 큰 영향을 미칠 수 있다는 점이다. 이와 함께 여행이나 유학을 통해 타국의 대중들과 이루어진 상호 작용은, 그 상호 작용 자체에 어떠한 목적이 내재되어 있지 않기 때문에 지역 컨센서스의 구축을 추진하겠다는 이성적인 자의식이 나타나기 쉽지 않은 문제점으로 표출된다. 따라서 대중 간 상호 작용은 지역 컨센서스를 구축하기 위한 중요한 기반이지만 직접적인 효과는 종종 크지 않을 수 있다.

대중매체 간 상호 작용은 최근 동북아에서 매우 중요한 구성요인임에 틀림없다. 대중매체는 지역적 한계를 극복할 수 있을 뿐만 아니라 간접적이고 시공간을 초월한 상호 작용을 실현할 수 있다. 대중매체는 공유가능한 지식의 생성에 긍정적인 역할을 할 수 있다. "공공외교는 대중매체를 통해 자신의 문화와 전통을 보여주는 것이기 때문이다."⁴ 이와 동시에, 대중매체의 보도는 민족주의 정서를 격화시키거나 사실과 다르게 비출 가능성을 항상 경계해야 한다. 뿐만 아니라 역내 이념 컨센서스와 인문 컨센서스 형성을 추진하는 과정에서 나타나는 부정적인 영향을 희화화하는 것 역시 경계할 필요가 있다.

여기에서 중점적으로 설명하고자 하는 것은 동북아 역내 고등교육기관, 즉 대학 간 공공외교이다. 동북아 국가들은 보편적으로 교육을 중시한다. 특히 대학이 국가에서 차지하는 위상은 매우 높을 뿐만 아니라 대학 간 상호 작용 역시 우호적이고 빈번하게 전개되고 있다. 지린대학 공공외교학원과 성균관대학 성균중국연구소의 교류가 좋은 사례이다. 이러한 상호 작용은 양국 공공외교의 중요한 구성요인이 된다. 동시에 지역 컨센서스 형성의 측면에서 보면, 대학은 공공외교의 주체로서 독특한 우위를 가지고 있다. 먼저, 정부와 대학 간 상호 작용은 정부 간 상호 작용에서 초래되는 모호성과 오해를 해소할 수 있다. 기업과 대학 간 상호 작용의 경우, 기업은 공공외교에 활용할 자금 중 일부를 대학이 사용할 수 있게 할 수 있다. 대학 간 인문 분야의 상호 작용은 지속가능하고 심층적인 교류를 추진할 수 있는바, 역사와 문화를 공유할 수 있는 요인을 찾아내기에 적합하다. 아울러 대학 간 인문 분야의 상호 작용은 계획적이고 절차적이며 명확한 방향성을 갖추고 있다.

종합컨대, 대학 간 공공외교는 동북아 지역 컨센서스를 추진하는 중요한 역량이며 특히 다른 어느 주체들보다 인문 컨센서스의 구축을 촉진할 수 있는 가장 돋보이는 역할을 수행할 수 있는 상호 작용이라고 평가할 수 있다.

대학공공외교의 범위와 수준

대학은 한 국가의 문화를 계승하는 핵심적인 매개체다. 따라서 대학 간 인문교류는 국가 사이에서 혹은 지역 사이에서 인문 컨센서스를 형성할 수 있으며, 이는 지식으로서의 동북아와 세계관으로서의 동북아를 구축하는 데 중요한 추동력이 된다.

인문 컨센서스가 지향하는 바는 매우 광범위하지만, 본문에서는 다음과 같은 세 가지 지향점을 강조하고자 한다. 첫 번째로, 역사 컨센서스의 구축을 지향한다. 동북아 국가가 진정한 민족국가 형태로 전환된 것은 제2차 세계대전 이후로, 그 이전까지의 역사에 대한 합의가 선결되어야 한다. 물론 다양한 요인으로 인해 컨센서스를 형성하기가 쉽지 않은 것이 사실이다. 몇 해 전, 동북아 역내 대학 및 연구기관에 소속된 전문가들이 모여 노력한 끝에, 중한일 삼국 학자들이 공동 편찬한 『동아시아 삼국의 근현대사』가 출판되었다. 이 서적이 가진 영향력은 미비하였으나 이러한 시도가 지속되어야 한다. 두 번째로, 현실 문제의 해석에 관한 컨센서스의 구축을 지향한다. 중국과 한국을 예로 보면, 양국 대학 간 교류에서는 양국이 직면한 현실적인 문제, 심지어 정부 간 상호 작용으로 초래된 간극과 인식 차이에 대해서도 허심탄회하게 논의한다. 이는 대학만이 할 수 있는 상호 작용이다. 세 번째로, 교류과정에서 포용적이고 이성적인 대처를 지향한다. 대학공공외교의 주체는 이성적인 학자들이다. 때문에 이견이 있더라도 이를 포용하고 다시 돌이켜봄으로써 서로를 더욱 깊이 이해할 수 있는 공간을 창출한다. 예를 들어, 중국 학자들은 한국에 가서 중국의 관점을 발표하기도 하지만 한국 학자들을 통해 한국의 관점을 들으며 이견을 좁히기 위한 논의를 진행한다. 이 역시 대학공공외교의 중요한 구성요인이자 좋은 사례로 볼 수 있다.

대학 간 공공외교는 이념적 컨센서스와 인문적 컨센서스의 구축, 지식으로서의 동북아와 세계관으로서의 동북아 구축을 추진함에 있어 상당한 의의가 있지만 지나침은 부족함만 못하다는 사실을 상기할 필요가 있다. 먼저, 어떠한 문제를 단칼에 해결하겠다는 과욕에서 벗어나야 한다. 역사 해석에 대한 합의에 도달하기 위해서는 수많은 문제가 존재한다. 이러한 문제를 해결하기 위해서는 작은 부분 하나하나까지 세심하게 확인할 필요가 있다. 각국의 자료를 정리하고 논점과 입장을 취합하는 것부터 시작해야 한다. 동북아 국가들은 매우 급격하게 현대적인 국가로 전환하면서 초래된 문제들에 대해 학자들의 논쟁을 거쳐 해석의 차이를 규명하기에 급급해서는 안 된다. 다음으로, 현실적인 문제를 교류하면서 대학이 가진 제한적인 역량을 초월하려 해서는 안 된다. 대학공공외교의 진정한 가치는 정부 상호 작용의 보완자라는 점에 있다. 이념적 컨센서스와 인문적 컨센서스의 구축을 지향해야 하지만 자신의 역량을 통해 역내 경제 전략적 컨센서스나 안보 전략적 컨센서스를 추진하거나, 심지어 구축하려는 욕망을 과감하게 근절해야 한다. 공공외교가 가진 역량을 자국의 대외경제정책이나 외교정책을 해명하는 데 소모할 필요는 없다는 의미이다. 마지막으로, 역내 정치공동체의 구축이 결여된 상황에서 대학공공외교를 통해 역내 학술공동체를 구축할 가능성은 여전히 남아 있다. 역내 학술공동체를 구축하고 이념적 컨센서스와 인문적 컨센서스를 통해 전략적 컨센서스를 촉진한다면 인문적인 의의가 더욱 빛을 발할 것이다.

결론적으로, 동북아 지역의 안보 컨센서스, 이념적 컨센서스, 인문적 컨센서스 등이 안정적으로 실현되며 상호 촉진적인 역할을 할 수 있게 되기를 희망하며, 동시에 대학공공외교가 지식으로서의 동북아와 세계관으로서의 동북아를 형성하는 데 있어 더 많이 공헌할 수 있기를 희망한다.

1 約翰 湯姆林森 著, 郭英劍 譯,『全球化與文化』, 南京大學出版社, 2002年, p.90.
2 杜維明, "多種現代性: 東亞現代性涵義初步探討", 塞繆介·亨廷頓, 勞倫斯·哈里森 主編,『文化的重要作用: 價值觀如何影響人類進步』, 新華出版社, 2010年, p.319.
3 赫德利·布介 著, 張小明 譯,『無政府社會: 世界政治秩序研究』, 世界知識出版社, 2003年, p.10.
4 王文奇, "公共外交與跨族際互動: 大衆傳媒視域下東北亞民族主義規制的可能", 劉德斌 主編,『中國與世界』, 中國社會科學出版社, 2016年, p.103.

부록

chapter 22 **공공외교법 및 시행령**

chapter 23 한인택(제주평화연구원)
　　　　　　공공외교법 제정의 배경과 의의

공공외교법 및 시행령

공공외교법

[시행 2016.8.4.] [법률 제13951호, 2016.2.3., 제정]

외교부 공공외교총괄과

제1조(목적) 이 법은 공공외교 활동에 필요한 사항을 규정하여 공공외교 강화 및 효율성 제고의 기반을 조성함으로써 국제사회에서 대한민국의 국가이미지 및 위상 제고에 이바지하는 것을 목적으로 한다.

제2조(정의) 이 법에서 "공공외교"란 국가가 직접 또는 지방자치단체 및 민간부문과 협력하여 문화, 지식, 정책 등을 통하여 대한민국에 대한 외국 국민들의 이해와 신뢰를 증진시키는 외교활동을 말한다.

제3조(공공외교의 기본원칙) ① 공공외교는 인류의 보편적 가치와 대한민국 고유의 특성을 조화롭게 반영하여 추진되어야 한다.

② 공공외교 정책은 국제사회와의 지속가능한 우호협력 증진에 중점을 두어야 한다.

③ 공공외교 활동은 특정 지역이나 국가에 편중되지 아니하여야 한다.

제4조(국가의 책무) ① 국가는 공공외교 강화 및 효율성 제고를 위하여 종합적이고 체계적인 전략과 정책을 수립하고 이를 추진하여야 한다.

② 국가는 제1항에 따른 전략과 정책의 효율적 수립 및 수행에 필요한 행정적·재정적 지원방안을 마련하여야 한다.

③ 국가는 공공외교를 효율적으로 수행하기 위하여 지방자치단체 및 민간부문과 협력체계를 구축하는 등 필요한 노력을 하여야 한다.

④ 국가는 공공외교의 중요성에 대한 사회적 공감대를 형성하고 국민의 참여를 증진하기 위하여 교육 및 홍보 등 필요한 노력을 하여야 한다.

제5조(다른 법률과의 관계) ① 공공외교에 관하여 다른 법률에 특별한 규정이 있는 경우를 제외하고는 이 법에서 정하는 바에 따른다.

② 공공외교에 관하여 다른 법률을 제정하거나 개정하는 경우에는 이 법에 부합하도록 하여야 한다.

제6조(공공외교 기본계획의 수립) ① 외교부장관은 관계 중앙행정기관의 장 및 특별시장·광역시장·특별자치시장·도지사·특별자치도지사(이하 "시·도지사"라 한다)와 협의하여 공공외교 기본계획(이하 "기본계획"이라 한다)을 5년마다 수립하여야 한다.

② 기본계획에는 다음 각 호의 사항이 포함되어야 한다.

1. 공공외교 활동의 정책방향 및 추진목표
2. 공공외교를 위한 주요 정책의 수립·조정에 관한 사항
3. 공공외교를 위한 재원 조달 및 운용에 관한 사항
4. 공공외교에 관한 기반조성, 제도개선 및 평가에 관한 사항
5. 공공외교를 위한 지방자치단체에 대한 지원방안
6. 공공외교를 위한 민간부문에 대한 지원방안
7. 그 밖에 공공외교 활동에 필요한 사항

③ 기본계획은 제8조에 따른 공공외교위원회의 심의를 거쳐 확정한다. 이 경우 외교부장관은 확정된 기본계획을 관계 중앙행정기관의 장 및 시·도

지사에게 통보하여야 한다.

제7조(공공외교 시행계획 등의 수립) ① 관계 중앙행정기관의 장 및 시·도지사는 기본계획에 따라 매년 공공외교 활동의 시행계획(이하 "시행계획"이라 한다)을 수립·시행하고, 외교부장관에게 시행계획과 추진실적을 제출하여야 한다.

② 외교부장관은 기본계획에 따라 제1항의 시행계획과 외교부 자체의 시행계획을 통합한 종합적인 시행계획(이하 "종합시행계획"이라 한다)을 매년 수립·시행한다.

③ 재외공관의 장은 종합시행계획에 따라 관할지역의 재외공관과 「공공기관의 운영에 관한 법률」에 따른 공공기관(이하 "공공기관"이라 한다)의 활동을 포함하는 공공외교 활동계획을 매년 수립·시행하여야 한다.

④ 제1항부터 제3항까지의 규정에 따른 계획을 수립·시행함에 있어 사업의 유사·중복을 지양하여야 하며, 특히 지역별·국가별 현지특성을 고려하여 수립·시행되도록 관계 기관 간에 긴밀히 협의하여야 한다.

⑤ 외교부장관은 종합시행계획과 제3항에 따른 재외공관 관할지역에 대한 활동계획의 내용 및 결과를 관계 중앙행정기관의 장과 시·도지사에게 통보하여야 한다.

⑥ 그 밖에 시행계획 및 종합시행계획의 수립·시행에 필요한 사항은 대통령령으로 정한다.

제8조(공공외교위원회) ① 공공외교 정책의 종합적·체계적 추진을 위한 주요 사항을 심의·조정하기 위하여 외교부장관 소속으로 공공외교위원회(이하 "위원회"라 한다)를 둔다.

② 위원회는 다음 각 호의 사항을 심의·조정한다.

1. 기본계획의 수립, 변경 및 추진에 관한 사항
2. 종합시행계획의 수립 및 평가에 관한 사항
3. 공공외교 업무의 부처 간 협조 및 조정에 관한 사항
4. 공공외교와 관련하여 국민 참여 및 민·관 협력 등에 관한 사항

5. 그 밖에 공공외교와 관련하여 위원장이 회의에 부치는 사항

③ 위원회는 위원장을 포함하여 20명 이내의 위원으로 구성하되, 위원장은 외교부장관이 되고, 위원은 관계 중앙행정기관의 차관 또는 차관급 공무원 및 공공외교에 관한 전문지식과 경험이 풍부한 사람 중에서 대통령령으로 정하는 바에 따라 외교부장관이 임명 또는 위촉한다.

④ 그 밖에 위원회의 구성 및 운영 등에 필요한 사항은 대통령령으로 정한다.

제9조(지방자치단체 및 민간부문에 대한 지원) ① 국가는 지방자치단체가 공공외교 활동을 위하여 협력을 요청하는 경우에 필요한 지원을 할 수 있다.

② 국가는 민간부문의 공공외교 참여를 활성화하기 위하여 필요한 경우 예산의 범위에서 경비의 전부 또는 일부를 보조하거나 업무수행에 필요한 행정적 지원을 할 수 있다.

③ 제1항 및 제2항에 따른 지원에 필요한 사항은 대통령령으로 정한다.

제10조(실태조사) ① 외교부장관은 공공외교 정책의 수립·시행을 위하여 공공외교의 현황에 관한 실태조사를 실시할 수 있다.

② 제1항에 따른 실태조사의 대상·방법 등에 필요한 사항은 대통령령으로 정한다.

제11조(공공외교 종합정보시스템 구축·운영) ① 외교부장관은 공공외교를 체계적·효율적으로 추진하고 관계 기관 등에게 유용한 정보를 제공하기 위하여 공공외교 종합정보시스템을 구축·운영할 수 있다.

② 외교부장관은 공공외교 종합정보시스템의 구축·운영을 위하여 필요한 경우에는 관계 중앙행정기관의 장, 시·도지사, 공공기관의 장 등에게 필요한 자료의 제공을 요청할 수 있다. 이 경우 자료제출을 요청받은 관계 중앙행정기관의 장 등은 특별한 사정이 없으면 이에 따라야 한다.

제12조(공공외교 추진기관의 지정 등) ① 외교부장관은 공공외교의 추진에 필요한 사업을 효율적으로 수행하기 위하여 공공외교 추진기관(이하 "추진기관"이라 한다)을 지정할 수 있다.

② 추진기관은 다음 각 호의 사업을 한다.
1. 종합시행계획 및 시행계획 수립 지원
2. 국내외 공공외교 추진 관련 기관·단체 등과 협력체계 구축
3. 공공외교 종합정보시스템의 구축 및 운영
4. 공공외교 활동을 위한 교육, 상담, 홍보 등 지원사업의 실시
5. 공공외교 활동을 위한 전문인력의 양성
6. 공공외교의 실태조사 및 통계의 작성
7. 그 밖에 추진기관의 지정 목적을 달성하는 데 필요한 사업
③ 외교부장관은 추진기관의 운영 등에 필요한 경비를 지원할 수 있다.
④ 추진기관의 지정 및 운영 등에 필요한 사항은 대통령령으로 정한다.

제13조(국회 보고) 정부는 매년 정기국회 개회 전까지 기본계획 및 종합시행계획의 추진상황 등에 관한 보고서를 작성하여 국회에 제출하여야 한다.

부칙 〈법률 제13951호, 2016.2.3.〉
이 법은 공포 후 6개월이 경과한 날부터 시행한다.

공공외교법 시행령

[시행 2017.7.26.] [대통령령 제28211호, 2017.7.26., 타법개정]

외교부 공공외교총괄과

제1조(목적) 이 영은 「공공외교법」에서 위임된 사항과 그 시행에 필요한 사항을 규정함을 목적으로 한다.

제2조(공공외교 활동 시행계획의 수립 등) ① 외교부장관은 「공공외교법」(이하 "법"이라 한다) 제7조 제1항에 따른 공공외교 활동의 시행계획(이하 "시행계획"이라 한다) 수립과 추진실적 제출을 위한 지침을 마련하여 매년 9월 30일까지 관계 중앙행정기관의 장 및 특별시장·광역시장·특별자치시장·도지사·특별자치도지사(이하 "시·도지사"라 한다)에게 통보하여야 한다.

② 관계 중앙행정기관의 장 및 시·도지사는 제1항에 따른 지침에 따라 다음 각 호의 계획 및 실적을 작성하여 매년 11월 30일까지 외교부장관에게 제출하여야 한다.

1. 다음 해의 시행계획
2. 그 해 시행계획의 추진실적

③ 시행계획에는 다음 각 호의 사항이 포함되어야 한다.

1. 그 해 시행계획의 추진성과
2. 다음 해 공공외교 추진방향
3. 다음 해 지역별·분야별 공공외교 세부 추진계획
4. 그 밖에 공공외교 활동에 필요하다고 관계 중앙행정기관의 장 또는 시·도지사가 인정하는 사항

④ 외교부장관은 법 제7조 제2항에 따라 같은 조 제1항에 따른 시행계획과 외교부 자체의 시행계획을 통합한 종합적인 시행계획(이하 "종합시행계획"이라 한다)을 매년 12월 31일까지 수립하여야 한다.

⑤ 종합시행계획에는 다음 각 호의 사항이 포함되어야 한다.
1. 그 해 종합시행계획의 추진성과
2. 다음 해 공공외교 활동의 전망 및 추진방향
3. 다음 해 지역별·분야별 공공외교 세부 추진계획
4. 그 밖에 공공외교 활동에 필요하다고 외교부장관이 인정하는 사항
⑥ 재외공관의 장은 종합시행계획에 따라 다음 각 호의 계획 및 실적을 작성하여 매년 1월 31일까지 외교부장관에게 제출하여야 한다.
1. 그 해의 법 제7조 제3항에 따른 공공외교 활동계획(이하 이 조에서 "공공외교 활동계획"이라 한다)
2. 지난 해의 공공외교 활동계획에 따른 추진실적

제3조(기본계획 등 수립을 위한 자료 제출 요청) 외교부장관은 법 제6조 제1항에 따른 공공외교 기본계획과 종합시행계획을 수립하기 위하여 필요하면 관계 중앙행정기관의 장 및 시·도지사에게 자료 제출을 요청할 수 있다. 이 경우 요청을 받은 중앙행정기관의 장 및 시·도지사는 특별한 사정이 없으면 요청에 따라야 한다.

제4조(공공외교위원회의 구성) ① 법 제8조 제1항에 따른 공공외교위원회(이하 "위원회"라 한다)는 위원장과 다음 각 호의 위원으로 구성한다. 〈개정 2017. 7. 26.〉
1. 기획재정부차관, 교육부차관, 과학기술정보통신부차관, 외교부차관, 통일부차관, 행정안전부차관, 문화체육관광부차관, 농림축산식품부차관 및 국무조정실차장. 이 경우 복수 차관 또는 차장이 있는 기관은 해당 기관의 장이 지정하는 차관 또는 차장으로 한다.
2. 관계 중앙행정기관(제1호의 위원이 소속된 기관은 제외한다)의 차관 또는 차관급 공무원 중에서 외교부장관이 위원회의 회의 때마다 해당 중앙행정기관의 장의 추천을 받아 임명하는 사람 5명
3. 다음 각 목의 사람 중에서 외교부장관이 위촉하는 사람 5명
　가. 대학, 연구기관 등에서 외교 관련 분야에 10년 이상 종사한 사람

나. 공공외교에 관한 전문지식과 경험이 풍부한 사람

② 제1항 제3호에 따른 위원의 임기는 2년으로 하며, 한 차례만 연임할 수 있다.

제5조(위원의 해촉) 외교부장관은 법 제8조 제3항에 따라 위촉한 위원이 다음 각 호의 어느 하나에 해당하는 경우에는 해당 위원을 해촉(解囑)할 수 있다.

1. 심신장애로 인하여 직무를 수행할 수 없게 된 경우
2. 직무와 관련된 비위사실이 있는 경우
3. 직무태만, 품위손상이나 그 밖의 사유로 인하여 위원으로 적합하지 아니하다고 인정되는 경우
4. 위원 스스로 직무를 수행하는 것이 곤란하다고 의사를 밝히는 경우

제6조(위원회의 운영) ① 위원장은 위원회를 대표하고, 위원회의 업무를 총괄한다.

② 위원장이 부득이한 사유로 직무를 수행할 수 없을 때에는 위원장이 미리 지명한 위원이 그 직무를 대행한다.

③ 위원장은 회의를 소집하려는 경우에는 회의 개최 7일 전까지 회의의 일시·장소 및 안건을 위원에게 서면으로 통보하여야 한다. 다만, 긴급히 개최하여야 하거나 부득이한 사유가 있는 경우에는 회의 개최 전날까지 통보할 수 있다.

④ 위원회의 회의는 제4조 제1항에 따른 위원 과반수의 출석으로 개의(開議)하고, 출석위원 과반수의 찬성으로 의결한다.

⑤ 위원회는 안건 심의와 그 밖에 위원회 관련 업무 수행을 위하여 필요하다고 인정하는 경우에는 이해관계인 또는 관련 전문가를 회의에 출석하게 하여 의견을 듣거나 의견 제출을 요청할 수 있다.

⑥ 위원회의 회의는 위원이 동영상 및 음성이 동시에 송수신되는 장치가 갖추어진 서로 다른 장소에 출석하여 진행하는 원격영상회의 방식으로 할 수 있다. 이 경우 해당 위원은 동일한 회의장에 출석한 것으로 본다.

제7조(실무위원회 등) ① 위원회 회의에서 논의할 안건을 사전에 협의·조정하

고, 그 밖에 위원장이 요구하는 사항을 협의하기 위하여 위원회에 실무위원회를 둘 수 있다.

② 위원회의 사무를 처리하기 위하여 위원회에 간사 1명을 두며, 간사는 외교부 소속 공무원 중에서 외교부장관이 지명한다.

제8조(운영세칙) 제6조 및 제7조에서 규정한 사항 외에 위원회 운영에 필요한 사항은 위원회의 의결을 거쳐 위원장이 정한다.

제9조(지방자치단체 및 민간부문에 대한 지원) 외교부장관은 법 제9조 제1항 및 제2항에 따라 지방자치단체 및 민간부문에 대하여 다음 각 호의 지원을 할 수 있다.

1. 외국 정부·민간기관 또는 국제기구와의 협력체계 구축 지원
2. 국내 주재 외국의 외교기관이나 외교사절과의 업무 추진을 위한 협조 및 지원
3. 외국과의 공공외교 사업 발굴을 위한 정보 제공 및 행정 지원
4. 그 밖에 공공외교 활성화를 위하여 외교부장관이 필요하다고 인정하는 사항

제10조(실태조사의 대상·방법 등) ① 외교부장관은 법 제10조 제1항에 따라 공공외교 활동을 하는 국내외 기관 및 단체를 대상으로 공공외교 활동의 추진 현황에 관한 실태조사(이하 이 조에서 "실태조사"라 한다)를 할 수 있다.

② 실태조사는 다음 각 호의 방법으로 실시한다.

1. 정기조사: 공공외교 활동의 정기적인 현황 파악을 위하여 2년마다 하는 조사
2. 수시조사: 외교부장관이 공공외교 정책의 효과적인 수립·시행을 위하여 공공외교 활동의 현황 파악이 필요하다고 인정하는 경우에 하는 조사

③ 외교부장관은 실태조사를 할 때에는 조사의 일시, 취지 및 방법 등을 포함한 실태조사 계획을 조사를 하려는 날 30일 전까지 조사 대상자에게 통보하여야 한다.

④ 외교부장관은 제3항에 따른 실태조사 계획을 수립할 때에는 관계 기관

및 단체와 미리 협의하여야 한다.

⑤ 외교부장관은 실태조사의 결과를 관계 중앙행정기관의 장 및 시·도지사 등에게 통보하여 그 결과를 공공외교에 활용할 수 있도록 하여야 한다.

제11조(공공외교 추진기관의 지정) ① 외교부장관은 법 제12조 제1항에 따른 공공외교 추진기관(이하 "추진기관"이라 한다)을 다음 각 호의 기관 또는 단체 중에서 지정할 수 있다.

1. 「한국국제교류재단법」에 따른 한국국제교류재단
2. 그 밖에 법 제12조 제2항 각 호의 사업을 효율적으로 수행하기 위한 전문인력·조직 및 시설을 갖추었다고 외교부장관이 인정하는 기관 또는 단체

② 법 제12조 제1항에 따라 추진기관으로 지정받으려는 기관 또는 단체는 별지 서식의 공공외교 추진기관 지정 신청서에 다음 각 호의 서류를 첨부하여 외교부장관에게 제출하여야 한다.

1. 정관(법인인 경우만 해당한다)
2. 사업계획서
3. 법 제12조 제2항 각 호의 사업을 수행할 수 있는 전문인력·조직 및 시설의 보유 현황

③ 외교부장관은 제2항에 따른 신청서를 받으면 「전자정부법」 제36조 제1항에 따른 행정정보의 공동이용을 통하여 법인 등기사항증명서(신청인이 법인인 경우만 해당한다)를 확인하여야 한다.

④ 외교부장관은 법 제12조 제1항에 따라 추진기관을 지정한 경우 그 사실을 외교부 인터넷 홈페이지에 공고하여야 한다.

⑤ 추진기관의 장은 매년 12월 31일까지 다음 각 호의 사항을 외교부장관에게 제출하여야 한다.

1. 법 제12조 제2항 각 호의 사업에 대한 다음 해 추진계획
2. 법 제12조 제3항에 따라 지원받은 경비의 다음 해 집행계획

⑥ 제1항부터 제5항까지에서 규정한 사항 외에 추진기관의 지정 및 운영 등에 필요한 사항은 외교부장관이 정하여 고시한다.

부칙 〈대통령령 제27438호, 2016.8.4.〉
이 영은 공포한 날부터 시행한다.

부칙 〈대통령령 제28211호, 2017.7.26.〉 (행정안전부와 그 소속기관 직제)
제1조(시행일) 이 영은 공포한 날부터 시행한다. 다만, 부칙 제8조에 따라 개정되는 대통령령 중 이 영 시행 전에 공포되었으나 시행일이 도래하지 아니한 대통령령을 개정한 부분은 각각 해당 대통령령의 시행일부터 시행한다.
제2조부터 제7조까지 생략
제8조(다른 법령의 개정) ①부터 〈54〉까지 생략
〈55〉 공공외교법 시행령 일부를 다음과 같이 개정한다.
제4조 제1항 제1호 전단 중 "미래창조과학부차관"을 "과학기술정보통신부차관"으로, "행정자치부차관"을 "행정안전부차관"으로 한다.
〈56〉부터 〈388〉까지 생략

별표 / 서식

[별지 서식] 공공외교 추진기관 지정 신청서

■ 공공외교법 시행령 [별지 서식]

공공외교 추진기관 지정 신청서

※ 색상이 어두운 난은 신청인이 적지 않습니다.

접수번호		접수일		처리기간	14일
신청인	기관명		대표자 성명		
	설립 연월일		전화번호		
	주소				

「공공외교법」 제12조 제1항 및 같은 법 시행령 제11조 제2항에 따라 공공외교 추진기관으로 지정받기 위하여 위와 같이 신청합니다.

년 월 일

신청인 (서명 또는 인)

외교부장관 귀하

신청인 제출서류	1. 정관(법인인 경우만 제출합니다) 1부 2. 사업계획서 1부 3. 「공공외교법」 제12조 제2항 각 호의 사업을 수행할 수 있는 전문인력·조직 및 시설의 보유 현황 1부	수수료 없음
담당 공무원 확인사항	법인 등기사항증명서(법인인 경우만 해당합니다)	

처 리 절 차

신청서 작성	→	접수	→	검토	→	지정	→	통보
신청인		처리기관 (외교부)		처리기관 (외교부)		처리기관 (외교부)		

23 공공외교법 제정의 배경과 의의

한인택 제주평화연구원

2016년은 한국 공공외교에 있어서 중요한 한 해로 기록될 전망이다. 물론 과거에도 공공외교를 해 왔지만, 2016년 들어서 공공외교가 보다 종합적이고 체계적으로 수행될 수 있는 기반이 마련되었기 때문이다.

2016년 1월에는 국회에서 공공외교법이 통과되었고 외교부 내에서는 공공외교 대사직과 지역 및 정책 공공외교과가 정식으로 설치되었다. 공공외교 전담조직의 신설뿐만 아니라 2016년에는 공공외교 예산도 142억으로 증액되었다. 주요국의 공공외교 조직이나 예산에 비해서는 아직도 부족하지만 한국의 상대적 열세는 어느 정도 감소되었다고 할 수 있다. 8월 4일에는 공공외교법이 발효되어서, 공공외교가 정무외교 및 경제외교와 함께 한국 외교의 3대 축으로 부상하고, 공공외교를 강화하기 위한 기반이 마침내 조성되었다는 평가가 가능해졌다.

이러한 변화들이 2016년 한 해에 집중되어 나타났지만 사실은 지난 몇 년간에 걸쳐 공공외교를 강화하기 위한 노력의 결과들이다. 국회에서는 2012년과 2013년에 외교통일위원회에 공공외교를 활성화하기 위한 3개의 법안들이 발의되었고, 2015년 11월에는 3개의 법안을 통합한 외통위 대안이 외통위 전체회의를 통과하였다. 이에 따라 2016년 1월 공공외교법이 국회를 통과하였고, 2016년 8월에 공공외교법 및 시행령이 발효되게 된 것이다. 외교부에서도 2010년을 '공공외교의 원년'으로 선포한 바 있고, 2011년에 최초로 공공외교 대사를 임명하였으며, 2012년에는 문화외교국 내에 공공외교정책과가 신설되었고 공공외교 시범사업도 추진하기 시작하였다.

공공외교법 제정의 배경

전통적인 외교는 외교의 주체가 정부이고, 외교의 대상도 외국의 정부이다. 이에 비해 공공외교는 외교 대상이 외국의 국민이다. 또한 중앙정부만이 아니라 지방정부, 민간단체 등도 공공외교에 참여하기 때문에 전통외교에 비해 공공외교는 주체가 훨씬 다양하다고 할 수 있다. 이렇듯 새롭고 아직 익숙하지 않은 외교라고 할 수 있는 공공외교에 대해 관심이 증가하고 공공외교를 강화하는 조치들이 취해지고 있는 이유는 무엇보다도 외교관계에 있어서 일반 국민들의 의사와 행동이 중요해졌기 때문이다.

하지만 한국이 최근 공공외교에 관심을 갖고 공공외교법까지 제정하는 데에는 이러한 보편적 이유 외에도 한국만의 고유한 이유들이 있다.

첫째는 한국의 중견국 외교이다. 한국은 더 이상 과거와 같은 약소국이 아니라 중견국이라는 인식이 한국 내에서 지지를 얻고 있다. 이에 따라 한국이 추진하는 공공외교의 중요한 동기는, 한국을 아직 약소국이나 후진국으로 보는 외국 국민의 인식을 한국이 중견국으로 부상한 현실에 맞게 업데이트하는 데에 있다. 이러한 점은 공공외교법에 직간접적으로 나타나 있다. 공공외교법 제1조에서는 "이 법은 공공외교 활동에 필요한 사항을 규정하여 공공외교 강화 및 효율성 제고의 기반을 조성함으로써 국제사회에서 대한민국의 국가 이미지 및 위상 제고에 이바지하는 것을 목적으로 한다."고 하여 한국이 추구하는 공공외교의 목표가 한국의 이미지와 위상을 증진하는 데에 있다는 것을 명시하고 있다. 공공외교법 제2조에서는 공공외교를 "국가가 직접 또는 지방자치단체 및 민간부문과 협력하여 문화, 지식, 정책 등을 통하여 대한민국에 대한 외국 국민들의 이해와 신뢰를 증진시키는 외교활동"으로 정의하여 한국에 대한 긍정적 인식의 확산을 공공외교와 동일시하고 있다.

둘째는 한류의 확산이다. 공공외교란 외국 국민의 인식을 변화시키는 노력이다. 이를 위해서 국가들은 여러 가지 자산을 활용하고 있는데, 한국의 경우에는 한류가 국제적으로 인기를 얻게 되면서 공공외교에 활용할 수 있는 자산이 갑자기 풍부해졌다. 공공외교에 대한 최근의 관심증가는, 한류의 확산으로 인해서 활용가능한 공공외교의 자산이 증가한 사실과 무관하지 않다. 공공외교에 문화자산을 활용하면서 공공외교의 수행은 용이해졌으나 문제점도 노출되었는데 그 하나로 외교부와 문화체육관광부 간 역할 분담이 예전보다 더 불명확하게 되었다는 점을 들 수 있다. 예전부터도 외교부의 문화외교와 문화체육관광부의 문화교류의 경계가 분명하지 않았는데, 공공외교에 한류의 활용이 증가하면서 양 부처 간의 영역과 활동의 구분이 더 어려워진 것이나. 이런 면에서 공공외교법 제정의 의의 중의 하나는 외교부와 문화체육관광부 간 발생했던 공공외교 주무부처에 관한 논의와 경쟁이 일단락된 것을 들 수 있다(물론 외교부와 문화체육관광부 간 역할과 영역의 분담에 관한 정확한 결론은 문화체육관광부가 입법을 추진하고 있는 국제문화교류진흥법이 제정된 후에야 알 수 있을 것이다).

공공외교에 문화자산을 많이 활용하기 때문에 따르는 다른 문제는 이로 인해서 공공외교의 목표가 제한될 수 있다는 점이다. 한류를 활용하여 외국의 국민이 한국을 알게 만들고 한국을 좋아하게 할 수는 있겠지만, 한류에 대한 호감이 한국의 정책이나 입장에 대한 이해나 지지로 발전될 수 있는지는 미지수이다. 공공외교법이 공공외교법의 목적으로 외국 국민으로부터 한국의 정책이나 입장에 대한 이해와 지지를 제고하는 것을 들지 않고 한국의 국가이미지와 위상을 제고하는 것을 든 이유는, 문화자산을 활용해서는 한국의 정책이나 입장에 대한 외국 국민의 이해와 지지를 쉽게 이끌어 내기 어렵다는 인식을 반영한 것인지도 모른다. 공공외교법 자체에는 '정책공공외교'라는 표현이 없으나 2016년 1월 외교부령에 의해 '정책공공외교 담당관직'이 외교부 내에 신설된 것은, 공공외교법에서 규정한 한국의 국가 이미지와 위상의 제고뿐만 아니라 한국의 정책에 대한 외국 국민의 이해와 지지의 제고까지도 공공외교의 목표로 삼으려는 외교부의 의욕을 반영한 것으로 보인다.

셋째는 불편한 한일관계이다. 역사와 영토에 관련하여 한국과 일본 간에 갈등이 존재하고 있는 것은 널리 알려진 사실이다. 한일 양국은 역사와 영토를 둘러싼 갈등을 양국 간 공식 외교로 풀어나가기 어려워지자 각기 자국의 입장을 국제여론에 호소하는 노력을 강화하고 있다. 특히 양국 공통의 동맹국인 미국에 초점을 맞추고 미국 내 여론주도층을 대상으로 자국의 입장을 설명하고 설득하는 데 많은 노력을 기울이고 있다. 19대 국회에서 외교통상위원회 위원장을 지낸 나경원 의원은 공공외교법의 발효에 대한 소감에서 "일본과 외교전쟁이 있을 때마다 워싱턴에서는 부족한 예산으로 끙끙대는 모습을 보며 공공외교법 통과와 예산확충에 무엇보다 우선순위를 두었는데 (공공외교법이) 발효된다고 하니 뿌듯한 마음이다."라고 하여 한일 간 외교경쟁의 치열함이 한국의 공공외교 강화노력에 미친 영향을 엿볼 수 있게 한다.

공공외교법의 의의, 그리고 한계

공공외교법이 발효되어 앞으로는 5년마다 공공외교 기본계획 및 종합 시행계획이 수립되어 시행되고, 공공외교 관련 주요 사항을 심의 및 조정하는 공공외교 위원회가 구성되며, 공공외교 종합정보시스템이 구축되어 운영되고, 공공외교 관련 추진기관이 지정되어 지원을 받게 된다. 따라서 외교부 당국자의 발언을 그대로 인용하면, 공공외교법의 의의는 "정부가 공공외교를 혼자 하지 말고 지방자치단체, 민간 분야와 협력해 총체적인 공공외교 메커니즘"을 만드는 것으로 정리할 수 있다.

외교부, 문화체육관광부뿐만 아니라 정부의 각 부처와 지방자치단체, 그리고 민간부문에서 이름만 공공외교라고 하지 않았을 뿐 내용적으로 공공외교에 해당하는 사업을 중복적으로, 경우에 따라서는 상호 경쟁적으로 시행하고 있는 현실에서, 그리고 정부와 민간의 협력은 물론 같은 부처 내에서도 협업이 잘 이루어지지 않는 현실을 볼 때, 공공외교법을 통해서 정부·지자체·민간을 포괄하는 '총체적 공공외교 메커니즘'을 만드는 것은 의욕적이고 매력적인 발상이라고 할 수 있다.

하지만 '총체적 공공외교 메커니즘'은 그 발상이 의욕적이고 매력적인 만큼, 그 실현이 어려우며 어쩌면 한국의 정체성에 비쳐서 부자연스러울 수 있다는 것이 필자의 생각이다. 공공외교법이 시행된 지 채 얼마 되지 않았기 때문에 공공외교법에서 의도한 대로 '총체적 공공외교 메커니즘'이 정말 만들어질 수 있는지는 속단을 하지 말고 지켜봐야 할 것이다. 하지만 현재 한국에는 50여 개의 중앙행정기관, 17개 행정구역, 그리고 무수한 민간단체와 개인이 각자 다양한 국제교류활동을 하고 있다는 현실을 생각하면 이들을 포괄하는 '총체적 공공외교 메커니즘'을 만든다는 것이 쉽지 않을 것이라는 추측이 가능하다. 이들의 국제교류활동 중 무엇을 공공외교의 범주에 넣어야 하는지도 판단이 필요하고, 설사 공공외교적 국제교류활동이 명확히 정의되고 모니터링이 된다고 가정하더라도 이들의 공공외교적 활동을 외교부가 나서서 계도하거나 통합하는 것은 어려운 과제가 될 것이다. 이들 간 유기적 협력관계를 구축하는 것은 아마도 그보다 훨씬 더 어려운 작업이 될 것이다.

설령 그러한 어려움을 극복하고 '총체적 공공외교 메커니즘'이 만들어진다고 하더라도 그것이 과연 한국의 정체성과 어울리는지에 대해서도 필자는 의문을 갖고 있다. 국가 주도의 일사불란한 공공외교는, 효율성은 높아질지 모르겠으나 다원적이고 민주적이고 분권화된 한국 사회의 정체성과는 맞지 않는다. 물론 '총체적 공공외교 메커니즘'이 반드시 정부 주도의 일사불란한 공공외교까지 의미한다고 볼 수는 없을 것이다. 하지만 '총체적 공공외교 메커니즘'이란 표현이 그런 공공외교를 연상시키는 것은 사실이다. 만약 공공외교의 대상이 되고 있는 외국의 국민이 한국의 공공외교는 '총체적 공공외교 메커니즘'을 통하여 이루어진다는 사실을 알게 되면 과연 어떠한 기분이 들 것인가? 외국 국민의 입장에서 생각해 볼 필요가 있다.

　그동안의 한국 외교는 북핵위기의 심화로 인해서 불가피하게 주변국가의 정부를 대상으로 하는 안보외교에 치중하지 않을 수 없었다. 그런 와중에서도 한국의 정부와 국민이 외국의 국민을 중요시하고 그들과 소통하려는 공공외교에 대해 관심을 가지고 공공외교법까지 제정한 것은 놀랍고도 뜻깊은 일이다. 그동안 취약했던 한국의 공공외교가 공공외교법의 발효를 계기로 조직과 인력, 예산이 확충되어서, 한국의 정부와 국민이 중국 국민을 비롯한 각국의 국민과 소통을 강화할 수 있게 되기를 기대한다.

한중 공공외교 다이제스트

초판 1쇄 인쇄 | 2017년 12월 25일
초판 1쇄 발행 | 2017년 12월 30일

기획 | 성균중국연구소
엮은이 | 이희옥 · 류더빈
발행인 | 강희일 · 박은자
발행처 | 다산출판사
디자인 | 민하디지털아트 (02)3274-1333

주소 | 서울시 마포구 대흥로 6길 8 다산빌딩 402호
전화 | (02)717-3661
팩스 | (02)716-9945
이메일 | dasanpub@hanmail.net
홈페이지 | www.dasanbooks.co.kr
등록일 | 1979년 6월 5일
등록번호 | 제3-86호(윤)

이 책의 판권은 다산출판사에 있습니다.
잘못된 책은 구입하신 서점에서 바꾸어 드립니다.
저자와의 협의하에 인지첨부는 생략합니다.

ISBN 978-89-7110-552-8 93340
정가 18,000원